93 Tage in Italien

Ein Europäisches Künstlertagebuch

Gerd Lepic

93 TAGE IN ITALIEN

EIN EUROPÄISCHES KÜNSTLERTAGEBUCH

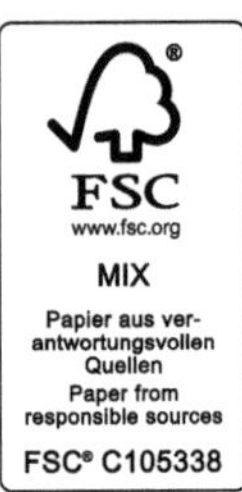

Bibliografische Information der Deutschen Nationalbibliothek:
Die Deutsche Nationalbibliothek verzeichnet diese Publikation
in der Deutschen Nationalbibliografie; detaillierte
bibliografische Daten sind im Internet über http://dnb.dnb.de
abrufbar.

© 2021 Gerd Lepic

Lektorat: Malwerk Oberhausen

Herstellung und Verlag: BoD – Books on Demand,
Norderstedt

ISBN: 978-3-XXXX-XXXX-X

Inhaltsverzeichnis

Anstelle eines Vorwortes

12. November 2018 und 16. Mai 2020

Heute schreibe ich den gerafften Rückblick auf die Ereignisse einer Reise, die mich zwischen 2018 und 2020 dreimal nach Italien führte, Stationen einer Reise zu Künstlerorten in vierzehn europäischen Ländern: Italien, Frankreich, Spanien, Portugal, Deutschland, Belgien, England, Wales, Schottland, Irland, die Niederlande, Polen, Albanien und Griechenland. Ich werfe Blicklichter auf nur wenige der zahlreichen Begegnungen und Erfahrungen, die ich in dieser Zeit sammeln durfte, mit Bedacht ausgewählt und immer subjektiv. In vielerlei Hinsicht intensiver erscheinen im Rückblick aber Aufzeichnungen, die meine Lebensgefährtin Uta und ich in Tagebüchern, Skizzen, Zeichnungen und Gemälden festgehalten haben, reicher im Detail und unschlagbar, wenn es darum geht, Emotionen zu transportieren. Geschichte um Geschichte werde ich die Struktur einer fragmentierten Erzählung entwickeln, die von europäischen Künstlerorten berichtet, eingeschrieben in räumliche und zeitliche Diskontinuitäten.

Die Monate der Vorbereitungen zu dieser Reise hatten sich vorhersehbar, aber dann doch plötzlich in wenige Stunden verdichtet. Wie ferngesteuert wurden an den beiden Tagen vor dem Absprung Handgriffe, Kontrollgänge durchs Haus und zum Auto vollzogen bis endlich auch – kurz vor Garmisch-Partenkirchen – ein Bewusstsein dafür entstand, was hier mit uns geschieht: wir sind unterwegs. An den Landesgrenzen zu Österreich und Italien fotografieren wir Symbole und Kennzeichen der Trennung zwischen den „Ländern" und nehmen Frottagen von den Grenzsteinen ab – physische Spuren der historischen Abgrenzung, die später nicht künstlich, aber künstlerisch zu einem Ausdruck der Zusammengehörigkeit im heutigen Europa verarbeitet werden sollen. Ein aus grauem Granit geschlagener Adler streckt seine Klauen, Flügel und einen seltsam in die Höhe geschwungenen Kragen aus dem Stein. Über dem Profil des bärtigen Hauptes schwebt in würdigem Abstand eine dreigezackte Krone: wir sind in Tirol angekommen. Fünfzehn fünfzackige Sterne umkreisen das Wort ITALIA, darunter der handschriftliche Vermerk „RiDe Bike" und die Farben der Pizza Margherita: Grün wie Basilikum, Weiß wie Mozzarella und das Rot der Tomate. Am uralten Passübergang erwartet uns dann eine sechsblättrige Blüte, versteinert in bleichem Marmor.

In den unterschiedlichen Ländern Europas suchen wir nach Traditionen, aktuellen Kunstprojekten und einem friedlichen Austausch mit anderen Kunstschaffenden.

Francesca di Ponzio, die Präsidentin des Vereins C.L.A.M. – International (Cultura, Lingue, Arte, Musica - Kultur, Sprachen, Kunst, Musik), arbeitet in der süditalienischen Stadt Taranto dafür, eine internationale Haltung zu entwickeln, die hauptsächlich auf Wissen, Toleranz und Respekt vor Individuen, Sprachen und kulturellen Traditionen basiert. Sechzehn Monate nach dem Beginn dieser Reise schreibt Francesca zu meinem Plan, eine europaübergreifendes Künstler-Kollektiv ins Leben zu rufen: „Covid-19 hat die Grenzen des gegenwärtigen europäischen Engagements aufgezeigt, und es ist schwer, an eine wirkliche Europäische Gemeinschaft zu denken. Es wäre schön, eine große Gruppe von KünstlerInnen zu gründen, die unter dem Motto „Werden KünstlerInnen in der Lage sein, Europa zu vereinen?" ständig miteinander verbunden und herausgefordert sind. Ich weiß nicht, wer diese Idee teilen würde, aber ich persönlich denke, es lohnt sich, auf der Möglichkeit zu bestehen, ein Modell vorzuschlagen, das unabhängige KünstlerInnen darstellen können, ohne politisches Engagement, aber mit geteiltem kreativem Enthusiasmus. KünstlerInnen, die daran arbeiten, unsere Zeit in Bezug auf Tradition und globale Perspektiven zu bezeugen."

Teil I

Chiusa/Klausen, Alto Adige
Trieste, Friuli-Venezia Giulia
Retinella, Veneto
Firenze, Toscana
Taranto, Puglia
Granelli, Sicilia
Palermo, Sicilia
Ercolano, Campania
San Vincenzo, Toscana

Montag, 05. November 2018

Chiusa/Klausen, Provincia di Bolzano, Alto Adige - die erste Station unserer Reise, der uralte Ort an der Straße vom Brennerpass nach Italien.

Als achtjähriges Kind war ich erstmals in dieses Land gekommen, noch ohne eine Autobahn über den Brennerpass, die erst 1972 komplett fertiggestellt wurde. Vielleicht habe ich auch deshalb eine etwas verklärte Beziehung zu Südtirol, dem Land, in dem es in meiner Erinnerung stets langsamer, bewusster und sinnlicher zuging als in meiner unterfränkischen Heimat. Hier, genauer im Antholzertal, habe ich mit dem Zeichnen nach der Natur begonnen. Meine Mutter hatte mir zu Beginn unserer ersten Auslandsfahrt die braun-graue Mappe mit den blanken Papierbogen übergeben, gekauft mit Abertausenden von Lira, in Bruneck, im Pustertal. Dieser Karton-Schuber befindet sich noch immer in meinem Besitz. Heute komme ich zurück zu diesen Anfängen, ein wenig weiter in Richtung Süden zwar, in der Talenge vor Bolzano, aber wieder mit pochendem Herzen im Land der weiten Almwiesen und der Dolomiten.

Ein goldener Faden, vielleicht die zentrale Kannelure der Säulen, auf denen meine Liebe zur Lyrik ruht, begegnet mir hier, fast auf „Schritt und Tritt": Erinnerungen an Walther von der Vogelweide. Viele sagen, er sei hier, auf dem Vogelweiderhof in Lajen bei Klausen geboren worden. Ich glaube gerne daran, ebenso wie mir die Geschichte gefällt, her walter uon der uogelweide liege in Würzburg begraben, im lauschigen Lusamgärtchen hinter dem Neumünster.

Owê, war sint verswunden alliu mîniu jâr!
ist mir mîn leben getroumet, oder ist ez wâr?
daz ich ie wânde, daz iht wære, was daz iht?
dar nâch hân ich geslâfen und enweiz es niht.

Viel nördliche Architektur lassen wir hinter uns zurück, als wir am Eisack entlang ins Städtchen Klausen hineinfahren. Der strahlend blaue oberbayerische Himmel aber war ins Graue abgeglitten und die milden Temperaturen haben sich auf düstere zwölf Grad heruntergeherbstet. Wir parken unser vollgepacktes Auto in Sichtweite der Piazza Parrocchia und spazieren über die Brücke hinüber zu unserer Unterkunft unter dem Dach eines alten schmalschulterigen Stadthäuschens. Den matten Himmelsbildern greifbar nah, immer wieder den Kopf zum herbstbunten Felsen gebogen, auf dem Kirche und Kloster über dem Tal sitzen wie zwei brütende Hennen. Stück für Stück schleppe ich später alle unsere Habseligkeiten über die Kopfsteine entlang der Fassade einer Dorfkirche, dem heiligen Andreas geweiht, dann die enge Holzstiege hinauf, vorüber an Schwarz-Weiß-Fotografien, die Gesichter alter Frauen zeigen, in das Zimmer schließlich, das uns für vier Nächte als Herberge dient. Innerhalb einer guten Stunde habe ich alles erledigt. Der habe Tag liegt noch vor uns, so beschließen wir, Klausen zu erwandern, zunächst die Obere Stadt, alte Gassen, auf jahrhundertealten Spuren, statten dem Stadtmuseum einen Besuch ab und entdecken später in einem der wundersamen Gärten am Ufer des Eisacks einen Orangenbaum! Nicht ich allein erlebe dieses Wunder, wie viele zuvor und auch später. Nein, auch Uta erspäht den besonderen Baum, noch vor meiner Begeisterungsreaktion! Komplizenhaft verbindet uns der Entschluss: an diesem Zeugen des Südens soll der tägliche Hundespaziergang vorüberführen. Als es aus dem gotischen Turm gegenüber einundzwanzig Mal läutet, überfällt uns beide plötzliche Müdigkeit. Im Giebel über unseren Köpfen hängen Bilder getrockneter Blumen, gepresst und sorgsam angeordnet.

Dienstag, 06. November 2018

Frühstück mit Espresso aus dem pittoresken Topf unserer Vermieterin – mit blauen Blumenmotiven bemaltes Porzellan auf einem Aluminiumfuß. Neben dem Buch über die Künstlerkolonie Klausen komponieren wir Trauben, eine Banane, Marzipan und Schokolade an Ciabatta! Während Coco noch in Utas weißen Linnen schlummert, wartet im rot emaillierten Tiegelchen erwärmte Milch auf ihren fulminanten Auftritt. Zaghaft, brüchig, durch ziehende Wolken fallend, verirren sich erste Sonnenstrahlen zu uns ins Tal hinunter. Sie streifen die alte Burg Branzoll. Ihr mächtiger Hauptturm blickt unentwegt durch das Dachfenster in unsere Stube hinein. Später, auf dem halbstündigen Fußweg zum Kloster Säben, bestaunen wir die orange-roten Baumverfärbungen unten am Südhang und bald auch das Rauschen des Wildbaches, das das Getöse der Autobahn gnädig zu übertönen vermag. Vielleicht schickt diesen akustischen Schutzschirm auch ein Wasserfall, der Wind in den Wipfeln – oder alle guten Geister bemühen sich gemeinsam. Vorüber an der Burg Branzoll und den Wegweisern hin zu verlockenden Gipfeln und zum Latzfonser Kreuz, über dessen Gasthof wir erst vor wenigen Wochen eine

Fernsehsendung gesehen haben, führt der Weg in die Vergangenheit des Klosters, dessen Ursprünge in das vierte Jahrhundert zurückreichen. Auf der herbstlich-bunten, einsam-schönen Strecke zwischen Klausen und dem höchsten Punkt der Monastera Sabiona, der Chiesa Santa Croce/ Heiligkreuzkirche, treffen wir lediglich auf zwei Menschen. Eine fröhlich grüßende Spaziergängerin marschiert uns stramm entgegen, gleich nach dem Passieren des Torbogens am Einstieg zum Säbener Weg. Auf dem Dach einer Wallfahrtsstation dann viel später ein Mann, die vermoosten Schindeln abschabend, vielleicht in Vorbereitung der kalten Zeit, die in manchen Nächten bereits von den Berggipfeln hinunterkriecht. Wir aber genießen die Sonnenwärme auf unseren blank-weißen Armen und biegen ein in die heute von Benediktinerinnen bewirtschaftete katholische Burganlage. Wie eine frisch gestärkte leinene Tischdecke liegt mit ruhiger Gewissheit eine festliche Stille über den grautönigen Steinen, die zu Treppen und Mauern gefügt den Weg weisen, hinauf zur Kirche. Wir betreten sie einzeln, jeder für sich, denn Coco darf das Heiligtum nicht betreten und muss draußen beaufsichtigt werden. Uta erblickt als erste die ausladende und doch in sich geschlossene Installation „Wortgeflecht" von Marianna Gostner aus Völs am Schlern. Vor der Nordseite der dunklen Mauern hat sie eine hohe Vase in der Form einer Suppenschale positioniert, geflochten mit den Buchseiten vieler Lexika aus der Enzyklopädie, der einst einmal Friedrich Arnold Brockhaus ihren Namen gab. Umgangssprachlich wird die Kanzel einer Kirche in diesem Landstrich wohl auch als „Korb" bezeichnet. Beide Medien – das gebundene Brockhaus-Buch und die Kanzel – sind mittlerweile im Datenschatten der elektronischen

Medien verschwunden. Mit dieser anachronistischen Gestalt, die sich organisch in die sie umwölbende Architektur einfügt, erreicht Marianna Gostner uns beide sofort. Sie schreibt: „Worte werden über Medien schnell, unkontrolliert und grenzenlos proklamiert". Mit dem Korb beteiligt sie sich an der Kunstaktion „arssacra, Kunst und Kirche im Heute", die in diesem Herbst einige ausgewählte Gebäude von religiöser Bedeutung im Eisacktal miteinander verbindet. Auf der runzeligen Holzhaut der dem Korb räumlich gegenübergestellten finsteren Kirchenbänke, finde ich eingeritzte Spuren, über Jahrhunderte von ungezählten Händen der Kirchenbesucher geschaffene Landschaften, Gesichter und Schriften. Wie in einem Rausch beginne ich, die gefundenen Strukturen mit Grafit auf mitgebrachte Papiere durchzurubbeln, verbringe letztlich eine gute halbe Stunde in der Heiliggeistkirche. Über dem Hochaltar fluten Sonnenschauer durch die schmalen Fenster, ergießen sich vehement und hemmungslos über die Wände und den bleichen Boden der Kirche. Hin und wieder blicke ich kurz auf, über den „Korb" hinweg hinüber zur Gegenwand, auf der eine Flucht aus dreimal fünf Säulen hinausführt in einen figurenbestückten herrschaftlichen Park. Das bis ins Detail ausgearbeitete repräsentative Bild, gefasst von Altar und Beichtstuhl, vielleicht ein Fresco, kontrastiert stark mit der volkstümlichen Grafik, die aufzuzeichnen ich mich bemühe. Aus tiefschwarzen Furchen gähnen mir Täler und Schluchten entgegen, bald aufgefangen von brauntönigen Plateaus, die im Sonnenlicht abrupt in ein reines Weiß übergehen. Dazwischen, Knorpel im durchwachsenen Fleisch nicht unähnlich, ziehen blau-graue Verdichtungen widersprüchlich nach Innen und Außen zur gleichen Zeit. Wundersame Schätze trage ich später hinunter ins Städtchen. Auf so einem schönen Weg! Zögernd finden wieder Bündel von Sonnenstrahlen einen Durchschlupf im brüchigen Wolkenschild, das sich bereits einige Male wie eine bleierne Maske vor den Himmel geschoben hat. Und Fenster aus ungeraden Winkeln öffnen kurze Blicke über die sanft geschwungenen Hügelketten auf die ersehnten Dolomitengipfel: die Geislergruppe, ein Saum ergrauter Riesen über dem Villnösstal. Ganz in unserer unmittelbaren Nähe schmücken vielfarbige Blätter eine verwitterte Mauer, dahinter Wald, gestuft in Lila und Blautönen bis hin zu Froschgrün. Zweige, Äste, ja ganze Baumstämme stehen im Begriff, niederzusinken, bauen schiefe Rahmen um Ausblicke und Wegbiegungen herum. Uta sucht nach Ruhe, überwältigt von der Dichte und dem Gewicht der Eindrücke. Mit jeder Stufe, jeder Kehre auf dem Rückweg hinunter in die Gassen aber fällt wieder Leichtigkeit in die Waagschale ihres wachen Gemüts. Im tiefen Schlaf dann findet sie wieder die Kräfte, die wir brauchen, um das Schöne und Gewaltige um uns herum würdigen zu können.

Mittags im Gasthaus „Walther von der Vogelweide", Pizza, Penne mit Thunfisch, Affogato al caffè. Über uns zweigen sich die Wolkenstränge vor einem blau-kalten Himmel. Und wieder zieht es uns ins Stadtmuseum. Schon gestern haben wir kurzerhand mit der Klausener Malerei Kontakt aufgenommen. Das Museum finden wir eingebettet in den Garten eines alten Kapuzinerklosters, südlich des Städtchens, schon in Villanders. Zwei KunsthistorikerInnen, Dr. Lara Toffoli und Dr. Christoph Gasser entfalten ihr vielschichtiges Wirken an diesem gleichermaßen stillen wie aufregenden Ort.

Während der vier Tage unserer Recherche empfangen sie uns wieder und wieder herzlich in ihrem Haus, das sie für andere Besucher bereits zur Winterinventur verschlossen haben. Mit schier unerschöpflicher Geduld und persönlichem Charme versorgen sie uns mit detailreichen Informationen. Zuerst aber führt uns Dr. Christoph Gasser launig durch die ständige Sammlung, während der Gastaussteller Giancarlo Lamonaca die Arbeiten seiner gezeigten Schau von den Wänden nimmt. Das Stadtmuseum zeigt mehrmals im Jahr Werke von regional und auch international arbeitenden KünstlerInnen. Ruhe und viel Zeit schenken uns die beiden, damit wir die Meisterwerke der Klausener Künstlerkolonie zu kennen- und zu schätzen lernen.

Im oberen Stockwerk begegnen uns dann ältere Kunstwerke, meist mit sakralem Charakter. Nach der Künstlerkolonie werden uns eine barocke Kapelle und der Loretoschatz kredenzt. Einmal wende ich mich um, wandere in bereits durchmessene Zimmer zurück, um zwei Gemälde genauer anzusehen: „Christkind mit Lamm" aus der Schule von Lionardo di ser Piero da Vinci und ein Bild aus dem Umkreis Albrecht Dürers. Beide Werke kommen mir seltsam bekannt vor, obwohl sie hier wie in einem guten Versteck hängen. Das geschieht allein durch die weithin bekannte Pinselschrift der beiden Meister und die Kraft ihrer Komposition. In der Malerei die Weichheit Leonardos zu erlangen, wäre ein Lebensziel. Auf dieser Reise jedoch unerreichbarer denn je, denn ich habe keine Ölfarben dabei, deren Handhabung mir geläufig wäre. Um die Bilder, die während der Reise entstehen werden, auf engem Raum transportieren und aufbewahren zu können, haben wir uns für die schnell trocknenden Acrylfarben entschieden. Mit solchen Farben zu malen, muss ich noch lernen. Dr. Lara Toffolis Ruhe und fundierte Beständigkeit, intellektuell und emotional, lockt meine Gedanken wieder zurück in die Räume, die der Künstlerkolonie gewidmet sind. Hier lernen wir die fein modulierte Abstraktion des Josef Telfner kennen, dem es von der Jahrhundertwende bis zu seinem Tod im Jahr 1948 gelang, mit wenigen, meist farbigen Strichen, Volumen, Gestalt und Emotion auszudrücken. Ein Meister der Malerei, völlig losgelöst von Zeit und geografischer Definition. Ein anderer Maler der historischen Künstlerkolonie, der uns begeistert, heißt Hans Piffrader. Besonders seine Zeichnungen und Lithografien sprechen mich an, denn in ihren detailliert ausgearbeiteten Landschaften erleben die dargestellten Menschen Geschichten, deren emotionale Tiefgründigkeit mir als Betrachter unmittelbar zugänglich sind. Piffraders Bilder lassen sich lesen und erforschen, vorausgesetzt, man bringt Zeit und Ruhe mit, Freiräume, wie sie Laras Gastfreundschaft eröffnet.

Dr. Christoph Gasser dagegen bezieht uns schnell in seine weiterführenden Kreise ein. Hier ein Glas Wein, dort ein Glas Bier trinkend – immer in Tuchfühlung mit der südtirolerischen Kultur und den Motiven der alten Meister der Künstlerkolonie. Mit ihm treffen wir auf einen Menschen, der seiner unmittelbaren physischen Umgebung mit außergewöhnlicher Aufmerksamkeit entgegentritt. „Er geht die Ecken auf den Straßen ab" bemerkt Uta nicht ohne Wertschätzung. Am Ende führt er uns zurück ins Kapuzinerkloster, das die berühmt gewordenen Gemälde beherbergt. Für ihn, wie für die Mehrzahl der Kunsthistoriker, ist die Künstlerkolonie mit dem Beginn des Ersten Weltkrieges gestorben. Tatsächlich wurde aber auch während und nach den beiden Weltkriegen in Klausen und seiner Umgebung ohne Unterbrechung Kunst geschaffen. Bis heute lassen sich KünstlerInnen hier zum Arbeiten nieder – freilich nicht mehr in einer expliziten Kolonie. Eine Künstlergruppe, die gemeinsame Werte teilt, erwarten wir hier nicht mehr.

Die ehemalige Künstlerkolonie Klausen identifiziert sich heute vorrangig mit den Künstlern, die hier von 1874 bis 1914 wirkten – Männer, die sich insbesondere um die noch heute renommierten Maler Alexander Köster und Ernst Loesch versammelt hatten. Ernst Loesch, war uns viele Male vorausgegangen - von 1887 bis 1912 ist er von der Fremde kommend in jedem Jahr nach Klausen gefahren, um dort zu malen. Seine naturalistischen Ölbilder der Klausener Straßen sind mir wichtiger als alle Fotografien. Ich weiß, dass Ernst Loesch hier nicht Blicke werfend vorüberging. Stunde um Stunde hat er sich seine Ansichten über diese Siedlung, dieses Land und seine Menschen erarbeitet, gebildet. Alexander Köster, ein begnadeter Landschaftsmaler, ist noch heute für die einfühlsamen Portraits der Enten bekannt, deren Aussehen und Verhalten er hier nach seinem Umzug nach Klausen 1896 studierte und malte – lange Zeit nannte man ihn einen „Entenmaler" – war das abschätzend gemeint? Die Stadt hat ihm zu Ehren ein Denkmal ans Eisackufer gestellt. Alexander Köster verstand es, sich zu vertiefen, das Wesen seiner Motive zu erfassen, tastend, mit viel Zeit und gründlich. In seinen Entenbilder finde ich unerwartet viele Farbtöne. Wie sein Zeitgenosse, der spanische Maler Joaquín Sorolla, verstand er es, ein weißes Federkleid auf überraschende Weise zugleich völlig natürlich und durchgehend bunt darzustellen. Neben den

Landschaften und Enten zeigen seine Meisterwerke auf virtuose Weise auch das Licht- und Schattenspiel auf dem Wasser. Flächig dahintreibende Seerosenblätter, vielfarbige Flösse auf einem Wasserspiegel aus gebrochenen hauchdünnen Glasplatten. Und immer reflektieren die Pflanzen das Sonnenlicht. Vertikal wie horizontal baut Alexander Köster aus weißen Linienfragmenten den Raum, in dem sich das Leben zeigt, das jeder kennt, der einmal für ein paar Tage in Klausen verweilte. 1915 musste Alexander Köster Klausen verlassen; sein Haus wurde nach dem ersten Weltkrieg beschlagnahmt. Er zog um an den oberbayerischen Ammersee – nur einen Spaziergang entfernt von unserem heimatlichen Wohnort.

Als wir nach der Führung aus dem alten Mauerring hinaustreten, empfängt uns kalte Feuchtigkeit. Den Reißverschluss meiner wetterfesten Jacke ziehe ich nun bis zum Anschlag hinauf. Morgen werden wir Dr. Christoph Gasser im Museum wiedersehen.

Die Glocken der Andreaskirche läuten uns beim Kochen zu. Ihnen gegenüber stehe ich am Herd und lasse dabei meinen Blick von der minarettartigen Kirchturmspitze hinunter über den Platz und die Gassen schweifen. Uta öffnete eine Futterdose für Coco. Statt Schlutzkrapfen bereitete ich Spaghetti zu, zappelnd vor Italien-Sehnsucht. Am Abend entlang des Eisackufers, flankiert von der Autobahn, der Staatsstraße und der Galerie des Zuges. Uta stets voraus im feuerroten Regenmantel. All das in einem engen Tal, das sich durch Felsenmauern zwängt, ohne Unterlass berauscht von Motorenlärm.

Der Abend ist noch jung. Bei Gewürztraminer aus Klausen sitzen wir im Dachstübchen und genießen Südtiroler Käse, Tomaten und einen Hirschwurzen, den uns die treue Freundin Heidi mit auf den Reiseweg gegeben hat. Ich telefonierte mit Sonya Hofer, einer ortsansässigen Malerin, die ich gerne besuchen würde. Gleichzeitig beginnt Uta eine Korrespondenz mit Giancarlo Lamonaca in Vahrn bei Brixen.

Mittwoch, 07. November 2018

Am Nachmittag gestattet mir Dr. Lara Toffoli im Kreuzgang Frottagen abzunehmen, ein haptisches und auch in manch anderer Hinsicht sinnliches Erlebnis. Auf dem Boden kniend, über gefüllte Gräber gebeugt, schenken mir die physischen Spuren längst vergangener Menschenhüllen Halt und Erdung. Ich führe meinen Grafitstift in rhythmischen Schwingungen über den bald grau-schimmernden Papierbogen, überschirmt von den Bogensteinen des Kreuzganges. Die Gasse, so eng, dass ich mich nicht querlegen könnte, ist von zwei Seiten umgittert wie eine Gefängniszelle. Im Gegenspiel erscheint alles andere hier gediegen und gepflegt, schmiedeeiserne Verzierungen an den weiß getünchten Wänden, die restaurierte Holzdecke im vierzig-Grad-Winkel und ein blitzesauberer Steinboden, wie frisch bereitet für ein Abendessen.

Vor dem Hinausgehen in den Klostergarten überreicht uns Lara mit herzlicher Geste ihr 1995 erschienenes Buch „Das Stadtmuseum Klausen. Der Loretoschatz. Die Museums-Galerie." Kaum Zuhause, stöbert ich es noch am Abend im Bett durch. Wir lernen, dass in Klausen eine Tradition des künstlerischen Ausdrucks besteht, die weit in die Geschichte zurückreicht und bis heute lebendig weiterlebt. Beispielhaft für viele Kunstschaffende in der Region tauschen wir uns mit drei KünstlerInnen aus, die derzeit in Klausen ausstellen oder arbeiten: Sonya Hofer, Horst Steinhauser und Giancarlo Lamonaca. Seitdem ich Giancarlos Installationen besser verstehe, schaue ich bei jedem alten Bauwerk genauer hin. Wie viele historische Gebäude tragen auch die Steinmauern der Pfarrkirche Sankt Andreas, die sich vor unserer Haustüre erhebt, eiserne Maueranker. Sie nehmen die Schubwirkung von Bauteilen wie Bögen und Gewölben auf. Auch die Mauern neben der vielgerühmten Stiege hinauf zum Kloster Säben schmücken - oder stabilisieren – eiserne Spangen. Giancarlo hat die Außenhaut zahlreicher prominenter Gebäude in Südtirol mit Attrappen versehen – oft an Stellen, an denen Maueranker der Statik überhaupt nicht dienen könnten. Täuschend ähnliche Nachbildungen von Mauerankern, die bei den Passanten etwas Wertvolles auslösen: das genauere Hinsehen.

Um halb zwölf mittags empfängt uns Sonya Hofer im zweiten Stockwerk ihres mit Stuckarbeit und Deckengemälden ausgeschmückten Herrenhauses am gegenüberliegenden Eisackufer. Zuvorderst stellt sie uns zahlreiche Gemälde ihres 2012 verstorbenen Mannes vor, Federico Lesley de Vries, Maler, Fotograf, Dichter, kurz: Künstler. Sofort erkennen wir eine starke handwerkliche Geläufigkeit, die es dem Meister hin und wieder gestattet hat, virtuose Werke zu gestalten. Im unmittelbaren Kontakt mit den Original-Gemälden fühlen wir uns aber stärker angezogen von Sonya Hofers Bildern, genauer, von den noch farbfeuchten Leinwänden, an denen sie aktuell arbeitet. Am Ende des gewaltigen Flures, einer mit Interpretationen treffend reduzierter Portraits behangenen Wandstrecke, von Türen unterbrochen, die in Wunderkammern führen, residiert ein großformatiges Bild. Hier gelang Sonya Hofer eine fotorealistische Mosaikmalerei, wie wir sie beispielsweise von Chuck Close kennen. In ihren Salons und Ateliers finden wir später noch neben vielerlei weiteren erstaunlichen Dingen und Bildnissen eine Serie von „Köster-Enten", aus Ton gefertigt.

Zuhause beginnen auch wir endlich mit dem Malen. In dieser Form, ähnlich dem Gespräch und dem formulierenden Schreiben, gelingt uns meist ein Verarbeiten der Eindrücke, die, gesammelt und aufgenommen in uns rumoren. Denn eine angefangene Aufgabe baut eine spezifische Spannung auf, die uns die Erinnerung an Inhalte dieser Aufgabe erleichtert, und sogar ein irgend geartetes Verarbeiten anmahnt. Die russische Gestaltpsychologin Bljuma Zeigarnik hat diesen allseits bekannten Sachverhalt 1927 in Berlin als erste wissenschaftlich untersucht. Die Spannung lässt erst nach, wenn wir die begonnene Aufgabe abgeschlossen haben. Und so ein Tag, gefüllt mit vielen starken Eindrücken, beschäftigt das Gehirn mit Kaskaden von Aufgaben, die sich ständig gegenseitig unterbrechen. Bevor ein Eindruck verarbeitet ist, dringt schon der nächste auf uns ein. Die zahlreichen Unterbrechungen verhindern den Abbau der aufgebauten Spannungen. Das Positive daran: solange wir nicht über die Eindrücke gesprochen, geschrieben oder gestaltet haben, bleiben ihre Inhalte leichter verfügbar und wir erinnern sie schneller als bereits verarbeitete Erlebnisse.

Während sich Uta an das steinerne Tor am Aufstieg nach Säben wagt, wähle ich die Burg Branzoll, die erste Gestalt, die sich mir allmorgendlich im hölzernen Rahmen des Dachfensters unseres Appartements offenbart. Ich habe ihre vielfarbigen Mauern gemalt – später auch die andere Sicht aus unserem Zimmer, den Blick auf die Brücke über den Eisack, die Piazza Parrocchia mit der Bahnhofsstraße verbindend.

Donnerstag, 08. November 2018

Und vor Sonya Hofer, Alexander Köster und den vielen anderen MalerInnen? Seit Menschengedenken sind Wanderer durch das enge Eisack-Tal gestiegen, unter ihnen auch immer Zeichnende, Spurenlesende und Bildermachende. Eintausendfünfhundert Jahre nach den Römern, die hier eine befestigte Straße anlegten, stand unter diesen Passanten monumental Albrecht Dürer, auf seinem Weg nach Italien von einem Hochwasser aufgehalten. Sein später als Motiv in einem Druck bekannt gewordenes Aquarell der Stadtansicht Klausens, vom in späteren Zeiten dann als „Dürerstein" bezeichneten Felsbalkon aus entstanden, hat nicht nur mich herausgefordert. Heute durchkreuzen moderne Verkehrswege die Sicht auf das Städtchen. Als der „Dürerstein" im Jahr 1804 errichtet wurde, eröffnete der Wegesrand, an dem er steht, noch bezaubernde Ausblicke.

Seit langem aber fast unverändert schaut man hinüber auf die grünen Hänge – jetzt in Herbstfarben – und auf das Kloster Säben. Es thront über dem Städtchen. Von unserem Quartier aus war es ja leicht zu erwandern, über verschiedene bekannte Motive, die die Maler der alten Künstlerkolonie tatsächlich durchnummeriert hatten („Also, ich gehe heute zu Motiv Sieben"). Unweit von „Motiv Nummer Eins", dem weinumrankten steinernen Tor am Aufstieg nach Säben, haben wir uns gestern mit Dr. Christoph Gasser ein Bier schmecken lassen. In enger Nachbarschaft zu schräg geneigten Hauswänden, behangen mit bäuerlichem Werkzeug aus vergangenen Jahrhunderten und dezenten Hinweisen auf die längst geschlossenen Erzgruben. Entlang dieser Exponate kletterte mein Blick neben der erschreckenden Skulptur eines gefolterten Christus die feuchten Mauern hinauf und endete über den Dächern im blau aufscheinenden Vierfelderspiel der Fenster von Branzoll. Mit dem Einbrechen der Abenddämmerung schalteten unsichtbare Hände Lichtquellen an, die dafür sorgten, dass nicht nur die Burg, sondern auch das dornenumkrönte Haupt der gruseligen Figur weithin sichtbar blieb.

Heute aber scheint die Sonne von der Frühe an, der Tag wärmt sich auf. Wir speisen Rühreier, Marmeladenbrote und Kaffee. Dann machen wir uns auf den Weg zu Horst Steinhauser, der uns gemeinsam mit seiner Partnerin herzlich empfängt. Horst, noch während des Krieges in Bruneck geboren, hat in Hamburg Kunst studiert. Es gibt einen zweiten Kaffee. Wir sehen sehr unterschiedliche Gemälde, einige darunter von ausgeprägter Direktheit und Schönheit – meist steht die Natur und Horst Steinhausers Beziehung zu ihr im Mittelpunkt des Bildes. Wir sind beeindruckt von seinem handwerklichen Können und seiner Begeisterung für seine Stadt, sein Tal, sein Land Südtirol. Von ihm erfahren wir Details über eine lebendige und vielschichtige Künstlerszene, die völlig losgelöst vom offiziellen Kunstbetrieb, den Aktivitäten des Museums, besteht. Klausen ist nicht nur deshalb ein Künstlerort, weil hier vor langer Zeit KünstlerInnen gelebt und gearbeitet haben, sondern auch deshalb, weil hier heute noch Kunst gemacht wird. Gemeinsam mit Irmgard Gamper Delmonego und Marius Spiller bildet Horst Steinhauser eine Künstlergruppe, die regelmäßig ausstellt, auch in Zusammenarbeit mit anderen KünstlerInnen, wie beispielsweise Astrid Gamper oder Elisabeth Frei. Ja, Astrid Gamper hätte ich sehr gerne kennengelernt. Einige ihrer Bilder habe ich mir im Internet besehen: grafische Spuren auf weißen Untergründen – jedes Bild ein spannendes Universum, gefüllt mit den Geheimnissen, die sonst nur uralte Steinmauern in sich tragen. Überall erblicke ich Gestalten, reale und konkrete Gegenstände, Mimik und Gesten in vielen ihrer Zeichnungen. Diese Spuren bedeuten mir Vieles, nur keine Abstraktion. Einige Male habe ich vergebens an der Türe zu ihrem Atelier geklopft, über dem Torbogen am Eingang des Gartens, der das herrschaftliche Haus Sonya Hofers versteckt. Es hat nichtf unktioniert – ein Grund mehr, um wieder zurückzukommen nach Klausen.

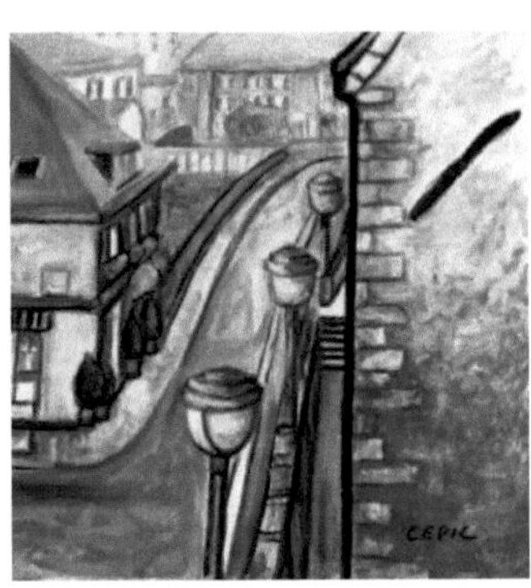

Von Chiusa/Klausen, Provincia di Bolzano, Alto Adige, nach Trieste, Friuli-Venezia Giulia - die zweite Station der Italienischen Reise.

Nach einer kurzen, sonnenverwöhnten Fahrt entlang der Etsch bis nach Trento, dann hinein ins Brenta-Tal, gewinnen wir einen Eindruck von der Zerstörungsgewalt der vielen Unwetter, die Italien seit Wochen erschüttern. Die Brenta, zu einem reißenden Strom angeschwollen, führt einen Teil der Ufervegetation stetig mit sich, alle Merkmale des reizenden Gebirgsbachs auswaschend, der in unseren Erinnerungen durch die Valsugana plätschert. Am frühen Nachmittag erreichen wir in der Nähe von Treviso die ehemalige römische Verkehrsschlagader Via Postumia. Hier halten wir an, um unsere Gaumen mit Gnocchi, Geflügel und gebackenem Chicorée zu verwöhnen. In Klausen waren wir in zwischenmenschliche Spannungen geraten, die sich die Akteure der Kunstszene gegenseitig als abwehrende und hierarchisierende psychische Barrieren aufbauen. Uta, eine Seismografin der Emotionen, hat das bald gespürt und ein wenig darunter gelitten. Die Leichtigkeit, die wir aus Oberbayern mitgebracht haben, kehrt während des Mittagessens zu uns zurück. In der Gegend um Mestre müht sich ein Nebel vergeblich ab, uns mit seinem feuchten Mantel einzufangen. Blind für derartige oberflächliche Manöver schweben wir auf den Schwingen der Vorfreude den Kaffeehäusern und dem Meer entgegen, die uns an der slowenischen Grenze erwarten.

Unentwegt erklingt in meinem Kopf André Hellers Zeile „Ich hab' die Stadt Triest besucht, im Herbst vergangenes Jahr, …". Im engen Gassengewirr des Zentrums finden wir uns schnell zurecht, erkunden die verwinkelten Wege zur bescheidenen Studentenwohnung am eng bebauten Hang in der Via dei Giustinelli, richten uns ein. Am Abend, an der Via Torino, stöbere ich in einer sympathischen Kneipe zwischen Bier und Wein in „alten" Schallplatten. Coco darf bei uns sitzen und erfreut sich der krauelnden Wertschätzung der ein- und ausströmenden Gäste. Die Bar imitiert perfekt das Ambiente der frühen siebziger Jahre. Die gleiche Musik wie damals entströmt den Boxen, die jedoch merkwürdig klein gebaut und an den weiß getünchten Steinmauern seltsamerweise kaum zu entdecken sind. Auch die makellose Schönheit der zahllosen jungen Menschen, die auf diesem Set wahrscheinlich als Komparsen arbeiten, beginnt, mich zu irritieren. Ein Zwiespalt tut sich auf. Mit dem Fortschreiten der Abendstunden jedoch und zunehmendem Weinkonsum festigt sich mein Glaube wieder an eine wie auch immer gearteten Realität. Der eindeutige Geschmack auf den Lippen bürgt dafür, dass zumindest die Farbe des Getränkes in meinem Glas rot ist.

Samstag, 10. November 2018

In den Tag starten wir, eine kleine Kaffeetasse in der Hand, vor dem Fenster mit einem schmalen Meeresblick. Dann eilen wir zu Dritt die Treppenstufen hinunter zur Piazza, die nach dem Literaturhistoriker Attilio Hortis benannt, Coco die nächstgelegene Möglichkeit bietet, sich zu erleichtern. Von hier aus spazieren wir gemächlich weiter zur Piazza Unità d'Italia, dem größten zum Meer hin offenen Platz Europas. Unsere Suche nach einem angenehmen Ort zum Frühstücken bleibt allerdings vergeblich, denn ein Cafébesuch mit Hund ist nirgendwo möglich. So kehren wir an die Piazza Attilio Hortis zurück. Morgendliche Betriebsamkeit breitet sich über die Fußgängerzone hinaus in diesem Stadtviertel aus, lässig, ja fast geruhsam - ein Paradox. Erneut führen wir Coco über einen Grünstreifen und werden fündig. Ein winziges Café in Sichtweite zur Biblioteca Civica, in der Männer sitzen, ihre Zeitung lesend. Schon der Schriftsteller Italo Svevo ist hier ein und aus gegangen. Auch in unserem Café liegen Zeitungen bereit, ein kleines Frühstück und vor dem Schaufenster präsentieren sich endlos viele Motive zum Zeichnen. Uta bleibt nur kurze Zeit bei uns, denn sie sucht nach frischen Lebensmitteln für ein Festmahl, das den frühen Nachmittag krönen soll. In ihrem Einkaufskorb, zwischen den Malkartons, auf denen wir gestern skizziert haben, finde ich später Cavolo nero (Schwarzkohl), Calamari, Weißwein, Knoblauch, Petersilie, Tomaten, …. Neben all diesen Schätzen noch ein Brettchen aus Sperrholz, das Geschenk eines Lebensmittelhändlers, zum Schneiden von Gemüse, Kräutern, Knoblauch. Dieses Utensil soll uns während der weiteren Reise begleiten. Ich erinnere mich an eine Reisesendung, die ich einmal im Fernsehen verfolgt habe – bei jeder Reise-Station überreichte ein Repräsentant des besuchten Ortes einen besonderen Gegenstand, der in einen Rucksack wanderte. Den Zuschauenden war es schließlich vergönnt, den gefüllten Rucksack nach der Fernsehsendung zu gewinnen. Wir haben scheinbar das große Los gezogen, denn das Schneidebrettchen ist nützlich, wir können es wirklich gebrauchen.

Im Schlafzimmer schiebe ich zwei bauchige blaue Sessel zur Seite, schaffe Platz vor dem Fenster für Staffelei und Farben. Das Eichen-Parkett wird mit der Plane überdeckt, die wir genau zu diesem Zweck mit uns führen. Dann klemme ich die grauen Vorhänge hinter die weit geöffneten dreigeteilten Fensterflügel. Die biedere Schlafzimmerlampe, ein UFO, schwingt sich von der Decke herab in das vom Tageslicht hell erleuchtete Zimmer. Warme Luft durchströmt den Raum. Dem Doppelbett gegenüber, auf einer Anrichte, vielleicht genau dort abgestellt, um der Kosmetik Vorschub zu leisten, warten meine Grafitstifte, Klebeband, ein Bleistiftspitzer, Gouache- und Aquarellfarben. Coco springt behände auf das frisch bezogene Bett; wir haben eine Decke dabei, extra für solche Ereignisse, ein Geschenk unserer Freunde Almut und Claude. Unten auf der Straße steht eine ältere Dame, den Blick nach links gerichtet, wartend wohl auf ein kleines Mädchen, das sich hüpfend nähert. Ich hebe den Blick, mustere die harmonische Fassadengliederung des mehrstöckigen Wohnhauses auf der gegenüberliegenden Straßenseite. Es stammt mindestens aus dem vorletzten Jahrhundert. Hinter jedem einzelnen Fenster schimmern die verhaltenden Farbspiele altmodischer Gardinen. Die gesamte hellwinkende Garnitur steht in einem scharfen Kontrast zum grau-schwarzen Gewand der wartenden Frau und dem des düsteren Gemäuers, vor dem sie Ausschau hält. Linkerhand schließt sich dem trostlosen Haus ein enggefasster Vorgarten an. Durch einen schmalen Weg von ihm getrennt, beherbergt das mit Eisenzäunen umwehrte Grundstück wild wucherndes Grün in dunklen Noten. Darin zwei Klappstühle neben einem roten Plastiktischlein, umstanden von blühenden Sonnenblumen in braunen Eimern. Aus der Gesellschaft einiger niederer Büsche und Bäumchen ragt ein schlanker, hochgewachsenen Baum hervor, noch immer gekrönt mit den Blättern eines späten Sommers. Leicht nach rechts geneigt, bildet sein Geäst gemeinsam mit den dunkelgrauen Mauern des Nachbarhauses ein komfortables Sichtfenster. Dahinter hockt, wie sorgsam in einen Bilderrahmen gesetzt, ein kompaktes Gebäudeensemble, teils mit Baugerüsten umstellt, Krücken und Schienen für die dahinsiechende alte Armenische Kirche. Drei vierfach aufgeschwungene Turmhauben in Türkis, Rostrot und befleckten Goldtönen, bestückt mit doppelgekreuzten Antennen aus dreigereihten Metallstäben. Ich habe mein Motiv gefunden. Die Gartenmauer lehnt an einem frisch gegossenen Betonplateau, aus dem neben regenfrischen Pfützen ein Hochhaus gewachsen ist. Noch jung, grüßen seine sechs Balkonplatten mit hellblau schimmernden Grautönen über den Vorgarten hinweg zur fast schwarzen Hauswand hinüber. Magnetisch zieht mich die weite Sicht in ihren Bann. Sie eröffnet sich entlang des noch roh gebauten Balkonturmes in die Tiefe einer endlosen Vertikalen: das Meer! Über entfernt gewinkelte rote Dächer zwängt es sich wie ein sehr schmales Handtuch zwischen die Stadt und den Himmel. Zum Abend hin legt sich ein Glühen auf die Dächer der Armenischen Kirche.

Über dem Malen vergeht der Tag, Uta legte sich bald zum Schlafen. Ich erledige die Küchenarbeiten, spaziere anschließend mit Coco eine Runde durch die Stadt. Bei milden Temperaturen wandern wir in Richtung Osten, gelangen bald ans Hafenbecken. Wir passieren Stadtviertel, die leer in der

Nacht stehen, bestückt mit neuen wie betagten Gebäuden, bar jeder Illumination. Bald kreuzen wir wieder pulsierendes Großstadtleben, bis wir zur Via dei Giustinelli zurückfinden, die ein Wohnviertel durchzieht, das überwiegend aus historischer Architektur besteht. Hier hat der Schriftsteller und Übersetzer Italo Svevo gelebt. Von ihm stammt beispielsweise die Übertragung der „Traumdeutung" Sigmund Freuds ins Italienische. Dass es zwischen ihm und mir biografische Bezüge gibt, wusste ich schon während meiner späten Schulzeit. Als Junge erlernte der spätere Dichter die deutsche Sprache in einem Internat ganz in der Nähe von Würzburg, wo ich 101 Jahre nach ihm geboren wurde. Seinen ersten Roman ließ er auf eigene Kosten drucken (er hatte einen „Brotberuf") und veröffentlichte ihn unter dem Pseudonym Italo Svevo (etwa: „der italienische Schwabe"). Auch Uta, die aus Nürtingen stammt, hat also einen biografischen Bezug zu ihm. Als wir eine lebensgroße Bronze seiner wohl realistisch nachgebildeten Gestalt entdecken, lässt sich Uta neben ihm fotografieren. Italo trägt in der linken Hand seinen Hut, Uta ihre rote Tasche; beide halten in der anderen ein Buch, entschlossenen Blickes. Im Jahr 1905 lernte Italo Svevo in Triest in einer Sprachschule James Joyce kennen, der dort als Lehrer arbeitete. Auf Joyce' Spurensuche war ich bereits in früheren Jahren in Paris unterwegs gewesen – und ich werde sie voraussichtlich im nächsten Jahr in Dublin wieder aufnehmen.

Ein Kaffeetag. Wieder beginnt er mit Espresso in unserer winzigen Küche. Der Gegenüber-Blick auf den Zustand der im Verfall begriffenen alten Armenischen Kirche besorgt uns. Coco zuliebe nehmen wir bald wieder den Weg über die Piazza Attilio Hortis, steuern von dort aus das historische Stadtzentrum an, um einige der zahlreichen Kaffeehäuser der Stadt kennenzulernen. Kaum auf Meereshöhe angelangt bleiben wir vor einem Schaufenster stehen, das sich auf wohltuende Weise von den vielen anderen unterscheidet, deren Auslagen Gegenstände und Dienstleistungen anpreisen, die wir aus anderen europäischen Städten Europas kennen. Zunächst aber blicken wir in einen Spiegel. Mediterrane Wohnhäuser erwidern unsere Blicke in grauen und weißen Bahnen auf Wänden von rötlichem Ocker. Zwischen ihren Dachgassen und Wandschluchten zeigt sich schüchtern ein blasser Hintergrund aus weißdurchwirktem Cyanblau. Stechend scharf positionieren sich vor diesem urbanen Hintergrund auf einer leicht nach hinten gehobenen Rampe ein weißschaftiger Regenschirm, der ebenso gut vor grellem Sonnenlicht schützen könnte und eine Schneiderpuppe aus Messingdraht, umgürtet mit großzügig wallenden Falten aus Zeitungspapier. Davor, ausgebreitet auf dem Boden aus flachen Steinen, ruhen Brillen und Bücher, aufgeschlagen und geschlossen. Einige Minuten lang stehen wir vor diesem Schaukasten, finden noch Hüte, Landkarten und eine Spiegelreflexkamera – allesamt Konsumgüter, die gut zu unserem Leben passen.

Als erstes zieht uns das berühmte Caffè Tommaseo magnetengleich an, ein Ort, der für die italienische Einigungsbewegung wichtig war. Und: hier wurde im neunzehnten Jahrhundert das erste Speiseeis in Trieste verkauft. Heute versprühen die mit Jugendstilelementen dekorierten Säle einen altehrwürdigen Charme. Wenige Meter über meinem Kopf dehnt sich ein aus Stuck geformter Frauenleib und blickt melancholisch auf meinen Teller. Beide Arme über dem Kopf verschränkt wächst er aus einem krautigen Kelch heraus, schmiegt sich gegen die gipsbeladene Decke und ähnelt dabei signifikant dem Körper einer sonnenhungrigen Sportlerin, die gerade ihre Dehnübungen absolviert. Die letzten verbliebenen Krümel vom Teller pickend senke ich den Blick nun auf Kopfhöhe. Das gesamte Deckenszenario erinnert mich an ein Fitnessstudio, ein sportlicher Sonntag-Vormittag im November. Ich trage die blaue Jacke meines verstorbenen Bruders. Jedes seiner Kleidungsstücke war sorgfältig ausgewählt in der prekären Balance aus materieller Armut und sozialer Verantwortung. Im Zusammenspiel mit dem beigen Schal, den ich seit einem Jahr besitze, wärmt mich diese Umkleidung nun so stark, dass ich sie ablege und im Hemd weiter zeichne. Das Café bietet starke Eindrücke, die wir in Form eines kleinen, feinen Frühstückes und schnell hingeworfener Bleistiftskizzen in uns aufnehmen. Der Kaffee kommt von einem Unternehmen, das der ehemalige Kommandant der Österreichischen Handelsmarine, Hermann Hausbrandt, 1892 in Trieste gegründet hat. Auf das Marmortischlein werden uns zwei zierliche Tassen gestellt, dazu Wasser, Sahne, Zucker, zwei Cornetti und Servietten. Ich schreibe Notizen in mein Buch über Farne, Palmen und Bananenpflanzen in ausladenden Töpfen aus Terracotta.

Richtig wohl aber fühlen wir uns erst im Caffè Torinese, unweit des Römischen Theaters. Ein eng bemessener Raum, weniger opulent, aber gleichwohl anachronistisch in jeder Hinsicht. Umgeben von der Originaleinrichtung aus dem Jahr 1915 trinken wir Vino Bianco, spritzig, jung, durchsetzt von zarten Zitronenaromen, schmausen Brot mit Schinken und Erdnüssen und füllen weiter unsere Skizzenbücher. Auf dem Tisch ein Heft: „Una dinastia di fotografi a Trieste". Der Tresen, beschlagen mit ziselierten Metallleisten, ein Podium für feine Patisserien, Schokolade und andere feine Geschenke, bietet gerade den Raum, den der schmale Sockel eines Weinglases beansprucht. Den tief herabhängenden Spiegeln des ehrwürdigen Lüsters vermag ich kaum auszuweichen, denn der Gastraum bietet nur wenig Platz unter der schwingenden Pracht. Zwei Meter von unserem Sitzplatz entfernt versammelt sich eine Hundertschaft bunter Flaschen vor der reflektierenden Wand, überstrahlt von einem Scheinwerferlicht, das sich am Mahagoniholz der Deckenvertäfelung reflektiert. Daneben, dicht gedrängt, Trinkgläser, metallene Becher und Steingut. Orangen und Zitronenbälle warten im Regal auf Kunden, die frisch gepressten Saft bestellen. Hier möchten wir nicht nur verweilen, sondern bleiben. Und das Beste an diesem Ausflug: Coco ist hier und heute an fast jedem Ort willkommen!

Während der Hin- und Rückwege konzentriert sich Uta auf die hagere Gestalt eines Lastenkranes. Gleich einem Grindwal, dessen Bild im Augenblick des extremen Momentes seines Sprunges, heraus aus den Fluten, eingefroren wurde, bäumt sich das spitzhaubige Stahlgerüst schief über das herbstliche Hafenbecken von Trieste. Vor dem schiefen Turm, in ganzer Länge der weißen Mauer der mit hundert dunklen Holztüren durchsetzten Lagerhäuser, rudern schnelle Boote dahin, besetzt mit zwei, drei und vier Männern in kurzen Hosen - auf der mäßig gespannten Meeresmembran, bestrichen mit dem Firnis einer äußerst blassen Grün- und Blautönung. Hinter den Kajaks bleiben minutenlang schwarz-weiße Hügelketten stehen. Einmal besehen, offenbart dieser Hafen eine nicht zu überblickende Zahl an uns unbekannten Stahlwerkzeugen, gelb, blau, rot. Uta wird sich darin festlegen und Motive finden für ihre Bilder.

Den Nachmittag über malen wir über der Via dei Giustinelli. Utas Staffelei steht neben der Küche. Die Farbtasche, Stifte, Kreiden und Pinsel auf dem Tisch verteilt, davor der Plastikstuhl, überhangen vom blauen Pullover. Wie ich, blickt auch Uta hinaus auf die Straße. Ich habe meine Staffelei und alle Farben vom Vortag stehen lassen, vor dem Schlafzimmerfenster mit dem Blick auf herbstliche Bäume und die baufällige Armenische Kirche. Hier empfinde ich Ruhe und nehme mir die Zeit, die richtigen Farbtöne zu finden. Coco liegt neben mir im Bett, schnarchend eine wohlige Atmosphäre fabrizierend, erfüllt sie ihre Aufgabe. Noch im weißen Hemd kämpfe ich derweil mit der Technik, denn die Farben trocknen schneller, als ich sie zu meiner Zufriedenheit mischen kann. Dafür brauche ich nicht Minuten, sondern manchmal Viertelstunden.

Als es dann dunkel wird, drehe ich mit Coco noch eine Runde über die Piazza Attilio Hortis. Der kürzeste Weg führt zunächst entlang der Via dei Giustinelli bis zur nächsten Straße, der wir einige Meter nach rechts folgen. Exakt in der nächsten Linkskurve eröffnet sich ein stufenbewehrter Fußweg hinunter in die Stadt. Eine dunkelhaarige Dame in Weiß, ebenso bleiche Papiertüten zu beiden Seiten, steigt gerade die letzten Stiegen herauf. Kurz grüßend setze ich mit Coco an zum Sprung hinunter auf die tieferliegenden Plätze und Gassen. Brav wartet Coco mit der Befriedigung ihrer Bedürfnisse, bis wir die Bibliothek hinter uns gelassen und die Grünflächen erreicht haben. Das alles dauert weniger als zwanzig Minuten. Anschließend geht es zurück in unsere Wohnung, wo Crustini auf uns warten – was für ein bunter und aromatischer Tag. Im Schein der Küchenlampe sitze ich am niedrigen Holztisch vor meinem Computer. Neben mir die hellblaue Blechkiste mit dem Messingdeckel und die Teetasse, aus der ich den letzten Rest Earl Grey getrunken habe. Ich bereite den Blog-Eintrag vor, den ich auf meiner Website veröffentlichen möchte. Die Staffelei steht zusammengeklappt hinter meinen Rücken neben der Wohnungstüre in Nachbarschaft vieler eng zusammengerückter Gepäckstücke, denn morgen setzen wir die Reise fort.

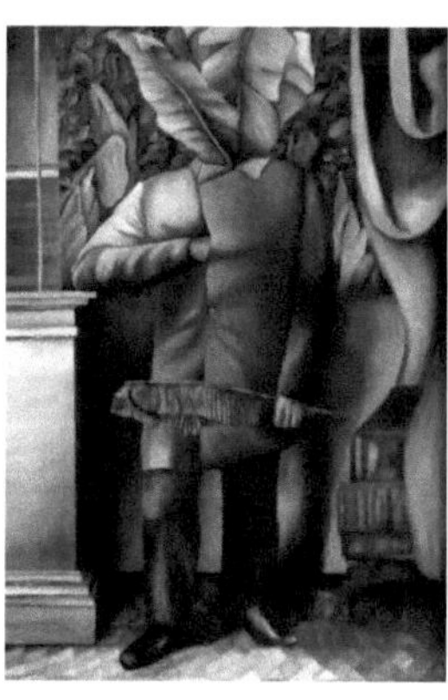

Von Trieste, Friuli-Venezia Giulia nach Retinella bei Loreo, Provincia Rovigo, Veneto – die dritte Station der Italienischen Reise.

Aufstehen, Morgentoilette, Frühstück zubereiten, das Auto packen, Hundespaziergang – ein letztes Mal bis hinunter zur Seepromenade. Anschließend wird das Auto beladen, ich benötige dafür zwei Stunden. Der Aufzug ist mir dabei eine große Hilfe. Eine Woche nach unserer Abfahrt aus Oberbayern nehmen wir dann Abschied von der Studentenwohnung, die wir liebgewonnen haben, hier im „Svevo-Viertel". In Klausen hatten wir wenig Zeit für uns und unsere eigenen Arbeiten gefunden. In Trieste konnten wir ein wenig aufholen. Die für diese Stadt vorbereitete Adressen-Liste blieb im Notizbuch eingeschlossen - in Trieste besuchten wir keine KünstlerInnen. Stattdessen lebten wir uns in das Altstadtviertel um die alte Armenische Kirche ein, zeichneten in Kaffeehäusern und malten auf unseren Staffeleien. An jedem Tag unternahmen wir ausgedehnte Spaziergänge, kauften in kleinen schmucken Lädchen Regionales ein und kochten frischen Fisch. Trieste hat uns begeistert mit seiner Mischung aus italienischen und österreichischen Traditionen, und einer bodenständigen wie spritzig-lebendigen Gegenwart. Am Ende wären wir gerne länger geblieben. Wir beschließen, zurück zu kommen.

Noch am Vormittag erreichen wir den Großraum Venezia, steuern aber Chioggia an, die schöne Stadt im Mündungsgebiet der Flüsse Brenta, Adige und Po. Wie die weiter im Norden der Lagune über die weite Sumpflandschaft herrschende Serenissima, ruhen auch die Fundamente dieser alten Stadt auf Holzpfählen. Vor einigen Jahren bin ich schon einmal hier gewesen, zum Zeichnen, auf dem Fischmarkt und auch auf dem schönen engelbestandenen Friedhof. Heute interessiert mich der Gründungsmythos stärker; er besitzt eine europäische Dimension. Der Sage nach soll ein Veteran des Trojanischen Krieges die Stadt gegründet haben. Die Römer nannten die Stadt später nach ihrem Begründer Fossa Clodia, Grube/Graben des Clodio. Die Einwohner nennen sich heute Chioggiotti, in der römischen Form „Clodiensi". Zu Mittag parken wir an einem Kanal inmitten der Stadt neben bescheidenen Frachtern und Freizeitbooten, die hier zu dritt nebeneinander angebunden liegen. Den Kai säumen neu erbaute Wohnhäuser, historische Fischerkaten und einige Restaurants. Unter einem roten Vorhang betreten wir das Ristorante „Al Porto" und speisen das einzige angebotene Gericht, begleitet von einem helltönigen Vino Frizzante: Frittura di Mare. Draußen, nach dem Festmahl, plaudern wir anschließend angeregt mit unseren Tischnachbarn, den einzigen Gästen, die außer uns das Lokal besuchten – Uta spricht mit ihnen auf Italienisch, ich auf Englisch. Die beiden interessieren sich in besonderem Maße für Musik, loben enthusiastisch die deutschsprachigen Komponisten der Wiener Klassik und der darauffolgenden Jahrzehnte. Herzlich lachend rufen wir durcheinander und freuen uns mit unseren fischgefüllten Bäuchen wie die Kinder. Im Auseinandergehen rufen wir uns fröhlich Grüße zu. Uta und ich, wir verlaufen uns dann ein wenig über steinerne Gassen und Brückchen. Als wir später um die Ecke zum „Al Porto" zurückfinden, grüßt schon von Weitem die von der Hand eifriger Polizisten geschmückte

Windschutzscheibe unseres Citans. Sie haben dort ein „notifica del verbale di accertamento di violazione al codice della strada" angebracht (ein Bußgeldbescheid). Eine Stimmungstrübung zieht eilig über uns hinweg, nur ganz kurz, zu verlockend und wunderbar erscheint uns der Ausblick über die Lagune und die Kanäle! Noch vor Einbruch der Dunkelheit erreichen wir die Stadt Loreo. Hier folgen wir der Ausfallstraße, die am Werkstattgebäude Macello Comunale vorüberführt. Der sich im umzäunten Brachland hinstreckende Bungalow aus der Vorkriegszeit reckt uns unter den sieben Ebenen seiner Flachdächer ein Gesicht entgegen aus dem fünf gähnende Garagenlöcher und zwei mit grünen Rollläden verschlossene Fenster blicken. Unmittelbar, bevor die Straße über eine schmale Metallbrücke den Kanal überquert, nähern wir uns dann dem Weiler Retinella, unserem Ziel.

Im Agriturismo Villa Anconetta, einem wahrhaftigen, mehr als fünfhundert Jahre alten venezianischen Palazzo, haben wir eine kleine Wohnung gebucht. Der historische Ort soll uns zum Malen und als Ausgangspunkt für Natur-Exkursionen in das Delta der sechs Po-Mündungen dienen, wo vielfältige Wunder auf uns warten. Hier kommt dann auch Coco zu ihrem Recht – wir unternehmen einen Abendspaziergang entlang des Canale Bianco mit Reiherblicken und entdecken die Spuren gelbzahniger Bisamratten. Durch Dämme geschützt, breitet sich neben der in großzügigen Kurven mäandernden Wasserstraße grünes Agrarland aus, soweit das Auge reicht, oder bis zu zur nächsten Siedlung, Baumreihe oder Industrieanlage. Auf dem Scheitel der Dämme ziehen sich Wege und Straßen dahin, wasserseitig oft von Büschen bestanden und zum Feld hin offen. Retinella, benannt nach einer auf dem Land lebenden europäischen Schneckenart, bezaubert uns unmittelbar durch seine weltfremde, altertümliche Lage, eingebettet in Wiesen und Ruinen. Hier werden wir Schnecken- und Kanalbilder zeichnen. Über unsere Begeisterung vergessen wir sogar die allgegenwärtige reale Bedrohung durch Hässlichkeit und Müll. Durchwegs unansehnliche Gebäude, neue, alte, nicht selten in einem ruinösen Zustand, erheben sich rings umher. In den Schluchten und Höhlen der Backsteinfassaden fliegen Tauben ein und aus. Wir befinden uns am Rand der kleinen, von Umweltschmutz und Bausünden stark gezeichneten Stadt Loreo, auf der dicht besiedelten, landwirtschaftlich und industriell ausgebeuteten Po-Ebene. Loreo – womöglich hieß die Stadt bei den Römern noch lauretum, der Lorbeerwald.

Dienstag, 13. November 2018

Das Fenster des Badezimmers öffnet sich hinaus zum Kanal. Beim Verlassen der Duschkabine, während der Toilettensitzungen, durch den Spiegel vor mir – stets erblicke ich immer nur Grün, das dunkle Wasser, Felder, Bäume, in der Ferne einen umwachsenen Bauernhof. Hin und wieder löst sich aus dem ruhigen Bild die Gestalt eines Vogels, ein Kormoran oder auch ein Reiher. Die hohen Wände des Appartements schmücken sich mit offengelegten Backsteinmauern, eingerahmt vom altersgezeichneten Holz der Decke und des Bodens. Wärme und Behaglichkeit spenden inmitten dieser harten Baustoffe die zahlreichen üppig gearbeiteten Wohntextilien und Möbelstücke. Schwere Vorhänge zu beiden

Seiten der aus Kniehöhe aufsteigenden Fensternischen. Beim Frühstücken dann im herrschaftlichen Weißen Saal mit Blicken auf den Canale Bianco und einige gute Ölgemälde, verzehren wir Brot- und Kuchenstücke, Marmelade und Butter, allesamt in Wegwerf-Plastikummantelungen dargeboten. Wir haben die Unterkunft mit Frühstück gebucht, was sich nun rächt.

Später wandern wir wieder entlang des Kanals in grau-blasser Novemberluft. Grün-graue Hänge führen hinunter zu den ausladenden Feldern der weiten Ebene. Die Sicht, häufig durchbrochen und begrenzt von Weiden-, Pappelalleen und Schornsteinen, schweift hinein in die Endlosigkeit müder Graustufen. Ein Kormoran wartet auf seinem Holzpfahl auf die Sensation einer Bewegung. Ich, das Fernglas griffbereit, stehe im Wind. Wiesengrün, Farne, Schilfgras allerorten. Coco freut sich ausgelassen, blaue Zonen in den bernsteinfarbigen Augen. Am Himmel ziehen Vögel undeutliche Linien durch den Nebel. In schwarzen Roben hält eine Kolonie von Kormoranen die kahle Baumreihe besetzt. Einzelne Vögel durchstürzten abwechselnd die sich unter ihnen ausgespannte bleiern-graue Wasserhaut, verschwinden dann für Minuten, um an unerwarteter Stelle wiederaufzutauchen. Grau- und Seidenreiher stehen in den hochgewachsenen Grüntönen der Uferzone mit ihren Pfeilkörpern Spalier. Manchmal erhebt sich ein Vogel, aufgeschreckt von uns Eindringlingen, um in nahegelegenen Feldern bald darauf wieder zu landen. Am Wehr angelangt, folgen wir dem breiteren Wasserstrom des Canale di Po. Coco rutscht die Böschung hinunter ins geliebte Nass, hat dann anschließend gehörige Mühe, wieder zu uns hinaufzuklettern. Schon seit Kilometern zersägt penetranter Motorenlärm die Stille – wir nähern uns einem Betrieb, den

Menschen aufsuchen, die mit röhrenden Motorwagen herumrasen möchten. Zielstrebig ziehen wir uns über die Felder zurück an den Canale Bianco. In der Villa Anconetta beginnen wir dann mit der Arbeit an Acrylbildern. Wie Chronisten legen wir Zeugnis ab, von dem, was wir erleben – nicht nur das Sichtbare, vor allem das Erlebte möchten wir auf der Leinwand festhalten. Der aus Backstein rings um das Haus gelegte Bodenkranz, die knietiefen Fensteröffnungen bis hin zum Ufer des Kanals, die steinernen, ausgetretenen Treppen, die Holzbalken unter den gemauerten Decken, das Fensterchen einer Kapelle, eingezwängt unter das Dach unseres Treppenaufganges – Impulse für starke, ja körperliche Empfindungen, erhabener Stimmungen und nachrangig auch für Phantasien. Am Abend noch eine Einkaufsfahrt nach Chioggia, Hundefutter und Wein. Zuhause angekommen kochen wir wieder eines unserer liebsten Gerichte, von denen wir nie genug bekommen: Spaghetti con aglio, olio e peperoncino – diesmal mit Rosmarin aus dem Garten der venezianischen Villa.

Mittwoch, 14. November 2018

Schon während des Frühstückens bricht die Sonne durch das milchige Grau, das unser altes Schneckengehäuse umwallt. Meine Augenbewegungen pendeln sich zwischen dem Blick aus dem Fenster und dem in Brauntönen gehaltenen kulinarischen Stillleben an der Wand vor mir ein. In der Zwischenzeit führen meine Hände ein Eigenleben, tastend nach Eiern, Butter und Brot. Am gegenüberliegenden Ufer beginnt sich zügig der schwarze Umriss einer Kirchenruine zusammen zu puzzeln. Binnen weniger Sekunden wächst er zu einem geschichtlichen Monument heran. Einer unserer Gastgeber hat uns eine Landkarte überlassen, die Polesine beschreibend: das Land zwischen den Flüssen Adige (Etsch) und Po. Dieser Landstrich, seit jeher von Überschwemmungen heimgesucht, hat sein Aussehen stetig verändert. Loreo ist über die Strada Provinciale 45 mit Adria verbunden, dem Dorf, umringt von Feldern, das dem Adriatischen Meer einst seinen heutigen Namen gab. Zu Römerzeiten erhob sich hier eine bedeutende Hafenstadt. Dieser Straße folgen wir in Gegenrichtung zum Po-Delta, nach Rosolina und dann weiter nach Porto Viro. Entlang des Po Levante, dem nördlichsten der heute sechs Po-Arme, steuern wir über Rosolina die exklusive Ferieninsel Isola Arabella an, fahren dann weiter bis zum volkstümlichen Seebad Rosolina Mare. Im Laufe dieser Strecke erhalten wir Einblicke in das Mündungsdelta, in seine Weitläufigkeit, in sein amphibisches und ornithologisches Leben. Immer wieder aufs Neue lösen weiße Möwenschwingen, der pfeilschnelle Flug der schwarzen Kormorane und die Signalfarbe von Flamingos Orientierungsreaktionen aus. Bald fahren wir einen Damm entlang, auf beiden Seiten vom Wasser der Lagune begleitet, entschieden dunkler getönt als der kalt-blaue Himmel, der sich über unseren Köpfen hinbreitet. Was für ein spannendes Land! Wie magisch zieht uns auf einmal der unerwartete Anblick zahlreicher Entenvögel an, die in einem Fischerboot übereinandersitzen. Im Näherkommen entlarven sie sich als Kunststoffattrappen. Unter einem kühl-blauem Himmel stapfen wir später in Rosolina Mare den nassen Strand entlang – an einem Ort der Ruhe, jetzt, außerhalb der Badesaison. Anstelle eingecremter Menschenleiber liegen angeschwemmte Hölzer über den Sand verstreut, ganze Stämme und ihre Glieder, brachial aus Planken und Baumkörpern gebrochen. Einige Exemplare tragen die Tätowierung des stürmischen Meeres, Wellenzeichnungen auf pechschwarzen Rindenkurven und weiter bis tief hineingeritzt in das weiße aufgespülte Mark. Von diesem Badestrand aus sind mir vor Jahren einige schöne Zeichnungen von Gärten und Häusern gelungen. Dieses Mal bin ich frustriert, denn auf dem feinkörnigen Sand verteilt sich überall Müll, vorwiegend die Reste von Kunststoff-verpackungen, in einem ewigen Spiel vom Wind zu nihilistischen Plastiken aufgestapelt und bald wieder auseinandergeweht. Coco, neugierig geworden auf die sich sanft anspülenden Wellenbögen, senkt kurz ihren braunen Pelzkopf ins salzige Wasser, das ihr gar nicht schmeckt. Eilig fahren wir fort, trinken in einem der wenigen geöffneten Caffès am Ort einen Cappuccino und begeben uns auf den Rückweg nach Loreo. Mit der Absicht, die „notifica del verbale di accertamento di violazione al codice della strada" zu bezahlen, hält sich Uta dort längere Zeit im Postamt auf; vergeblich. Die dort beschäftigte Frau weigert sich, die Zahlung des Bußgeldes abzuwickeln. Coco bleibt im Auto liegen, während ich leichtsinnigerweise die muffige Atmosphäre, der dem Postamt gegenüberliegenden katholischen Kirche koste. In Loreo findet seit dem Jahr 1603 regelmäßig im Monat Juni eine Flagellation statt. Im Rahmen der Feierlichkeiten peitschen sich mehrere Tausend Männer selbst aus, flankiert von Prozessionen und katholischen Gottesdiensten, die in diesem Gebäude abgehalten werden.

Wieder Zuhause in Retinella vertiefen wir uns in die Malerei. Gleich einer archaischen Gallionsfigur verharrt Uta den Nachmittag über vor ihrer Staffelei auf dem Holzsteg am Kanal. In Warteposition liegt dort ein plastikbesetztes Tretboot, angeleint an zwei weiß-rot umringelten Pfählen. Ich sitze derweil vor meinem Staffeleikasten am geöffneten Fenster im Salon und überschaue die Szenerie. Durch die großzügig bemessenen Rauten des Fenstergitters dringt hier genügend wertvolles Tageslicht in die sonst düstere Stube. Beide behalten wir den Canale Bianco im Blick, seine Ufervegetation und die umwachsenen Ruinenwände auf der anderen Wasserseite. Nur einmal kurz bekommen wir Besuch. Einer unserer Gastgeber führt seine kleine Tochter und ein Hündchen über die mit weißem Kies ausgestreuten Wege, auf denen mit Bedacht komponiert weiße Metallbänkchen, Stühle und Tischchen verteilt wurden. Alle paar Meter markieren bauchige Terracotta-Töpfe die angrenzende Kante der in Muster gelegten Backsteinböden, die direkt ans Haus heranführen. Die Besucher wählen den Rundweg entlang der niedrigen Begrenzungen aus schütteren Hecken durch den im französischen Stil gehaltenen Park. In der Nähe des Ufers verweilen sie für kurze Zeit im lichten Pavillon, einem weißen Vogelkäfig aus weiß lackierten Stahlbögen. Auf dem Rückweg zum Palazzo passieren die drei dann ein an der Außenwand eingemauertes Steinrelief. Unter einer neunzackigen Krone, besetzt mit dicken Gemmen, ruht ein zweigeteilter heraldischer Rahmen. Über dem Horizont stechen die sechzehn spitzen Nadeln eines stilisierten, ernstblickenden Sonnenkopfes wie ein Heiligenschein aus einem ornamental genarbten Untergrund hervor. Die untere Hälfte des Wappens füllt vollständig die Figur eines stehenden Vogels. Seine zum Trocknen ausgespreizten Flügel weisen ihn als Kormoran aus. Aus der nach unten spitz zulaufenden Steintafel steigen zu beiden Seiten des Federtieres fein gehauen zwei Wolken auf.

Ich fluche über die vermaledeiten Acrylfarben, mit denen ich nicht zurechtkomme. Ihre Trocknungs-Geschwindigkeit passt nicht zu meinem Maltempo. Ich arbeite einfach langsamer. Über all meinem Schimpfen behält Uta die Ruhe, kocht später Risoni-Nudeln und lenkt meine Aufmerksamkeit auf Wichtigeres. Beim Abendessen diskutieren wir ihren Bildentwurf – eine perfekte Komposition von Hell und Dunkel, von Komplementärkontrasten und delikaten Farbwerten. Dazu kommt ein exzellenter Größengradient, der dem Bild Tiefe verleiht, sowie eine fast spiegelverkehrte Komposition der Formen entlang der Horizontalen, die das dem Betrachter gegenüberliegende Ufer beschreibt. Satt und zufrieden geht es nach Einbruch der Dunkelheit noch einmal hinaus zum Hundespaziergang und dann an den Computer, ein wenig Blog-Schreiben, Archivieren von Eindrücken. Coco hat sich längst auf dem roten Teppich neben dem weißen Sofa zusammengerollt, das ich vorsichtshalber mit Gepäck beschwert habe. Von der Wandecke herab wachen die schwarzen Augenhöhlen einer venezianischen Maske.

Donnerstag, 15. November 2018

Bereits um Sieben Uhr streut die Sonne goldene Lichter durch das Badezimmerfenster, das ich unmittelbar nach dem Eintreten weit öffne - vom Boden bis zur Decke. Mit

Farbstiften halte ich diesen lodernden Moment fest: milde, fast schwarze Schatten über dem bewegungslosen Wasser und hinter seiner grauen Membran aufgereiht, die Binsen und Wassergrasspaliere. Sie tragen bereits die zarten Farben des Morgens, die sich in die Ferne hinein zur mächtig aufsteigenden Sonnenkugel hin sättigen. Ein schillernd bunter Teppich bis hinüber zur Silhouette der in der Ferne wartenden Stadt. Direkt vor der feuchten Kühle, die aus dem Canale Bianco heraufsteigt, genieße ich die warme Dusche. Jeden Tag beschert uns die Wasserstraße, die gemächlich einem der Arme des Podeltas zustrebt, neue Anblicke, geordnet nach Farbnuancen, Tönungen von mattem Grün bis hinein in ein bleiernes Grau. Im Verlauf des leider sehr unpersönlichen Frühstückes, das uns neben trockenen Backwaren wieder Unmengen an Verpackungsmüll beschert, begeben sich meine Augen auf Wanderschaft über die alten Mauern, den gemalten Wand- und Deckenschmuck des Speisesaals bis sie sich, wie gestern schon, in dem mächtigen Ölstillleben verlaufen, dessen Opulenz der darin vorgestellten kulinarischen Wunder an kultiviertere Momente gemahnt. Wir wandern hinüber in die Stadt Loreo, queren den Kanal über die Brücke zur Via Roma, wo ein altehrwürdiger Zedernbaum seine segnenden Arme über Häuser und Gehwege hält. Heute gestattet uns die Dame im Postamt endlich das Bezahlen unserer Parksünde. Wir leisten Buße. Dann, eilig das Weite suchend, dringen wir südlich des Po di Levante in das Delta ein. Einige Male verharren wir am Straßenrand, greifen zu den Skizzenbüchern und verlieren uns im Zeichnen von weiten Blicken über Wasser, Gräser und wolkenreiche Himmel. Besonders lange sitzen wir im Valle Bagliona zeichnend in Stille, umflort von würzigen

Winden, Augen und Ohren stets aufnahmebereit für vorüberziehende Reiher, Flamingos und Kormorane. Unser rotes Auto steht auf der rechten Straßenspur. Einen Standstreifen gibt es nicht. Auf beiden Seiten des Asphalts glänzt blau-graues Wasser, abgegrenzt zur Straße von Buschwerk und Gras. Möwen überall, wie benutze Papiertaschentücher in den Wiesen und im Wasser, zurückgelassen von den Nießenden dieser Welt. Kormorane breiten ihre Flügel zum Trocknen aus, Flamingos suchen in den seichten Gewässern der Lagunen nach Krebsen. Mit befreitem Geist finden wir am Nachmittag zurück nach Retinella, zum Malen vor dem Kanal. Im weißen Hemd sitze ich vor der Staffelei im backsteinumbauten Zimmer. Von links strömt das Licht des Nachmittages über meinen Entwurf, hinter meinem Rücken die Reflektion eines weißen Sofas, das nicht koloriert werden darf. Ich atme die Atmosphäre eines Raumes, der über die Zeitspanne mehrerer Jahrhunderte hinweg so viele Funktionen erfüllte, dass ich mich im Mittelwert all dieser Bestimmungen gut einrichten kann.

Seit Wochen leidet Uta an einer Verletzung des Sehnenansatzes an ihrem rechten Ellenbogen; heute gesellen sich Magenschmerzen dazu. Sie muss sich schonen: weniger mit der rechten Hand malen, auf Vino rosso verzichten. Nach Sonnenuntergang bereite ich uns eine milde italienische Mahlzeit. Später am Abend vertiefe ich mich in Literatur über europäische Reiherarten. Zwei der geschätzten Spezies posieren täglich vor unsren Fenstern: zuerst der Graureiher, in Eurasien und Afrika weit verbreitet und somit ein verlässlicher Begleiter unserer Reisen. Ich kenne ihn von Kindesbeinen an von den Ufer-Auen des Flusses Main, der meine Heimatstadt

Würzburg durchfließt. Die zweite, über Europa weit verbreitete Art, der Seidenreiher, zierlicher als der Graureiher, präsentiert sich nahezu komplett in Weiß. Mit seinen gelben Füßen und dem Schopf, umspielt von feinen Schmuckfedern, unterscheidet er sich deutlich von seinem größeren Verwandten. Nach diesen beiden wende ich ständig den Kopf, und gebe die Hoffnung nicht auf, endlich auch wieder dem seltenen Purpurreiher zu begegnen. Seine eher rost-braune Erscheinung offenbarte sich mir erstmals am Etang de Vendres, einem Salzsee in der Nähe der Mündung des südfranzösischen Flusses Aude. Hier schwang er sich eines Morgens jäh empor aus den Büschen jenseits Kanals, an dessen Ufern ich entlanglief. Seitdem suche ich ihn, wo immer ich ihn vermuten darf. Noch zweimal gehe ich mit Coco vor die Tür und beginne dann mit den Recherchen zu Puglia, unserem übernächsten Reiseziel. Dort werde ich meinen Geburtstag feiern. Ich wünsche mir einen Ort, an dem wir das Meer rauschen hören.

Freitag, 16. November 2018

Als Uta aus den Kissen steigt, sitze ich schon längere Zeit beim Zeichnen vor den Linien, die Wiese, Kanal, Uferpflanzen, Felder, Horizont und Wolken durch ein ungeheures Himmelsblau ziehen. Wir nehmen uns Zeit – außer für das Frühstück, das mit Rücksicht auf Utas Gesundheit und die Müllsituation in Italien kurz ausfällt. Trotzdem verweilen wir eine gute Stunde in dem festlichen Speisesaal, lesend über Puglia.

Später am Morgen, in Loreo, entdecken wir zwischen Gebäuden, die in offenkundiger Abhängigkeit diverser architektonischer Moden der letzten fünfzig Jahre errichtet wurden, zwischen Industrie und intensiver landwirtschaftlicher Nutzung, auch schöne Seiten - enge Gassen, eingewachsen Gärten, einige alte Häuser, viele davon verfallen. Bald aber stehen wir wieder in Retinella vor den Staffeleien. Heute sollten die Gemälde fertig werden, denn morgen werden wir die Reise fortsetzen. Uta platziert sich auf den Steg am Kanal, malt in meist unverdünnten Farben, geübt alla prima. Starke Böen fegen übers Wasser; unzählige Male muss Uta abrupt eingreifen, um die Staffelei vor der Havarie zu bewahren. Über den Tag hinweg gelingt ihr ein heiteres Stimmungsbild, das gleichermaßen von Novemberkälte wie auch vom südlichen Charakter dieses Winkels auf der Po-Ebene erzählt. Ich dagegen kämpfe noch immer mit der Maltechnik. Kurz vor Sonnenuntergang lege ich die Pinsel weg, um dem Bild die Zeit zu geben, die es zum Trocknen braucht. Einige wenige Details sind mir gelungen – und das Festhalten einer melancholischen Abendstimmung.

Erleichtert wechsele ich in die Küche. Beim Kochen stellen sich Erfolgserlebnisse leichter und schneller ein. Singend schnippele ich vor mich hin, während Uta malt und malt … bis tief in die Abenddämmerung hinein. Später stelle ich einen großen Teller auf den Tisch, gefüllt mit Radicchio, einen kleinen Tomatensalat daneben, umringt von Schinken, Käse, Knoblauch, Oliven, Zitronen, … dazu gibt es gebackene Kartoffeln. Nach dem Essen malt Uta weiter. Ich spaziere in dieser Zeit mit Coco hinaus, den Kanal mit seiner

jahrhundertealten Uferbebauung entlang, um mich ein wenig
zu erholen.

Später, in der frühen Nacht, packe ich dann all unser
Hab und Gut zusammen, um es am nächsten Morgen zügig ins
Auto einbauen zu können. Wir freuen uns sehr auf ein
Wiedersehen mit der Stadt Firenze und unserem Freund Carlo
Tarani. Carlo ist ein gebürtiger Florentiner. Nach dem
Abschluss als "Maestro d'Arte" in seiner Heimatstadt und
vielen, langen Aufenthalten und Studienreisen im Ausland war
er schnell zu künstlerischer Anerkennung und finanziellem
Erfolg gekommen. Vor Jahren hat sich Carlo dann wieder in
Firenze niedergelassen, wo er als Privatdozent für Malerei und
Skulptur arbeitet. Er war Utas erstes Lehrer in der Malerei.

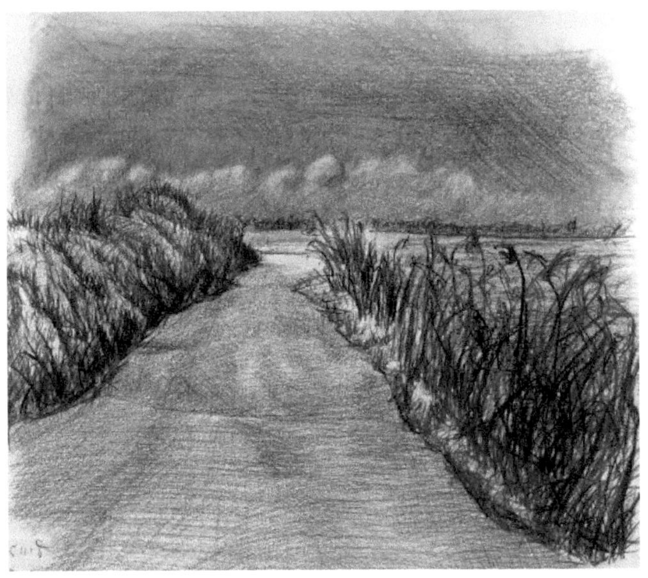

Von Retinella bei Loreo, Provincia Rovigo, Veneto nach Firenze, Toscana – die vierte Station der Italienischen Reise.

Unmittelbar nach dem Weckerklingeln laufe ich die venezianischen Räume ab, um die Fenstersicht auf die heute aufgetriebene Wasserhaut des Canale Bianco von den Vorhängen zu befreien. Der strahlende Beginn eines schönen Tages. Chancenlos duckt sich der Nebel anderenorts, denn über das flache Land weht ein starker Wind. Noch vor dem Frühstücken haben wir alle Gepäckstücke im Auto untergebracht, um dann noch einmal in vollen Zügen die Schönheit der Villa Anconetta in Retinella genießen zu können. Ein letztes Mal eile ich hinauf in das Badezimmer mit seinem weiten Ostfenster, um mir die Sicht hinaus in die Weite des Deltas einzuprägen. Kies knirscht unter den Reifen, als Uta das schwere Fahrzeug durch die Ausfahrt steuert, fort von den schönen alten Gebäuden, jetzt die Verbindungsstraße nach Loreo hinauf, an deren Rändern kunterbunt zusammengeworfen Vorgärten und Wohnhäuser vielerlei Bauart die wenigen übriggebliebenen Baudenkmäler maskieren, darunter auch die vielgesichtige Werkstatt aus der Vorkriegszeit.

Das Po-Delta liegt auf unserer Strecke – ein Glück! Wir passieren das südliche Drittel dieses amphibischen Raumes, deutlich geprägt von Landwirtschaft – und doch finden wir zahlreiche Ausblicke auf Tiere, Pflanzen und Wasser. An den Oasi di cá Mello, nahe der Lagunenbucht Sacca degli Scarovari, steigen wir aus und wandern zu Cocos unbändiger Freude auf

Reiher-, Tauben und Fasanenspuren. Aus dem nahen Reisfeld erhebt sich taumelnd ein Mäusebussard. Später, in der Emilia Romagna, an der Straße nach Ferrara, trinken wir einen Kaffee und kaufen an der Theke Risotto-Reis aus der Region. Es ist kälter geworden. Heute erreicht das Thermometer gerade einmal zehn Grad, auch in Firenze, dessen Stadtgrenze wir am späten Nachmittag passieren. Mietkasernen säumen die Straßen, wie in nahezu jeder europäischen Stadt, in Beton gegossenen Beleidigungen gegen die Menschen, denen keine andere Möglichkeit übrigbleibt als diese Ausgeburten der Mafia und des Großkapitalismus zu „bewohnen". Im Unterschied zu den bescheidensten Häuschen im Zentrum der Stadt Firenze wird von diesen schon als Ruinen geplanten Geldmaschinen in fünfhundert Jahren lange keine Spur mehr übrig bleiben.

Gegen halb fünf Uhr beziehen wir ein enges Appartement an der Via Bronzino, gut dreißig Gehminuten entfernt vom historischen Stadtzentrum, ganz in der Nähe von Carlos Atelierwohnung. Unser Auto parken wir in einer Seitenstraße, aus der ich geduldig alle Habseligkeiten ins Refugium schleppe. In Firenze gibt es wenige kostenfreie Parkplätze, daneben einige blau umstreifte Stellen, die mittels einer Parkuhr zu mieten sind sowie weiß gekennzeichnete Plätze für die Fahrzeuge der Anwohner. Zum Kochen fehlt uns heute die Lust – lohnende kulinarische Abenteuer empfehlen sich in dieser Wohnung erst nach einer gründlichen Putzaktion. Also ziehe ich los, zwei Pizze zu besorgen. Der Empfehlung unseres Vermieters folgend, finde ich zwei Straßen weiter ohne Umwege zu seinem „Freund", einem cholerischen Herrn, etwa in meinem Alter, der sich gerade in lautstarken Beschimpfungen ergeht. Sein Ziel, eine etwas hilflos um sich blickende Kundin, wird von den weiteren Personen, die in diesem Geschäft arbeiten, ignoriert. Das sieht nach Routine aus. Mein Verdacht erhärtet sich, als auch ich und weitere eintretende Kunden verbal attackiert werden. Scheinbar wiegt die Qualität der Pizza den Orkan der Wutausbrüche auf. Anders kann ich mir nicht erklären, wie diese Pizzabäckerei, umringt von Konkurrenz, überleben kann. Später verzehren Uta und ich unter hohen Decken die erste Pizza, die wir uns in Italien gönnen – leider überzeugt sie nicht. Nach Einbruch der Dunkelheit schaue ich noch einmal beim schreienden Bäcker vorbei, auf der Suche nach einer guten Pinkelstelle für Coco. Der Mann scheint sich noch immer zu ärgern.

Sonntag, 18. November 2018

Wir wachen in der Stadt Firenze auf! Der Verkehrslärm der Via Bronzino dringt durch die altersschwachen Fenster ins steilwändige Gemach. Coco kratzt an der Türe. Durch einen Spalt der raumhohen fliederfarbigen Vorhänge entlasse ich sie in den winzigen Garten, wo sie sich bald ihrer Morgentoilette hingibt. Bereits am Vorabend hatten wir Lebensmittel für das Frühstück eingekauft – schräg gegenüber in einem Supermarkt, der nahezu Tag und Nacht geöffnet ist. Neu in diesem Stadtviertel, kennen wir noch keine Geschäfte, die fair und ökologisch produzierte Lebensmittel anbieten. Obwohl wir uns außerhalb der historischen Stadtmauern befinden, mögen wir das Haus. Wie die meisten der umliegenden Gebäude stammt es wohl aus dem achtzehnten oder neunzehnten Jahrhundert. Im Parterre heißen uns abgenutzte Steinböden und hohe Räume willkommen. Die Holzkonstruktionen der Wohnungsdecke transportieren vielerlei Geräusche, von den Bewohnern verursacht, sich zuverlässig ausbreitend in alle Richtungen. So lauschen wir mitunter nach den Stimmen, denen es gelingt, maskiert von Mauern, Böden und Teppichen, in unterschiedlicher Deutlichkeit bis zu uns herunter durchzudringen. Trotz der Verzerrungen in Frequenz und Ausdruck klingen sie eindeutig italienisch. In diesem Haus freuen wir uns über jedes Schallereignis.

Am späten Vormittag spazieren wir in Richtung des Flusses Arno, immer auch auf der Suche nach einer näheren Parkgelegenheit für das Auto – wenn möglich sogar legal. Auf der anderen Seite des Flusses finden wir bald einen ausgedehnten Park, den wir in Richtung Innenstadt durchwandern können – bis zum Palazzo Strozzi. Im Gassengewirr geht die Suche weiter, dieses Mal nach dem Museum, in dem Werke des plastischen Künstlers Morano Morandi ausgestellt sind. Morandi ist der Schöpfer des freudig erregten Reiters, der vor dem Peggy-Guggenheim-Museum in Venezia auf den Canale Grande blickt. Als wir die Tore der Schatzkammer erreichen, stellen wir fest, dass sie verschlossen sind. Einem Text, der das daran geheftete Papier schmückt, entnehmen wir, dass das Museum wegen Bauarbeiten „bis Herbst 2018" geschlossen bleibt. Bald streifen wir wieder entlang der mit teurer Ware bestückten Auslagen ausgedehnter Schaufensterstraßen, denen man in Firenze kaum entkommen kann. Uta knipst ein Foto. Es zeigt Coco und mich unter dem in Gold gefassten Schriftzug „GUCCI". Bislang hatte ich mit diesem Wort einen winzigen, schleifenumgürteten Hund in Verbindung gebracht, der eines Nachmittags aus einem Friseursalon herausschoss, als ich, vom Friedhof in Würzburg kommend, seinen Weg kreuzte. In kurzer Distanz folgte dem strubbeligen Tierchen eine junge Dame, ebenfalls mit bunten Schleifen im Haupthaar. Im Vorwärtsstürzen schrie sie unablässig den Namen des Hundes in die friedliche Welt hinaus: „Gucci, Gucci!". Erneut überqueren wir die ruhig dahinfließende Wassermembran des Arno, dieses Mal, um in der Kirche Santa Spirito eine Postkarte mit der Abbildung von Michelangelo Buonarrotis Kruzifix zu erwerben – wir haben dieses frühe Meisterwerk bereits vor Jahren besichtigt. Als wir den Kreuzgang erreichen, wird gerade das Tor verschlossen. Mittagspause.

Ich werde krank. Ein grippaler Infekt nimmt mich, aufsteigend von den Bronchien bis zu den Stirnhöhlen, nach und nach in Beschlag. Zuhause lege ich mich ins Bett. Uta zeichnet. Später bereitet sie ein Risotto zu, dessen Grandezza ich nicht schmecken, nur visuell erforschen kann. Sie verspeist es schließlich mit Carlo Tarani, der uns heute besuchen kommt. Morgen wird sie mit ihm in seinem Studio arbeiten. Auf Firenze hatte ich mich sehr gefreut. Die Aussicht, mich in die Betrachtung von Kunstwerken der Renaissance vertiefen und die toskanische Landschaft malen zu dürfen, hat mich beflügelt. Nun zügelt eine Schwäche meine Begierden, wird mich bremsen und zu einer gewissenhaften und sparsamen Auswahl der Aktivitäten zwingen. Man kann auch mit Fieber malen. Nach dem Vorbild der Macchiaioli, einer Künstlergruppe, die in dieser Stadt von 1855 bis 1865 für eine realistische Malerei eintrat, werde ich mit dem arbeiten, was ich erblicke – im Notfall schaue ich aus dem Fenster.

Am Ende des Tages gelingt es Uta dann, einen der wenigen kostenlosen Parkplätze zu ergattern.

Montag, 19. November 2018

Heute wachen wir mit der wolkenverhangenen Sonne auf. In meinem Kopf, bleischwer, hat sich über Nacht eine Tonalität der Schmerzen etabliert. Ich weigere mich, aufzustehen. Uta bringt Kaffee ans Bett und führt die brave Coco später unter die majestätischen Zypressen des nahegelegenen Parco di Villa Strozzi. Hier herrscht in zeitloser Ruhe, mit Ausblicken über weite Teile der Stadt, die herbstnasse Vielfalt eines grünen Labyrinthes. Bis Uta erneut aufbricht, um einige Straßen weiter zu Carlos Atelier zu gehen, bleibe ich schlafend im Bett liegen. Später werde ich die beiden besuchen. Im Zentrum der breiten Schaufensterfront, die spannende Einblicke in Carlos Studio gestattet, prangt ein Schild mit der Aufschrift "ENTROPIA, Dipinti, Oggetti d'Arredo, Interior Design (sic) Restauro Mobili, Decorazioni d'interno (sic) Carlo Tarani (…)". Eigenhändig hat der Meister eine geräumige historische Werkstatt zu einem Schmuckkasten umgebaut: Wohnbereich, Malatelier, Showroom sowie eine unterirdische Werkstatt. Den Zugang zur Katakombe, temporäre Ruhestätte einiger alter Möbelstücke, kaschiert trickreich eine dekorativ mit Büchern ausstaffierte weißlackierte Schrankwand. Beim Druck gegen ihre geschwungenen Randleisten entlarvt sich das Scheinmöbel als Drehtüre. Einmal bewegt, öffnet sie jäh die Wand und gibt den Blick frei auf die Steine einer ins Dunkel hinab führenden Kellertreppe. Als berufserfahrener Restaurator gelangen Carlo alle Zimmerer- und Tischlerarbeiten hervorragend und stilsicher. Doch viel zu wenig Kunden finden diesen überzeugenden Ort – Carlo verdingt sich nebenbei im Stadtzentrum als Kunstlehrer.

Am Abend wandern wir die wenigen Schritte hinüber in die Via Antonio del Pollaiuolo, benannt nach dem berühmten Maler, Kupferstecher und Bildhauer. Gemeinsam mit seinem Bruder Piero führte er in der Zeit der Renaissance die bedeutendste Werkstatt ihrer Art in Firenze. In dieser Straße trinken wir zu dritt in der Chili-Bar, fast in Sichtnähe zu Carlos Studio, ein paar Gläser Wein. Das wird mich nicht kränker machen. Anschließend bestellen wir Pizza im Restaurant Calypso. Mit Carlo kommt man aus dem Erzählen nicht heraus, es wird geklönt und gelacht bis mir wieder der Schädel brummt; in Carlos Worten: „... ohne Ende".

Dienstag, 20. November 2018

Langsam. Ruhig. Mittags dann, nach dem Brunch, gemächlichen Schrittes mit Coco im Schlepptau durch milden Regen bei acht Grad Celsius. Allmählich schieben wir uns den Monte Oliveto hinauf und ziehen durch den Parco di Villa Strozzi bis zur Limonaia, dem Zitronengewächshaus. Leider finden wir keinen Zugang; ein Besuch in diesem Heiligtum hätte meinen Genesungsprozess wahrscheinlich begünstigt. Auf dem weiten Wiesenhang unterhalb des Gebäudes weist eine überdimensional gezimmerte Holzbank hinunter ins Tal. Mit ihren waagrecht geordneten Planken schreibt sie ein Fragezeichen in die kühle Mittagsluft. Der grelle Sonnenschlag teilt allen Baumstämmen nahezu vertikale Zonen aus Schwarz und Weiß zu. In der Nachbarschaft der Grasfläche, auf der ich Coco mittlerweile frei laufen lasse, strecken Zypressen ihre verstrubbelten Spitzhauben in den blass-blauen Himmel. Ab einer bestimmten Wuchshöhe beherrschen sie allein das Panorama, einzig benachbart von den dazwischendrängenden Brokkoli-Köpfen sporadisch auftauchender Pinienkronen. Sobald ich den Blick nur einige wenige Zentimeter senke, erscheint dann plötzlich die Stadt, weit und weiß mit roten Dächern vor den dunstigen Hügelketten. Noch immer draußen im feucht-kalten Park, umwoben von den dunklen Grüntönen und Ockerstufen der niederen Vegetation, zieht es uns bald nachhause. Dichtgeschichtet verlegt buntes Herbstlaub die Wege und Stufen. Immer klammere ich mich bremsend an Cocos Lederleine, um einen sicheren Tritt zu bewahren. Uta arbeitet unterdessen bei Carlo. Wie ein Jäger auf dem Hochsitz thront sie vor der Staffelei im Fond des Studios. Von links oben scheint der Lichtkegel eines Scheinwerfers gegen ihr neu begonnenes Bild. Sie hat eine großformatige Spanplatte in sattem Ultramarinbau grundiert. Die Bestrebungen des derzeitigen italienischen Innenministers Matteo Salvini, ein Klima des Hasses und der Aversion zu nähren, sitzen ihr seit Tagen wie ein Dorn im Fleisch. Salvini, der Exponent der rechtspopulistischen und fremdenfeindlichen Neuausrichtung der Lega Nord, hat seine Landsleute wiederholt davor gewarnt, Menschen in Italien einreisen zu lassen, die vor Krieg, Hunger und Gewalt fliehen. Er prophezeite den Italienern, diese Menschen werden ansonsten mit Italienerinnen Kinder zeugen. Aufgrund der dunkleren Hautfarbe der Eroberer werde eine „Generazione Cappuccino" entstehen. So malt Uta jetzt, reduziert auf Weiß- und Blautöne, eine riesige Cappuccino-Tasse. Blond und schön, wie Anita Ekberg in Federico Fellinis Film „la dolce vita" den Trevi Brunnen in Roma schmückte, wird sich Uta in die Tasse platzieren - badend in Cappuccino.

Dieser politischen Aktion bleibe ich fern, ein wenig fröstelnd und malend in der Küche unserer kleinen Wohnung. Über dem gemauerten Bogen, durch den der Weg zu Schlafzimmer und Garten führt, hängt der Kasten einer Klimaanlage in Höhe der Deckenkante vor der zitronengelben Wandbemalung. Dekorativ wie ein futuristisches Wespennest beschränkt sich seine Funktionalität leider auf rein ästhetische Aspekte. Im Ausatmen flutet er den Raum mit kühlenden Luftstößen. Beim Blick durch das Passepartout des Fensters habe ich mein Motiv gefunden; ein Pinienbaum; ganz im Geiste der Macchiaioli.

Abends besuche ich mit Coco Uta und Carlo. Als wir eintreten, posiert gerade eine junge Frau im Atelier, umgarnt von Carlo, der sie gerne unterrichten würde. Unter den repräsentativ gehängten Gemälden parkt Carlos Vespa, der Helm baumelt an der Lenkstange, fahrbereit. Uta arbeitet noch eine Weile.

Dann lassen wir Carlo mit der Schönen ungestört alleine, spazieren mit Coco in Richtung Monte Oliveto und kehren anschließend ins trockene Haus zurück. Spaghetti aglio e olio a la Uta … jedes Mal ein Festessen! Nach dem Schmaus wird ein wenig geschrieben, am Klapptisch im hochwändigen Turm der Küche. Coco hat es sich auf dem Bett bequem gemacht. Hier streckt sie sich auf der vielfarbigen Wolldecke, die uns die fürsorglichen Freunde aus Stuttgart mitgegeben haben. Ein wichtiges Utensil, das bereits die Bettwäsche in Klausen und Trieste geschützt hat. Hinter dem Bett, aufgereiht auf der

Balustrade, die den Raum an seiner Rückwand quer durchzieht, gestalten die sechs Acrylbilder, die wir bisher fertiggestellt haben, den Raum: Burg Branzoll und die Andreasbrücke in Klausen, die Kirchenruine von Retinella, der stolze Baum im Vorgarten der Via dei Giustinelli in Trieste, die alte Armenische Kirche und der aus dem Hafenbecken ragende Wal-Leib eines rostigen Kranes.

Mittwoch, 21. November 2018

Vergangene Nacht sind einige Bretter aus dem Boden des Bettes gefallen. Uta erwacht in einer Kuhle, trotzdem zufrieden und ausgeruht. Ich fühle mich kräftiger und gesünder als die letzten Tage, freue mich auf den Spaziergang über den Monte Oliveto, wo es ruhiger ist als in den stark befahrenen Gassen und Straßen. Schwere Wolken haben sich in die Baumkronen verhakt und versorgen die kalte Luft mit Feuchtigkeit. Nur die allgegenwärtigen Hinterlassenschaften der langen Sommer-Monate, Kinderspielplätze und Biergärten, erinnern an Wärme und Sonnenglut. Lange bewegen wir uns entlang flechtenbesponnener Steinmauern, die den Park von einem zweiten, ebenso weitläufigen Grundstück, scheiden. Hin und wieder verlaufen ihre Scheitelpunkte niedrig genug, um Blicke frei zu geben über Hundertschaften von silbrig schimmernden Olivenbäumen. Inmitten einer Großstadt haben wir diese räumliche Großzügigkeit nicht erwartet. Zahlreich durchstreifen Hunde unsere Gartenseite, stets verfolgt von wachsamen Menschen. An einem sonnenbeschienenen Stück der Mauer bemerken wir das in Terracotta gesetzte Relief eines

Hundekopfes; oben rechts steht zu lesen: „Pippo", unten links die Signatur „v 2016". Hin und wieder plaudert Uta mit anderen SpaziergängerInnen – oft handelt es sich um Hundeliebende wie wir. Ich verstehe viele der aus dem Lateinischen gewachsenen Ausdrücke, bin aber kaum dazu in der Lage, aktiv zu sprechen. Wir sammeln Erfahrungen. Falls wir im Laufe dieser langen Reise an einen Ort gelangen sollten, an dem wir uns ein besseres Leben vorstellen können, als in Oberbayern – ganz der philosophischen Bedeutung des „guten Lebens" verpflichtet – dann werde ich die Sprache erlernen, die dort zuhause ist.

Zunächst aber wende ich mich praktischen Notwendigkeiten zu. Ich male am Portrait der Pinie weiter, die vor dem Küchenfenster wächst. Sie wurzelt im Grund einer Tankstelle – wahrscheinlich stand sie zuerst da. Angesicht des seltenen Schillerns ihrer Nadeln bin ich mir aber nicht sicher. Mit den Acrylfarben, die wir aus praktischen Gründen benutzen, vermag ich jederzeit loszulegen, denn sie werden mit Wasser verdünnt und trocknen geruchsneutral. Auch ohne Grundierung lässt sich mit ihnen auf jeglichem festen und fettfreien Untergrund malen, nahezu in jeder Dicke. Und ich kann auf unkomplizierte Weise mit dem Malen aufhören. Das Auswaschen der Pinsel ist schnell erledigt, der Farbauftrag trocknet binnen Viertelstunden. Trotzdem komme ich nicht recht vorwärts. Mir ist aufgefallen, dass sich beim Trocknen das Farbvolumen verringert. Außerdem kann ich beim Malen die Farbtöne nicht genau bestimmen, denn die Farben dunkeln schon während der kurzen Trocknungszeit nach. Wenn ich Lasuren anlege, riskiere ich, dass sich die unteren Farbschichten anlösen. Wenn sie gelingen, lassen sie wenig

Tiefenlicht hindurch. Seit vielen Jahren verwende ich Ölfarbe. Sie verfügt über gute maltechnische Eigenschaften. Die sehr langen Trocknungszeiten liegen mir, denn ich male langsam und gründlich. Natürlich weiß ich, dass Ölfarbe geruchsintensiv und gesundheitsschädlich ist, denn sie wird mit Terpentin verdünnt und mit Dammarharz angereichert. Sie kann auch nicht pastos auftragen werden, da bei dieser Malweise schnell Früh- und Alterungsrisse entstehen. Beim Trocknen vergrößert sich jedoch das Farbvolumen, wodurch die Farbe gut deckt – gleichzeitig lassen die Lasuren ein hohes Maß an Transparenz entstehen. Auf unserer Reise sind Ölfarben aber nicht zu verwenden. Also nutze ich die Chance zu erlernen, wie ich meine Bilder mit Acrylfarben malen kann.

Gestern habe ich in der Nähe einen Waschsalon entdeckt. Dorthin bringe ich jetzt unsere gebrauchten Kleidungsstücke. Während ich, beladen wie der alte Jericho aus Jacques Préverts Drehbuch zum Film „Die Kinder des Olymp“, den allgegenwärtigen Hundekotspuren ausweichend das Trottoir hinunter balanciere, mache ich inmitten der röhrenden Benzinmotoren hinter mir bald ein lautes Kinderschreien aus. Rasant erreichen die Rufe schrille Dimensionen, als mich plötzlich Coco überholt. Völlig perplex lasse ich das Wäschebündel fallen, packe das Hündchen am Nacken, an der Stelle, die die meisten Säugetiermütter wählen, wenn sie ihre Jungen an einen anderen Ort tragen möchten. Freudig wedelnd steht Coco nun neben mir, völlig nackt, ohne Leine und Hundegeschirr. Erst jetzt bemerke ich auch Uta, die wohl schon seit Minuten hinter mir hergerufen hat, panisch vor Furcht, Coco könne im dichten Straßenverkehr unter die Räder kommen. Unmittelbar nachdem ich die Wohnung verlassen hatte, war ihr Blick dort auf eines von den beiden Päckchen Waschpulver gefallen, die wir gestern besorgt hatten. In der irrenden Annahme, ich habe vergessen es mitzunehmen, sprang sie mir in Fürsorge hinterher. Kaum aus der Tür, flitzte auch Coco auf die Straße und die Wohnungstür fiel hinter den beiden ins Schloss. Nun standen sie auf der Straße. Coco, splitterfasernackt, hat mich zwischen den Fußgängern und Autos erspäht und nahm freudig die Verfolgung auf. Enthusiastisch raste sie bei roter Ampel über die Straße, in Italien nicht unüblich, aber dennoch riskant. Die VerkehrsteilnehmerInnen reagierten routiniert, wichen aus oder hupten. Eine Signora versuchte gar, Coco mithilfe ihres Motorrollers zu stoppen. Als Uta uns erreicht, steht ihr die Angst ins Gesicht geschrieben. Zu dritt treten wir den Rückweg an. Dabei halte ich Coco beständig im Welpengriff.

Erneut breche ich dann auf und finde mich zehn Minuten später zwischen vier Waschmaschinen und zwei Trocknern wieder. Uta wird die meiste Zeit des Tages in Carlos Atelier verbringen, an ihrem Cappuccino-Bild malend. Die Lavamat-Geräte verschlingen gierig alle meine Münzen und benötigen doch weniger als eine Stunde Zeit, um ihr zweifelhaftes Werk zu vollbringen. Ich setze mich hinter das Schaufenster und zeichne das, was sich meinem Auge bietet: eine italienische Stadtstraße. Nach den ersten Skizzen, in denen diverse Automobilkarosserien erscheinen, deren Fabrikate ich natürlich nicht kenne, wechsele ich zu den Passanten, betreibe Bewegungsstudien. Schließlich bleibt mein hundertfach darüber gehuschter Blick an Beständigerem hängen. Endlich erkenne ich die formschöne Durchgestaltung der Häuserreihe auf der gegenüberliegenden Straßenseite. Trotz der über die

Jahrhunderte entstandenen Unterschiede präsentieren sich die meisten Gebäude noch in symmetrischer Bauweise und geschwungenen Formen. Pilaster und gesprengte Giebel gliedern die Wände und Fassaden, hier und da erspähe ich eine Volute, Skulpturen, Stuckarbeiten und Reste von Fresken. Ein paar Minuten vor Ablauf der Waschzeit betritt eine kleingewachsene dunkelhäutige Frau das Geschäft. Ohne mein „buona giornata" oder mich gar eines Blickes zu würdigen, steuert sie flink wie ein Wiesel auf die letzte freie Waschmaschine zu, füllt sie routiniert mit allen notwendigen Ingredienzien und huscht wieder davon. Ich packe meine Sachen.

Trotzdem ich die Dienste des Trockners in Anspruch genommen habe, fühlt sich die Wäsche klamm und feucht an. Auf dem Heimweg erinnere ich wieder die Figur des Kleiderhändlers und Vagabunds Jericho, das personifizierte Fatum, jedermann und jederfrau aus den Händen lesend. Mit Spinneneifer durchwebe ich zuhause die nicht gerade geräumige Wohnung mit Seilen und Schnüren. Schließlich folge ich Coco kriechend oder auf allen Vieren durch die feuchten Behänge, nur um der letzten Wäscheklammern wegen oder um ein Glas mit Wasser zu füllen.

Nach getaner Arbeit fliehen wir zu Uta und Carlo, um ihnen ein wenig bei der Arbeit zuzusehen. Uta beherrscht das realistisch-plakative Malen genauso wie das experimentelle Darstellen von Stimmungen und Ungesehenem. Dabei leidet und hofft sie, lacht und schreit, denn jenseits aller Beherrschung, die das Handwerk letztlich kennzeichnet, besteht Kunst immer auch aus einem großen Teil unvorhersehbarer Probleme, die gelöst werden müssen. Ich treffe Uta in einem zweifelhaften Zustand an. Wir gehen Lebensmittel einkaufen, kochen und essen gemeinsam. Das enthebt zwar nicht der künstlerischen Sorgen, bringt einen aber schlagartig zurück auf stabileren Grund. Es gibt Thunfisch, Zucchini, Zwiebeln, Artischocken, Tomaten, Sellerie und Spaghetti mit Rotwein – alles aus der Toscana. Spätestens beim Kochen, intensiver dann während der Mahlzeit, beherrschen wieder die künstlerischen Themen unsere Diskussion. Ich bin so froh, dass Uta sich ebenso stark dafür interessiert wie ich. Wie soll ein Bild gemalt werden? Wie komme ich weiter mit dem Begonnenen? Wie kann ich mit Acrylfarben Sfumato-Effekte erzeugen? Brauche ich einen Trocknungsverzögerer, oder werde ich irgendwann lernen, schneller zu malen, als Acrylfarben zum Trocknen brauchen? Wie bilde ich einen Mittelwert aus den Erscheinungsformen der Pinie, die während der Stunden, die ich zum Malen benötige, hundertfach variieren – vor allem durch das wechselnde Licht im Wetter- und Tagesverlauf? Welche Simultankontraste steigern die Farbwirkungen in Utas Cappuccino-Bild? Stimmen die Proportionen – insbesondere die Hände im Vergleich zum Gesicht? Ja, ein Fernsehgerät steht auch irgendwo in dieser Wohnung. Wir haben eine Decke darüber ausgebreitet, wie bereits zuvor in Klausen, Trieste und in Retinella.

Donnerstag, 22. November 2018

Heute ist Feiertag, denn Uta backt zum Frühstück Pfannenkuchen. Später, auf der anderen Flussseite im Parco delle Cascine, wandern wir auf grünen Teppichen im warmen

Sonnenschein. Und wieder haben wir mit zunächst fremden Menschen gesprochen – dieses Mal auch ich. Auf der Brücke stand ein Mann, kaum älter als ich. In perfektem Business-English erzählte er von seinem Leben, von seinen Studienabschlüssen, den Lebenskrisen und der schmalen Rente, die ihn auf diese Planke zwingt. Niemals werden wir erfahren, wieviel Wahrheit in seinem Bericht steckt, was Übertreibung oder Erfindung ist. Gewiss aber sieht sich dieser kultivierte Herr materieller Not ausgesetzt und benötigt Hilfe. Überall in Europa treffen wir Menschen, denen es ähnlich geht. Wo möglich, helfen wir kurzfristig mit kleinen Spenden, teilen das, was wir gerade bei uns tragen. Aber auch für das Große, Strukturelle haben wir Konzepte. Als Clownin bringt Uta beispielsweise Lachen in Situationen der Bedrückung, der Depression und Resignation. Manchmal begleite ich sie auf ihren Wegen. In meiner Arbeit als Psychotherapeut habe ich mich über dreißig Jahre lang um Menschen in Krisen bemüht und werde es weiterhin tun, ohne Rücksicht auf das verfügbare Budget. Und wir haben vielfältige Pläne für die Zeit nach der großen Reise.

Wieder auf „unserer" Seite des Arno laufen wir ein in die Enge des kleinen Wochenmarktes des „Quartiere 4". Analog zur mondänen Innenstadt besteht auch hier eine Konkordanz zwischen dem Aussehen der flanierenden Damen und der Art der Kleidungsstücke, die zum Kauf feilgeboten werden. Das Quartiere aber erweist sich als beständiger, der Austausch der Ware gehorcht einer niedrigen Frequenz …, wenn überhaupt. Wir fühlen uns wohl.

Uta zieht es wieder in die Via Pisana zu Carlos Atelier, auch ich kehre zurück zur Staffelei und nehme die vertraute Pinie ins Visier. Wir arbeiten. Trotz der spätherbstlichen Temperaturen komme ich ins Schwitzen. Zu den bekannten Schwierigkeiten, die ich mit Acrylfarben habe, gesellen sich nun Komplikationen der Farbmischung. Uta hat einige Farbtuben zu Carlo Tarani mitgenommen, die ich jetzt gut gebrauchen könnte. Durchhalten. Improvisieren.

Gegen sechzehn Uhr ziehe ich los, Coco im Schlepptau. Auf halber Strecke wirft sich ohne Vorwarnung direkt vor uns ein junger Mann auf das Trottoir. Lauthals „Amore, Amore!" schreiend, streckt er seinen Körper sehnsüchtig Coco entgegen, die ihm eifrig das Salz von der schwitzenden Haut leckt. Ich habe ein Herz für emotionale Männer. Die gefährlichste Zoonose durch Hunde stellte über Jahrhunderte die Tollwut dar. Glücklicherweise ist sie mittlerweile durch die systematische Impfung der Haustiere europaweit zurückgedrängt worden. Bei den Hunden stehen heute Zoonosen im Vordergrund, die, verglichen mit der Tollwut seltener tödlich enden und durch heute überall verfügbare Therapieoptionen und Hygienemaßnahmen beherrschbar sind. Die Krankheiten, die von Durchfallerregern verursacht werden, lassen sich zumeist auf Campylobacter, Salmonellen und Kolibakterien zurückführen. Spaziergänge in Gebieten mit hoher Dichte an Hunden und Wildcarnivoren sollten deshalb an der Leine erfolgen, um die Koprophagie zu unterbinden. Coco aber hat ein Faible für ganz bestimmte Kothaufen entwickelt, auf die sie zielstrebig zusteuert, um sie mit hoher Geschwindigkeit herunter zu schlingen, denn sie weiß, dass ich diese Vorliebe missbillige. Nachdem Coco schließlich auch die Ohrmuscheln des schreienden Mannes gründlich ausgewaschen und mit ihrem speziellen Bakteriencocktail ausgekleidet hat, setzen wir unseren Weg durch die sich verengende Via Pisana fort, passieren die Kirche, vor der auch heute wieder Männer mit leicht gesunkenen Augenlidern stehen, und treten bei Carlo ein.

Hier herrscht die Ruhe der Arbeit. Carlo restauriert im Keller Möbel. Ich lasse Coco im Studio frei umherlaufen und nehme eine Frottage der Wand ab, am Aufgang zum Atelier. Um Gründlichkeit bemüht, stoße ich Utas Wasserglas um, das über meinem Kopf auf einer waghalsigen Konstruktion aus Sperrholz balanciert – und abstürzt. Katastrophe. Desaster. Carlo taucht auf, wischt den Wasserschaden mit Mob und wenigen Worten vom Gebälk. Zum Ausgleich lässt Uta Pizza liefern. Darüber freuen wir uns und genießen zwischen Reden, Trinken und den notwendigen Handgriffen.

Da Cocos Toilette noch aussteht, mache ich mich wieder auf den Weg hinüber zum Monte Oliveto. Wir ziehen eine Runde vorbei an der Pizzeria mit dem brüllenden Koch und installieren uns schließlich in der Wohnküche der Via Bronzino. Ich fabriziere ein fulminantes Risotto. Nach dem Abendessen, zu dem Uta allein erscheint, ist es plötzlich halb Zehn. Unter dem Vollmond gehen wir zu Bett, denn morgen möchten wir früh aufstehen. Wir haben zeitgebundene Karten für die Uffizien.

Freitag, 23. November 2018

Frühstück, Spaziergang mit Coco auf den Monte Oliveto – und dann: Wanderung hinein ins historische Zentrum von Firenze. Nach zweimaligem Anstehen erhalten wir schließlich Zutritt zu dem altehrwürdigen Museum, das ich bei meinen früheren Besuchen immer nur von außen gesehen hatte. Nach den mitunter theatralischen Szenen in den Warteschlangen geht es im Inneren vergleichsweise ruhig zu. Wir können uns auf die Exponate konzentrieren – und den sie umgebenden visuellen Rahmen, ebenso kunstfertig, überraschend und fesselnd, wie die berühmten Stars, die er umkleidet. Wenn Hintergrund und Objekt ein ähnlich starkes Interesse erwecken, ergibt sich ein Konflikt, lösbar nur durch das Vexierbild. So schwanke ich kippend durch Gänge und Kabinette, um unversehens und verschont von drängenden Menschen vor Sandro Botticellis lyrischen Meisterwerken zu stehen – nein, ich steige in sie hinein. Unter dem scharfzielenden Auge eines bogenspannenden Amor-Puttos geselle ich mich sofort zu einem sympathischen jungen Mann, der gerade im Begriff steht, eine Orange zu pflücken. Hinter unserem Rücken, schwerelos und durchscheinend, drehen die drei Grazien ihren Reigen. Vier weitere Personen drängen aus dem schütteren Waldrand in die Bildmitte hinein, über dunklem Bodenbewuchs, bestanden mit aberhundert bunten Blüten. Ein anderes Gemälde zeigt die ruhig aus dem Bild hinausblickende Venus, offensichtlich als Collage komponiert, wie die leicht unterschiedliche Textur von Kopf und Leib beweist. Winde wehen der Schönen mit aufgeblasenen Backen goldene Haarsträhnen aus dem Antlitz, während von der anderen Seite eilig eine Zofe herbeispringt, bemüht, die Blöße der Liebesgöttin mit wertvollem Tuch zu bedecken. Venus und ich schauen uns lange in die Augen, ruhig, unbewegt schwebt sie einige Zentimeter über der Stelle, an der der Muskel der Muschel ansetzt, deren bleiche Schale wohl die famose Geburt aus dem Meer bei der griechischen Insel Kythera symbolisiert.

Kaum ein weiterer Museumsbesucher steht im Raum. Sie, den Kopf leicht geneigt, blickt kokett und weit hinaus, die Tiefen eines Spiegels zu erforschen, den ihr die Uffizien in Gestalt dieses prunkvollen Ausstellungsraumes entgegenhalten. Spieglein, Spieglein an der Wand, wer ist die Schönste im ganzen Land? In den Laboratorien der kurmainzischen Spiegelmanufaktur im unterfränkischen Städtchen Lohr am Main wurden vom Beginn des siebzehnten Jahrhunderts an gut zweihundert Jahre lang sprechende Spiegel hergestellt und in alle Welt hinaus geliefert. Von einem dieser Spiegel ist bekannt, dass er nicht müde wurde, über die in ihn eingravierte Inschrift "Armour Propre" die Eitelkeit anzuklagen. Sandro Botticelli malte in seiner Zeit der Renaissance mit eigener, und bis heute noch unverkennbarer Handschrift, Farben- und Detailreichtum. Viele seiner Formen und Farbnuancen dringen langsam in mich ein, werden nachklingen, gewiss noch Tage, Wochen später.

Es gelingt ihnen aber auf anderem Wege, ohne Zeitverzögerung, unmittelbar und sofort im Museums-Restaurant bei Salat, Lasagne, Wein und Kaffee. Im Verlaufe des kulinarischen Genusses verwandele ich mich zu einem Bestandteil der sinnlichen Szenerien Botticellis. Ja, das Museumscafé. In jeder Kunstschau bin ich neugierig auf den Ort, an dem Getränke und Speisen serviert werden. Nur selten ließ ich mich vom noch so bescheidenen kulinarischen Angebot enttäuschen, wenn nur das Ambiente überzeugte. Wie fast überall in Firenze setzt sich auch hier, in der Caffeteria Bartolini, die Kulisse aus Superlativen zusammen. Unmöglich, nur in Skizzen zu beschreiben, was wir erblicken. Häuserreihen, Kirchtürme und Palazzi vielerlei Provenienz in gedeckten Farben, Rot, Ocker, Beige, Chamois, vor zypressenbestandenen Hügeln, aufgestellt über Wegen, Straßen, Kaimauern und steinernen Bögen vor den Wiesenstreifen, die zum Arno abfallen. Regentropfen lösen sich an den Fensterscheiben auf und setzen die Aussicht auf die Stadt hinter ein sich ständig erneuerndes Muster aus gestrichelten Gitterstäben. Mit der Kaffeetasse in der Hand blicke ich hinunter auf die Häuserschluchten einer Großstadt der Renaissance. Dachschrägen, Fensternischen, Kuppeldächer, weiß getünchte Hauswände, Kapitelle, grüne Fensterläden, tief unten die gemauerten Toreinfahrten, in enger Nachbarschaft zu mit Gittern bespannten Antennenmasten eiserne Kruzifixe auf Kirchtürmen, gemauerte Kamine und Schornsteine, aus denen die Mäuler schwarzer Löcher gähnen, lauschige Balkone und Tauben abschreckende Metallzäunchen, Straßen, Gassen, Plätze, rote Ziegeldächer, auf der Höhe der Hügel in weiter Ferne vereinzelte Pinienschirme von unbestimmter Färbung.

Über Sandro Botticellis berühmte Welten und all die anderen Bildschätze hinweg prangen Wandverzierungen und ausgemalte Kuppeln, angestrahlt vom Tageslicht, das aus hellscheinenden Schächten auf uns herunterstützt. Florale Zeichnungen, Vergoldungen, dazwischen Vignetten, Motive aus der griechischen Mythologie umschließend, all das in kaum zu beschreibender Sorgfalt und Kunstfertigkeit ausgeführt, dazu in derart unüberschaubarer Menge, dass mir beim Aufblicken und dem Versuch, diese Schriften zu lesen, bald die Augen schmerzen. Rings um die hochgepriesenen Meistergemälde herum, die hier in den Uffizien in beispielsloser Dichte die Wände schmücken, erhebt sich gleich einer nie endenden Morgendämmerung ein eigener Kunstschatz, der ganz alleine ausreichen würde, um das schönste Museum aufs Reichhaltigste zu befüllen. Das Gleiche gilt für Boden, Wandleisten und die Gliederungsarchitektur der Räume, Flure und Treppenhäuser. Antike Torsi aus Marmorstein, die andernorts den leuchtenden Höhepunkt einer Kunstsammlung bilden würden, stehen hier in solchen Massen in den langen Gängen, dass man ihre jeweiligen Einzigartigkeiten bald übersieht. In der Enge einer etwas abgelegeneren Raumflucht beschleichen mich plötzlich heimatliche Gefühle. Von zwei Gemälden des Lukas Cranach aus dem oberfränkischen Kronach grüßen mich unvermittelt Eva und Adam. Sie, wohl auch mir den berüchtigten Apfel darbietend, schwingt mit abgespreiztem kleinen Finger ein Zweiglein derart kapriziert, dass eines seiner sechs dunklen Blättchen ihre Scham überschattet. Der deutliche Ausdruck einer Aufforderung. Adam, mit dürrem Zweig an ähnlicher Stelle, schabt sich, in der ersten Ballett-Position stehend, mit der Rechten den Hinterkopf und zeigt, einen neugierigen Blick auf das Weibliche gerichtet, sein Achselhaar. Ungeachtet dieser Groteske verweile ich lange vor den Kunstwerken. Bilder aus Cranachs Werkstätten üben immer eine Faszination auf mich aus – meist aufgrund ihrer meisterlichen technischen Ausführung und der im Laufe der Entwicklung der Renaissance bald ungemein präzisen Nuancierung des Emotionsausdruckes. Wir wandern zurück zu den Botticelli-Zimmern, vertiefen uns noch einmal in den Frühling. Angefüllt mit Vogelgesang und dem jungen Grün der austreibenden Bäume taumeln wir hinüber zu Antonio Allegri Correggios Jungfrau, ihr Kind anbetend. Ein zeitloses Motiv. Weichgezeichnet und -gemalt kniet die junge Frau vor der Schönheit ihres neugeborenen Jungen, lächelt und breitet beide Hände über ihm aus. In ihrem Kopf formt sie Worte, die bald ihrem Munde entspringen werden: „Da bist du nun mein Kind. Du bist so schön, ich werde auf dich Acht geben." Gebettet auf weißem Laken, Stroh und einem blauen Tuch strahlt ihr der Säugling über den steinernen Stufen der Tempelruinen entgegen. Correggio hat die Szenerie in ein unscharf-nebeliges Licht gesetzt, aus dem die beiden Protagonisten wie vierfarbige Inseln auftauchen: Weiß, Blau, Rot und ein gelbliches Grün. Die Farbkomposition fesselt meine Aufmerksamkeit. Ähnlich ergeht es mir mit den Gemälden von Lionardo di ser Piero da Vinci, Peter Paul Rubens und Rembrandt Harmenszoon van Rijn, die hier unbehelligt von den Publikumsmassen wirken können (Im vergangenen Jahr haben mir die anstürmenden Menschen im Louvre zu Paris jede Betrachtung vereitelt).

Am Nachmittag besuchen wir dann endlich, Michelangelo Buonarrotis frühes Kruzifix in der Chiesa Santo Spirito. Begeistert und erfüllt wandern wir zurück in die Via Bronzino, ruhen aus und beschreiben eine weitere Seite im Tagebuch unserer Reise. Nach Einbruch der Dunkelheit begleiten wir Coco zur Abendtoilette. Später treffen wir Carlo auf ein Glas bei Chili's, pendeln hin und her, um nebenan in der Paninoteca „la Taverna di Poldo" Burger zu essen, zu trinken, zu reden, zu planen. Morgen werden wir gemeinsam mit Carlo Material aus dem Baumarkt holen. Im Gegenzug will er mir beibringen, wie ich eine Spanplatte so behandeln kann, dass auf ihr Acrylfarbe langsam trocknet.

Um sieben Uhr entspringen Utas Telefon seltsame Geräusche, Töne im Dreivierteltakt umschallen die jäh zerrissenen Traumspuren, lassen mich aufspringen, ins Badezimmer hinüber walzern. Es folgen das Duschen und Anziehen - im accelerando. Mittlerweile vivace zieht mich Coco an der Schleppleine den Monte Oliveto hinauf. Anschließend holen wir unser Fahrzeug vom Parkplatz, preschen die Via Pisana entlang bis zu Carlos Studio und unterbrechen die Weiterfahrt kurz für ein italienisches Frühstück am Tresen einer kleinen Bar. Bei „Bricoman" schließlich, im Westen von Firenze, erreichen wir das Ziel dieser morgendlichen Unruhe. Der Heimwerker- und Baumarkt entspricht im Wesentlichen unseren deutschen Pendants. Hier finden wir Holz für Carlos Fußbodenauftrag in der Altstadt, erstehen weiße Farbe und lassen uns drei Platten zum Malen zuschneiden. In strömendem Regen schippern wir zurück zu Carlos Atelier, über dem sich mittlerweile wieder die Sonne zeigt. Ab jetzt wird gearbeitet, Uta an ihrem „Generazione Cappuccino"-Bild, Carlo im Flanellkaro an sechs neuen Hochstühlen und ich an den neuen Malplatten, die ich zunächst lackiere und später abschmirgeln werde.

Gegen elf Uhr begebe ich mich auf den Weg zurück in die Via Bronzino, wo Coco auf mich wartet. Neben dem treuen Atelier-Hund setze ich die an den Vortagen begonnene Arbeit am Pinien-Bildnis fort. Mehrere Male unterbreche ich, denn weitere Aufgaben drängen mir in den Sinn: Postkarten für unsere Freundin Jo in Frankreich bestellen, Skizzen und Zeichnungen anfertigen. Später telefoniere ich mit meiner

Mutter, mit Teresa, meiner Tochter, …. Nachmittags um Drei scheine ich wieder bei Carlo auf, streiche an den Malplatten weiter und versorge uns alle mit frischer Focaccia, die ich drei Straßen nördlich bei einer Bäckerin aufgetrieben habe. Jetzt, in der Finsternis des doch noch frühen Abends und nach einem weiteren Coco-Spaziergang auf den Monte, sitze ich mit Uta in unserem Appartement. Gleich brechen wir auf, um uns mit Carlo im Chili's zu treffen.

Sonntag, 25. November 2018

Ein milder Regentag, ideal für ein ausgedehntes Frühstück und einen ebenso langen Spaziergang über die grün beschatteten Wege des Monte Oliveto. Später am Tag installieren wir uns wieder in Carlos Studio, dieses Mal begleitet von Coco. Die im Baumarkt erstandenen Spanplatten lasse ich am Nachmittag grundiert, abgeschliffen und sorgfältig poliert in der Via Pisana zurück, ebenso wie Coco, die, alle Stunde ihre Schlafplätze wechselnd, nicht müde wurde, diesen besonderen Ort mit friedvoller Atmosphäre anzureichern. Mein Pinienbild lässt mir keine Ruhe. Seit den frühen Morgenstunden habe ich mir den Kopf darüber zerbrochen, wie sich die Fülle an technischen Problemen auslichten ließe. Heute wollte ich neue Wege beschreiten, versuchte es später auch mit einer angefeuchteten Palette, die die Acrylfarben mischbarer und länger verwendbar halten könnte. Über das Experimentieren, das systematische Variieren und die Konstanthaltung von möglichen Einflussfaktoren, verrinnen die Stunden. Regenzeit draußen vor dem Fenster. Noch vor Einbruch der Dunkelheit habe ich allen Mut verloren. Ist das Malerei? Zeigt mein Bild nur eine Spur der erhabenen Würde, die dieser Baum selbst an einem nasskalten Novembertag ausstrahlt? Nein. Nichts ist mir gelungen. Anstatt klare und deutlich gefühlte Eindrücke wiederzugeben, war ich von der Malerei Schritt um Schritt zurückgewichen und letztendlich an einem Punkt angekommen, den ich doch genauso gut kenne. Über lange Jahre hinweg waren mein Denken und Handeln aufgespalten in die Ambitionen eines Wissenschaftlers und diejenigen eines Künstlers. Und wieder einmal habe ich mich verlaufen, der eilende Passant im Nebel. Während ich noch fassungslos vor meinem Trümmerhaufen sitze, kehren Coco und Uta in die Wohnung zurück. Ein Glück! Begeistert und wortreich erzählt Uta von ihrem Cappuccino-Bild, zeigt Fotografien von Zwischenstadien, die sie mit dem Telefon aufgenommen hat – und sofort fühle ich mich leichter. Nach einem fröhlichen Plausch springe ich mit Coco beschwingt aus dem Haus, über die Straßen, hinüber in den regennassen Parco di Villa Strozzi.

Später dann schaut Carlo vorbei und führt uns zum Abendessen in das Restaurant La Scarpetta an der Via del Ponte – sensationell, ohne Ende! Zur Vorspeise kosten wir frittierte Polenta neben einer Pastete aus Hühnerherzen und Hühnerleber, Schwarzkohl mit weißen Bohnen, Pecorino-Käse und Olivenöl auf Bruschetta. Als Hauptgerichte wählen wir Tagliatelle mit Blumenkohl und Salbei, Strozzapreti Mare e Monti (köstliche kurze Nudeln mit Steinpilzen und Meeresfrüchten), Baccala in umido – ein von Tomatensauce ummantelter, im Ofen köstlich gegrillter, Klippfisch. Den Abschluss dieser Schmauserei krönen wir mit Zitronensorbet und Tartufo affogato al Caffè. Während des Festmahles gibt der redselige Carlo vielerlei italienische Geheimnisse preis. Außer der Bedeutung des Wortes Scarpetta, das einen Frauenschuh bezeichnet, verrät er auch, dass die von mir bis dahin so verehrte Französische Küche natürlich von der Italienischen Kochkunst abstammt. Ein mitleidender italienischer Menschenfreund habe sich eines denkwürdigen Tages gnädig Zugang zur Küche des Sonnenkönigs verschafft, weil er nicht mehr mit ansehen konnte, mit welchen kulinarischen Verbrechen sich der französische Adel über Jahrhunderte hinweg hatte vergiften lassen.

Montag, 26. November 2018

Wieder ein grau verhangener Herbsttag, heute ohne Regenfälle, die jedoch beständig damit drohen, den prall gespannten Wolkensäcken zu entströmen. Nach dem Frühstück am Campingtisch im hohen, alten Raum, führen wir Coco durchs Viertel, geben Briefe beim Postamt ab und wandern hinüber zu Carlo. Heute wirkt Uta vor ihrem Bild eher unzufrieden, entdeckt perspektivische Schwächen, möchte Proportionen korrigieren, hat sich andere Farbnuancen in den Kopf gesetzt, als jetzt auf der Malplatte erscheinen. Sie möchte neue Details einarbeiten, den Italienischen Stiefel als Strumpf der nackt in der Kaffeetasse badenden Frau. Kurz, das Bild wird grundlegend überarbeitet. Heute vereinen uns ähnliche Bedürfnisse. So sitze auch ich bald wieder vor der Staffelei und versuche mich am Malen. In winzigen Schritten geht es vorwärts. Endlich. Ich habe Glück, denn mit jedem Pinselstrich zeigt sich das Wesen dieses schönen Baumes deutlicher! Der in Streifenmustern ziselierte Stamm erinnert nicht ohne Grund an einen widerstandfähigen Mantel. Schließlich wächst diese Pinie auf einer winzigen grünen Insel direkt neben einer Tankstelle inmitten der von Kraftfahrzeugen stark frequentierten Straße Via Bronzino. Ich habe der widerspenstigen Acrylfarbe endlich Kontraste abgerungen, die bisher gefehlt haben, bin zufrieden, ohne Ende.

Uta kauft ein paar Lebensmittel ein, Spaghetti, Kaffee, dann brechen wir auf, um einige weitere der Kunstschätze zu heben, die in Firenze schlummern. Coco bleibt im Haus, unsere Habseligkeiten zu bewachen. In der Capella Brancacci, einem seitlichen Anbau der Kirche Maria del Carmine, lüften wir staunend die Augen, atemlos in manchen Minuten, denn hier begegnen wir bedeutenden und einflussreichen Spuren der Frührenaissance, denen wir folgen möchten, um verstohlene Blicke hinter die glänzenden Oberflächen der späteren weltberühmten Meisterwerke werfen zu können. Der Künstler Masolino da Panicale wurde Anfang des fünfzehnten Jahrhunderts von einem reichen Kaufmann beauftragt, die Kirche auszumalen – vorrangig mit Szenen aus dem Leben des heiligen Petrus. Sein Gehilfe aber Tommaso di Ser Giovanni di Mone Cassai, genannt Masaccio, malte die wesentlichen Bilder. Carlo nennt ihn „ein Genie", denn die von ihm dargestellten Menschen drücken intensive Gefühle aus. Masaccio war auf einem von Giotto di Bondone eingeschlagenen und geebneten Weg weitergeschritten – der lebensnahen Gestaltung von Menschen anstelle der Darstellung von menschenähnlichen Symbolen. Zudem war es ihm gelungen, die intendierten Perspektiven mit einer Präzision wiederzugeben, die es seit der Antike nicht mehr gegeben hatte. Seine Bilder zeichnen sich bereits durch eine einheitlichen Beleuchtungsrichtung und Hell-Dunkel-Effekte aus, ein weiteres wesentliches Merkmal der Renaissancemalerei. Staunend recken wir die Hälse, kritzeln Erinnerungsspuren in unsere Skizzenbücher, tauschen flüsternd neu gelüftete Geheimnisse aus. Einige Jahre nach den Arbeiten von Masolino und Masaccio wurde der Freskenzyklus vom großen Filippino Lippi fertiggestellt: mit unerwarteter Farbkraft und einer wilden, unruhigen Weichheit!

Taumelnd geraten wir nach dem Verlassen der Kapelle in den Kreuzgang in völlig verschiedene Lichtverhältnisse und viel Raum zum Umhergehen. Ein zart getöntes Abendmahlbild beherrscht die gotisch überwölbte Wand und Uta überfällt eine plötzliche Müdigkeit. Aus der Bogendecke hängen Teppiche herab, an deren Enden weiße Tücher in Fransen auslaufen. Der menschenleere Raum entrückt uns in eine zeitlose Atmosphäre. Jedes der Jahrhunderte, die seit der Ausmalung dieser Wand vorübergegangen sind, könnte unsere Gegenwart sein. Hier ist es mir möglich, mit der Welt und meinem Inneren in Kontakt zu treten. Still schreite ich die vier Wände dieser Kapelle ab, bewege mich im Kreise und gelange so mehrmals von einer mehrere Meter entfernten Distanz hin in die nächste Nähe zu diesen blassen Farben. Im Blick meiner Augen, die sich zwei, drei Sekunden lang auf die Darstellung der elf bärtigen und zwei rasierten Männer richten, begreift mein Gehirn diese Begegnung als reines Hier-und-jetzt. Der Moment ist das einzig Wirkliche.

Später, auf der Straße, zwängt sich jäh eine Sonnendusche durch die prall gefüllten Regenwolken. In ihrem Licht gelangen wir wie ferngesteuert zur Gelateria an der Ponte Santa Trinita, die Uta aus ihren früheren Monaten in Firenze gut kennt. Mit dem Eisbecher in der Hand begeben wir uns auf den Weg zur Borgo Santi Apostoli, um in der gleichnamigen romanischen Kirche Gemälde von Giorgio Vasari zu erleben. Die kleine Straße strahlt Ruhe aus und führt durch die lange Geschichte der Stadt über Spuren, die von der Römerzeit bis zur Renaissance reichen. Mit großem Bedauern finden wie die Kirche verschlossen vor. Zuhause in Oberbayern hatte ich noch eifrig über Vasari gelesen – und natürlich im berühmten Werk des ersten Kunsthistorikers geschmökert, der deutschen Übersetzung seiner „Lebensbeschreibungen der berühmtesten Maler, Bildhauer und Architekten". In den Ausführungen zu den italienischen Künstlern verwendete Vasari 1550 als Erster das Wort „rinascita" (Renaissance).

Auf dem Heimweg bemerke ich, wie Vorhänge zugezogen, Hoftore verschlossen werden. Aus dem dunklen Holz eines schweren Eichenportals, noch halb geöffnet, wächst ein grimmig blickender Löwenkopf, den Eisenring zwischen den Zähnen. An ihm vorüber streifend, trifft mein Blick für die Dauer einer Sekunde die müden Augen eines ernsten Mannes. Langsam schiebt er den Flügel einer hohen Doppeltüre ins Schloss. Durch die zweimal fünfzig Glasscheiben der herrschaftlichen Konstruktion sehe ich ihn schweren Schrittes ins Innere des Palazzo entschwinden. Wieder zurück in der Via Bronzino, befreien wir die wartende Coco und beginnen damit, unsere Abreise vorzubereiten. Eine intensive Zeit liegt hinter uns. Wir haben viel gearbeitet und von Carlo Tarani gelernt - über die Vorbereitung von Malgründen, Maltechnik, Florentiner Kunstgeschichte, Gastronomie und die Philosophie des Guten Lebens – danke, Carlo! Gleichzeitig wurden wir des normalen gegenwärtigen Lebens in dieser Stadt der Renaissance gewahrt, in einem Wohnviertel westlich des touristischen Brennpunktes um den Dom und den Ponte Vecchio. Die täglichen Wege mit Coco, führten uns an die Ufer des Arno, in den Parco Cascine und auf den Monte Oliveto. Nun brauchen wir Zeit, um die starken Eindrücke zu verarbeiten. Morgen werden wir wieder aufbrechen, um tiefer in den Süden Italiens vorzustoßen: an einen ruhigen Ort am Golf von Taranto in Puglia.

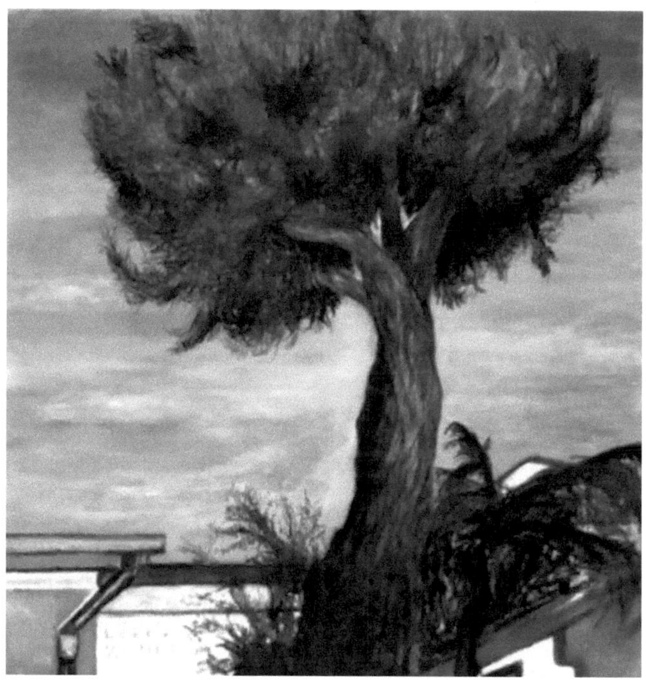

Von Firenze, Toscana nach Lama bei Taranto, Puglia – die fünfte Station der Italienischen Reise.

Was für ein Tagesanbruch! Ab sechs Uhr, geweckt von Walzerklängen aus Utas Telefon, rasen und zuckeln die nächsten neunzig Minuten dahin wie in einem Stummfilm aus dem Jahr 1918. Kaffee kochen, Duschen, mit Coco den Park durchwandern, das Auto beladen, Geschirr spülen, wiederholte Kontrollgänge durch die Wohnung ….

Kurz nach halb Neun sitzen wir im Auto und rollen von Firenze in Richtung Arezzo. Ins Endlose geschwungene grüne Hügel begleiten und wie Wogen eines erstarrten Meeres. Unentwegt setzen sie Kontrapunkte zu den klaren Kompositionen aus vertikalen Zypressen und Horizontalen der Straßen, Felder, Wiesen – ausgeschnitten von den Passepartouts unserer Autoscheiben. Die erste Pause gönnen wir Coco an einem plastischen Kunst-Ensemble am Lago Trasimeno. Bei zehn Grad recken sich allerlei Objekte aus Kunststoff und Metall dem weiten, regnerischen Grau entgegen. Auf den ersten Blick erinnern mich diese Gebilde an die Zement-Plastiken, die Max Ernst in Sedona, Arizona, schuf. Im Durchwandern der Kreisform, die diese zwanzig Betonsäulen bilden, ersetzt bald die Gewissheit mein anfängliches Interesse, dass es sich um zu groß und zu grob geratene Plagiate unterschiedlicher Vorbilder handelt. Eingebettet zwischen Campingplätzen und Einrichtungen der Freizeitindustrie, finden wir am Wiesenufer zwischen Pappeln und den Masten der Segelboote dann doch noch einen weiten Blick.

Bald aber lassen wir Perugia hinter uns, passieren ein kurzes Stück der Regionen Umbria und Marche – und bewegen uns endlich wieder in Sichtweite der blauen Linie des Meeres, die endlos in die Ferne weist. Bei Civitanova Marche treffen wir dann auf die eher gedeckte Palette der Adriatischen Küste. Für die längste Zeit des Tages fahren wir nun parallel zum Wasser, dessen Farbtöne sich ständig verändern. Graustufen, meist mit ihren Sphären vermischt, lassen immer wieder verhalten Blau und Grün hindurch. Zur gleichen Zeit stehen Wolken in unterschiedlichen Formationen auf dem Horizont, sich in Farben und Ausdehnung wandelnd auf einem Kontinuum zwischen luzidem Nebel und dramatisch kompakten Gebirgen. Während der zeitgedehnten Reise von der Toscana über Umbria, Marche, Abruzzo, durch Molise bis nach Puglia bewundern wir ohne Unterlass die so unterschiedlichen Erscheinungsformen der Landschaften, die unser Weg durchschneidet. Die sehnsuchtsgeborene Vorstellung einer Bilderbuch-Toscana von sich endlos dahinschwingenden sanften Hügelketten, bestückt mit Zypressen und Pinien, erfüllt sich erstaunlich präzise in Umbria und Marche. In Abruzzo begegnen wir dem vor unseren Augen schönsten Landstrich, stark und in unerwarteter Abwechslung durchgliedert von kleinen Hügeln und vielfarbiger Vegetation. Auf besondere Weise geheimnisvoll, ein eigenes, abgeschlossenes Land umzeichnend, erheben sich schließlich im Norden Puglias die Berge der Halbinsel Gargano zur gleichen Zeit aus der See und dem Regenwetter. Der Sporn des italienischen Stiefels erscheint uns in einem der seltenen Augenblicke dieser Fahrt, in denen es der Sonne gelingt, durch ein Wolkenloch zu dringen.

Nach zehn Stunden im Auto erreichen wir am Abend die Industriestadt Taranto am Ionischen Meer mit ihren ausgedehnten Vororten. Da wir uns nach Einbruch der Dunkelheit aus nord-westlicher Richtung nähern, tauchen wir bald in ein Lichtermeer ein, das den Handelshafen mit Stahlindustrie, einer Raffinerie, petrochemischen und Zementfabriken, und einer Schiffswerft ausleuchtet. Einige Kilometer stadteinwärts verbindet der Ponte Girevole zwei Halbinseln, die trockenen Erhebungen, auf denen spartanische Eroberer die Stadt vor mehr als 3000 Jahren „gegründet" haben. Taranto, die griechische Kolonie, wuchs schnell zu einem Machtzentrum des großen griechischen Reiches, der Magna Graecia heran und beherrschte bald die umliegend lebenden Völker (Japyger und Messapier). Im Jahr 272 vor unserer Zeitrechnung eroberten dann die Römer die Stadt und verleibten sie ihrem Reich ein. Tatschlich war dieser Ort nachweislich aber bereits seit der Jungsteinzeit besiedelt und blickt natürlich auf eine sehr viel ältere Zivilisationsgeschichte zurück. Der Ponte Girevole trennt zwei Meere voneinander, das Mar grande und das Mar piccolo. Nachdem wir die Ziehbrücke überquert haben, befahren wir eine mediterran bepflanzte Promenade, immer entlang des Meeresufers, einseitig besetzt von Gebäuden aus den vergangenen zweihundert Jahren. Über die meisten von ihnen war das Pendel der Verwahrlosung hinweggeschwungen – mitunter wohl auch mehrere Male – angetrieben gleichermaßen von Kommerzsucht und Geldmangel. Weiter im Osten der Stadt reizen uns die Wohnviertel dann trotz der einbrechenden Nacht mit ihren

Gärten, subtropisch, rot und blau blühend, unwiderstehlich serviert und angepriesen von künstlichem Licht wie Stars auf einer Showbühne. Am Ende zahlloser blütengesäumter Wege, an deren Ränder nur noch wachende Hunde zu wohnen scheinen, finden wir schließlich zu unserem Quartier im Stadtteil Lama. Der nächstgelegene Lebensmittel-Laden versorgt uns mit dem Nötigsten. Zufrieden speisen wir spätabends dann in der Stube des Hauses, das offensichtlich einer großen Familie gehört. Die Küche, umsichtig ausgestattet, offenbart uns beim abendlichen Inspizieren ein ausuferndes Panoptikum der technischen Aspekte süditalienischer Kulinarik. Den Malern und Dichtern von Magna Graecia, von denen wir einige gerne getroffen hätten, ist der Wanderweg gewidmet, der unseren Garten vom felsigen Meeresufer trennt: „Il sentiero degli artisti e dei poeti della Magna Grecia". Wir werden ihren Spuren folgen auf unseren Spaziergängen und vor der Staffelei.

Mittwoch, 28. November 2018

Via Genestre in Lama, Taranto. Hier erwachen wir mit der Sonne nach einer im Sinne des Wortes berauschenden Nacht. Damit wir die vielstimmigen Choräle der nahen Meeresbrandung nicht verpassen, haben wir alle Fenster geöffnet gelassen. Hier über dem gepflegten tropischen Garten, der unser kleines Grundstück mit den dunklen Uferfelsen verbindet, an die tönende Wellen schlagen. Bei stürmischer See vermögen wir kaum noch die Geräusche des Windes vom Branden der Wellen zu unterscheiden. Welch ein

Glück, am Meer zu leben! Am frühen Morgen zeigt sich kurz die Sonne. Wir fühlen uns glücklich, ausgefüllt und rundherum versorgt von Mutter Natur. Der Tag beginnt mit einem weiten Blick über Tamarisken, Macchia und die Ionische See – bei klarem Wetter, wie heute, auch hinüber zu den Bergen in Calabria, der Fußsohle des italienischen Stiefels. Eingefasst vom stählernen Quergestänge des Balkons erscheint ein Häuflein bläuliches Grün, umspielt von den grau-blauen Rindenschlangen eines entlaubten Bäumleins. Gleich einem vegetabilen Wasserfall stürzt daneben die Flut ockerfarbiger Gräser zum Meeresufer hinab, bestückt und durchwirkt von bleichem und gänzlich vertrocknetem Blätterwerk. Die Natur ist in jeder Hinsicht ein Segen für dieses Land. Auch jetzt, im Winter, beschäftigt sich die grünende und blühende Vegetation unermüdlich damit, den Wohlstandsmüll und die Bauruinen zu verstecken, die uns hier auf Schritt und Tritt begegnen. Gegen den Industriemüll kommt sie allerdings nicht an. Der größte Industriekomplex für Stahlverarbeitung in Europa, ILVA, überzieht den Westen Tarantos seit Jahrzehnten mit krankheitserregenden und todbringenden Giften. Diese Großtechnologie hat der früher bitterarmen Gegend in Puglia Wohlstand in seiner beliebtesten Form gebracht: der Konsumfähigkeit. Mit der Kaufkraft kam auch die bis heute stetig anwachsende Flut von Müll in Rollen. Dessen Vermeidung fordert uns täglich heraus: beim Kochen, Putzen, Waschen, …. Als Moving Art Colony, die möglichst keinen Dreck bei den Gastgebern zurücklassen möchte, fällt uns das sehr auf.

Den ganzen Tag über geben sich Regenschauer und trockene Phasen die Hand. Trotzdem genießen wir das wärmende Klima bei zwölf Grad Celsius. Hierzu trägt auch das erste Frühstück auf der Terrasse vor dem Schlafzimmer über dem Meer bei. Sehr eng bebaut, wie fast überall an den italienischen Küstenregionen, stehen Betonhäuser, lose angeordnet, viele davon leerstehend, oft Bauruinen. Gnädig bewächst Macchia außerhalb des umzäunten und gesicherten Grundstückes den Wohlstandsmüll, der sich hier überall verteilt. Aus der Ferne wirken Straßen, Gärten und die Uferzone pittoresk – der Inbegriff des italienischen Südens, der sich bei näherem Hinsehen aber ins Substanzlose auflöst. An Zäunen, auf den Wegen, zwischen den Felsen, in der kleinen Sichel der Sandbucht – überall liegen Papiere, Bauschutt, Glas, Kunststoffe vielerlei Art, Reste von Verpackungen. Wie gesteuert von einem fernen Magneten richtet sich die Kompassnadel unserer Blicke neu aus … immer wieder nach dem Meer. Auf seinen bewegten Flächen ist aus der Ferne kein Müll auszumachen. Die Weite mit Blick nach Süden. Das sich ständig ändernde Bild von Wellen und Wolken, getrennt durch einen oft kaum zu ortenden Horizontstrich.

Ich suche Ölkreiden heraus, setze mich auf einen Metallstuhl auf die Terrasse vor dem Schlafzimmer. Wie immer beginne ich meine Skizze mit dem Horizont, lege die Lichtverhältnisse darüber und darunter an, denn Form ist das, was sie umgibt. Warmes Gelb wechselt mit weiß abgetönten Feldern von Karminrot und Grüntönen hinauf in einen unruhig aufgeriebenen Himmel, über den Farbberge rasen, Wolken auf der Flucht vor dem Wind. Auf der Gegenseite der horizontalen Spiegellinie sammeln sich Komplementärkontraste. In der Ferne dominieren noch grüne und rote Spuren mit starkem Petrolcharakter, der mich unentwegt an die industrielle

Prägung dieses Meeresabschnittes erinnert. Mit zunehmender Nähe zum Ufer, zu mir, dem Betrachter, lösen sich die dunklen Tiefen auf, schwimmen wie auf Ölflächen treibend hinein in ausgedehnte mildere Töne, die bald in die Spannungsfelder anderer Gegenfarben hineinschwappen: Gelb, Orange, Blau, Violett. Dann, ganz in der Nähe vor unserem Gartenzaun, wo das Wasser schon seicht, der Meeresgrund Teil des Landes wird, beenden gelbe und beige Varianten in weiter horizontaler Ausdehnung den Widerstreit, der das übrige Bild beherrscht.

Unser Tag vergeht unter Malen, Schreiben, Spaziergängen, Kochen und Essen (Nudeln mit Carbonara-Sauce). Am Abend recherchiere ich unsere nächste Unterkunft in Sicilia. Ich trete ins Schlafzimmer, um mich zu Uta und Coco zu legen und bleibe auf der Türschwelle stehen, dem wogenden Rauschen der Wellen zu lauschen.

Donnerstag, 29. November 2018

Heute Morgen beschenkt uns die Sonne mit warmen Lichtnebeln. Im Schlafzimmer bauen wir ein Tischlein auf und positionieren es vor die grüne Holzkommode, auf der meine Zeichenstifte stehen. Alle Außenflächen der fünf Schubfächer sind weiß grundiert und insgesamt mit vier großen Bouquets bemalt. Die in Grün gehaltenen Schleifen der Sträuße entspringen vier runden Knäufen, vier weitere bilden die Mittelpunkte der Blumenkugeln. Dieses Bild fällt mir allmorgendlich ins Auge, sobald ich bereit bin, den Blick vom blauen Wunder vor dem Fenster abzuwenden. Wir frühstücken im Schlafzimmer über dem Garten. Von hier aus führt ein in grobes Zickzack gezimmerter Holzzaun bis hinunter zum bizarr geformten Lava-Ufer des Ionischen Meeres.

Später, als wir uns zum Spaziergang in Richtung Osten aufmachen, versteckt sich die Sonne wieder. Dramatische Wolken ziehen auf und versehen den Golf von Taranto mit ineinander schwimmenden Graustufen. Wir erkunden die felsige Küste, kommen an einer von Macchia überwachsenen militärischen Anlage vorüber. Ruinen, bald grünend, von der allerorten wuchernden Biomasse weitgehend überdeckt. Im Vergleich mit den meisten Häusern, die entlang der Küste wie vergessene, halbfertige oder vandalisierte Betonreste herumliegen, besitzen diese soldatischen Bauwerke bereits ohne den Schutz der Natur eine besondere Schönheit. Sie gehören zu den wenigen verbliebenen Zeugen einer Zeit, in der noch mit Stein gebaut wurde. Wir nähern uns dem Halbrund eines Strandbades, eingezäunter Sand. Dahinter, darüber und ringsumher stecken Hochhäuser in den Dünen, Wohngebäude, eine Tankstelle, ein Supermarkt. An manchen Stellen jenseits der breiten Fahrstraße scheinen in hellen Grautönen Verbindungen auf, gebrochene und teilweise fertig gestellte Betonwege. Aus ihren Rändern und zwischen den Ritzen ihrer Oberflächen ragen in dicken Büscheln vielerlei Pflanzen hervor, meist mannshohe Gräser. Unterhalb der vergeblichen Zivilisationsbemühungen mäandert der Pfad der „Maler und Dichter von Magna Graecia" über Milliarden von Splittern zerschlagener Bier- und Weinflaschen entlang der sanft geschwungenen Küstenlinie. Seit dem achten vorchristlichen Jahrhundert war diese Region stark von der griechischen Sprache und Kultur geprägt. Der Einfluss der später eingefallenen römischen Eroberer, breitete sich nur langsam aus. Und wieder spitzen die im Zerfallen begriffenen Gemäuer schöner, wohl mehrhundertjähriger Steinhäuser, durch Büsche und Baumhecken. Dieses Stadtviertel hat seine besten Zeiten hinter sich. Allein das Meer, die Felsen und die Macchia sind Zeugen einer anderen Zeit, einer Dimension, in der den Menschen und ihren Hinterlassenschaften kaum eine Bedeutung zukommt. Nur mithilfe des Vergrößerungsglases unseres Wahrnehmungsapparates, dessen Gebrauch uns gestattet, größere Zusammenhänge beflissentlich zu übersehen, werden mitunter Spuren früherer Zeiten sichtbar. Erinnerungen, Echos, Schatten von Kulturen, die an diesem Ort seit Tausenden von Jahren wirken.

Auf dem Rückweg aus der Trostlosigkeit zu unserer Straße, deren dem Meer zugewandte Seite noch frei von Betonruinen ist, finden wir einen Naturkost- und Ökoladen. Die apulische Verkäuferin hat ihre Kindheit in Deutschland verbracht. Besorgt schildert sie ihre Überzeugung, kaum ein Süditaliener besitze ein Bewusstsein für Umweltschutz. Gewohnheitsmäßig werfen die meisten Menschen hier Verpackungen jeder Art nach dem Entnehmen der Konsumartikel auf den Boden oder ins Meer. Die Verkäuferin befeuert alte Vorurteile … „die meisten Menschen hier". Zuhause wird gekocht: Wolfsbarsch mit Polenta. Außer im Ökoladen wurden unsere Einkäufe bisher in jedem italienischen Geschäft mit Plastiktüten umhüllt – trotz unserer höflichen Proteste. Seitdem wir auf Reisen sind, produzieren wir deutlich mehr Verpackungsmüll als vorher.

Wieder weckt uns die Sonne – und sie begleitet uns den gesamten Tag über! Während wir im Schatten um die vierzehn Grad messen, wird es am Nachmittag so warm, dass ich mit freiem Oberkörper vor der Staffelei auf der Terrasse stehen kann. Wie erstarrte Fontänen grün-brauner Springbrunnen verteilen sich dicke Palmenbäume über den Garten, ein wenig zerzaust und nach links gebogen von der vorherrschenden Windrichtung.

Nach dem langen Frühstück entdeckt Uta, dass sie die falschen Fahrzeugpapiere mitgenommen hat. Statt der Dokumente für den Mercedes Citan stecken die Papiere unseres bald fünfzigjährigen Ford-Transit im Handschuhfach. Wir planen, den Oldtimer zuhause in Oberbayern als mobiles Atelier für diverse Veranstaltungen umzubauen. Nun sind wir also seit vier Wochen ohne gültige Fahrzeugpapiere unterwegs, illegal. Das Fehlen des Fahrzeugscheins kann in Italien zur Fahrzeugbeschlagnahme führen. Wir säßen dann mit Hund, Hab und Gut solange fest, bis wir die Dokumente vorlegen können. Nun, da wir von unserem Verhängnis wissen, trauen wir uns nicht mehr ins Auto zu steigen. Dem Schock der Erkenntnis folgt die Tat: ein klärender Spaziergang am felsigen Ufer. Anschließend telefoniert Uta mit den Mietern unseres Hauses, patente und hilfsbereite Leute. Nach dezidierter Anweisung finden sie im Keller die notwendigen Dokumente und versprechen, sie mit der Post nach Italien zu schicken. Das ist ein erster Schritt. Plötzlich aber fühlt sich das Paradies, in dem wir uns wähnten, ungewiss, unsicher und für Uta auch furchtbar an. Ja, sie fürchtet, die Papiere könnten uns unter

Umständen nicht erreichen. Wir sprechen uns gegenseitig Mut zu, suchen nach autosuggestiven Gesten, die sich dazu eignen würden, unser wenig ausgeprägtes Vertrauen in die segensreichen kommunikationstechnischen Möglichkeiten unserer Zeit zu nähren.

Gegen die Furcht wächst zudem langsam und beständig ein Schutzschild aus Sonnenwärme, Blütenduft und den Farben, die sich von unseren Paletten auf die Leinwände übertragen. Gegen drei Uhr am Nachmittag erfreut uns Uta dann mit Tomaten, Olivenöl, Basilikum und Mozzarella!

Ich schätze es sehr, hinausblicken zu dürfen, in eine unverstellte Weite. Die frühesten Erlebnisse dieser Art erinnere ich im Zuge der ersten Ferienreisen, die meine Eltern mit uns Kindern unternahmen. Sie führten in die Berge Südtirols und an die Nordsee zur Insel Helgoland. Beide Situationen erweckten in mir einen tiefen Frieden, ausgelöst durch den scheinbar ins Unendliche ausgreifenden Blick über felsige und flüssige Berge, Täler, die zu zählen ich nicht im Stande war. Seit diesen frühen Erlebnissen suche ich den weiten Blick. Auch heute stehe ich wieder auf der Terrasse vor dem Schlafzimmer. In meinem Skizzenbuch halte ich die unheimliche Distanz fest, die sich zwischen dem Horizont und den Wolken abzeichnet, die aus einem fernen Nebel aufsteigen. Wie gebannt starre ich diesem visuellen Vakuum entgegen. Ein reines weißes Band ruht auf dem fast schwarzen Strich, an dem die Wölbungskurve der Erdkugel beginnt. Unterhalb und oberhalb dieser Lücke entwickeln sich komplexe Strukturen – zum Himmel hinein, nach Überwindung der feinpigmentierten Zonen, geschwungen wie die Schattenspuren schaukelnder Kinder auf verschwommenen schwarzweißen Fotografien. Unterhalb des scharfen Zusammenstoßens von Weiß und Schwarz löst sich der Kontrast stufenartig in immer breiter verlaufende Horizontalschichten auf, die mir entgegenströmen, hier und da unterbrochen von Gischtstreifen aus reinem Weiß.

Schon sieben Minuten vor halb Fünf Uhr beendet die Sonne dann die Schauspiele des nachmittäglichen weiten Blickes. Unter die Horizontlinie hinabsinkend leitet sie das große Theater der Abenddämmerung ein: Magenta, helles Purpur in zahlreichen Helligkeitsstufen überzieht die dämmerigen Linien, die knapp über dem Meeresspiegel liegen, bald auch die himmelverbergenden Wolkenhügel.

Wieder wandern wir die felsigen Wege entlang des Meeres. Unsere Blicke, nach Westen gerichtet, streifen die Gebirgszüge des italienischen Fußes, noch Puglia, dann Basilicata. Zum Einkaufen marschieren wir nach Lama. Das eng gebaute Lädchen darf Coco nicht betreten. Wir binden sie draußen fest. Freudig erstaunt registrieren wir später aus der Gemüseabteilung heraus, wie kleine Hunde von Kundinnen ins Geschäft getragen werden – natürlich ohne je den Boden zu berühren.

Nach Einbruch der Dunkelheit schneide ich Gemüse in kleine Partikel. Ich mag diese Beschäftigung. Sie bringt Aromen in Gaumen und Nase und befriedigt, denn das gewünschte Ergebnis liegt bald sichtbar auf dem Holzbrett. Rein sensomotorisch regulierte Handlungen, wie diese, besitzen einen starken Belohnungswert – anders als die intellektuellen Beschäftigungen, denen ich bisher gewohnheitsmäßig den weitaus größeren Anteil meiner Zeit widme. Eine erlebbare Bestätigung von Erfolg ergibt sich bei ihnen – wenn überhaupt – zeitverzögert. Wäre ich zufriedener als reiner Handarbeiter?

Gibt es das: reine Handarbeit? Meine Schnipsel finden ihren Weg in die Pfanne zu Frutti di Mare und zum Risotto-Reis, den wir aus dem Po-Delta mitgebracht haben – eine Verbindung zwischen dem Norden und dem Süden Italiens.

Später ruft mein Sohn Felix aus dem malerischen oberbayerischen Graswangtal an. Vor Monaten habe ich ihm mein Auto überlassen. Nun steht er dort in der Finsternis. Der Wagen springt nicht mehr an. Seine Freundin wird unruhig. Ferngesprächig instruiere ich ihn über die notwendigen Maßnahmen zum Aktivieren des gebuchten Schutzbriefes. Wieder im Schritt parallel zur Fiktion des Paradieses, in dem wir uns möglicherweise befinden.

Samstag, 01. Dezember 2018

Stürmische See, den ganzen Tag über, mit herrlichen, von Gischt besetzten Wellen, die in Formation gegen die Felsen anrennen. Noch vor dem Frühstücken öffne ich die hohen grünen Läden zum Garten hin, durchschlendere mit Coco das subtropisch bepflanzte Grundstück und entsperre mithilfe eines kleinen rostigen Schlüssels das weiße Törchen, hinaus in den Park, der den BewohnerInnen der Villenanlage vorbehalten ist. Hier kann ich Coco noch frei laufen lassen, denn im Unterschied zum öffentlich zugänglichen Gelände am Meeresufer, liegen hier nur an wenigen Orten zerschlagene Glasflaschen auf dem Boden. Das Hundeglück bricht sich in wildem Rasen Bahn, in konzentrischen Kreisen zunächst, bis es in Traben übergeht, das offensichtlich nasengeleitet und zielsicher an den Zaun führt. Hier verharrt Coco immer wieder, schnuffelnd, die Schnauze dicht an Blättern, den Stämmen der Hecken, der Erde. Cocos Geschirr ist demoliert, nicht mehr vollständig funktionsfähig. Gestern hatte sie hier im Garten eine flüchtende Katze verfolgt, sprang ihr durch dichte Hecken hinterher und kam am anderen Ende ziemlich zerrupft wieder zum Vorschein. Uta reparierte den gerissenen Riemen notdürftig mit doppelseitigem Klebeband, dem einzigen Mittel, das uns hier im Haus einigermaßen zweckdienlich erschien. So bleibe ich später außerhalb des umzäunten Reviers dicht an Coco, die frische Meeresbrise durch Mund und Nase einsaugend, mit Wind in den Haaren und das Hündchen stets im Blick. Zurück im Haus gibt es Frühstück im Salon mit Blick auf das schaukelnde Wasser. Trotz des Sturmes messen wir vierzehn Grad Celsius. Gegen Mittag beginnen wir mit dem Arbeiten. Uta malt noch immer an ihrem Cappuccino-Bild, unten im weitläufigen Salon vor dem üppigen Gartengrün. Ich ziehe die Terrasse des Schlafzimmers vor, versuche wieder Meeresbilder, beginne im Skizzenbuch mit Grafit, setze die Studien mit Aquarellfarben fort. Später suche ich die Nähe zu Uta und Coco, steige hinunter ins Erdgeschoss. Überall lassen sich Spuren mehrerer Generationen ausmachen, die hier lebten, kochten, spielten, wahrscheinlich während der warmen Jahreszeit. Noch vor Einbruch der Dunkelheit begleiten wir Coco zum zweiten Hundespaziergang des Tages hinaus an die Felsen. Dann erstehen wir im nahen Supermarkt Vongole, Venusmuscheln, die in der See vor Taranto aufgewachsen waren. Zu den Muscheln füllen wir Schwarzkohl mit Ricotta und ich verzichte auf Wein, denn heute beginnt wieder eine der Alkohol-Abstinenz-Zeiten, die ich mir mehrmals im Jahr auferlege. Während der Nacht stehe ich auf, öffne die Fenster des Schlafzimmers, damit das ewige Rauschen einen Weg in die Träume findet.

Sonntag, 02. Dezember 2018

Morgens, vom Bett aus, identifiziere ich blau-graue Wellenschnüre, ausdauernd in Bewegung, ineinandergreifend, sich wieder entwindend, grell-weiße Hauben hinter sich zurücklassend, die ebenso schnell, wie sie erscheinen, im dunklen Strudel verschwinden. Während der Nacht war ich mehrfach aufgewacht und habe die Geschichten des wilden Meeres als Hörspiel genossen. Beim Kaffeetrinken friere ich. Erst zum Mittag hin steigt das Thermometer auf fünfzehn Grad. Bewegung erzeugt Wärme. Wir explorieren wieder ein Stück des „Sentiero degli artisti e dei poeti della Magna Grecia", suchen nach Relikten einer kulturellen Blüte, die längst verwest ist. Angesichts der immensen Umweltverschmutzung und trostlosen Wohnsituation vor diesem großartigen Ionischen Meer wirkt die Erinnerung an Künstler und Dichter in Form eines mit Glassplittern übersäten Pfades wie eine Geste der Verzweiflung. Ich lese, dass die ILVA-Fabriken über lange Jahre hinweg Gifte ausgestoßen haben, darunter auch Dioxin. Die Folgen waren verheerend: Lungenerkrankungen, Tumore, eine hohe Sterblichkeit, u.v.m.. Je nach vorherrschender Windrichtung sind Tarantos Stadtviertel von diesem Unheil auch heute noch in unterschiedlichem Ausmaß betroffen. Im schlimmsten Fall bedeckt dann eine rote Staubschicht Straßen, Häuser und Bäume — ein Purpurmantel, unter dessen fragwürdigem Schutz sich Krankheit und Tod in die Stadt einschleichen. Viele der leidenden Einwohner stehen im Konflikt, ILVA weiterhin zu dulden oder sich gegen diese Form der Körperverletzung zur Wehr zu setzen. Die Hand, die einen füttert, beißt man nicht. Im Osten der Stadt, auf den gläsernen Wegen, bemerken wir von all dem nichts. Hin und wieder stechen Sonnenstrahlen wie Kanülen durch die Regenwolken und beglücken uns mit goldenem Licht und Wärme. Heute Abend koche ich Orata (Goldbrasse) und den Schwarzkohl, den wir in Italien so gerne essen – ein kulinarisches Gedicht.

Montag, 03. Dezember 2018

Rosa und rot steht der Morgenhimmel über dem bis in ferne Weiten ausgelegten Ionischen Spiegel. Die Wellenlängen spielen Pin-Pong vor einer alle Himmel beherrschenden Sonnenkugel, die dem Schauspiel Glanz und Würde verleiht. Den besten Blick darauf haben wir direkt aus dem Bett. Es fällt mir schwer, ihn vom Meer zu lösen. Uta bringt eine Tasse Kaffee, denn in Puglia kehren sich unsere Gewohnheiten um. In der Vergangenheit war ich morgens immer früh wach und agil, während Uta ihre Zeit benötigte, um aus dem Schlaf zu finden.

Heute nehmen wir unser Frühstück vor dem Hundespaziergang – wie jeden Morgen verwöhnen wir uns mit Knoblauch, Tomaten und Olivenöl. Später geht es dann auf dem Weg der Dichter und Künstler in Richtung Westen. Ausgedehnte Flächen aus durchlöchertem Lavagestein, an den dem Sonnenlicht ausgesetzten Höhen weiß wie Schnee und beschrieben mit der geheimnisvollen Kartografie gelb-brauner

Flechten. Das Forschervergnügen hält nicht lange an, denn bereits nach fünfhundert Metern überzeugen uns drei große Straßenhunde davon, dass wir die falsche Marschrichtung gewählt haben. Wir kehren um, steigen durch den mit einem Schloss gesicherten Park hinauf, zurück in unseren Garten. Wenig später wage ich mich wieder heraus. Bei vierzehn Grad Luft- und neunzehn Grad Wassertemperatur entscheide ich mich für das Schwimmen. In Sichtweite unseres Hauses läuft eine der Müllbuchten in einen winzigen Sandstrand aus, zu dem ich langsam vordringe. Ich lege meine Kleidungsstücke zwischen Styropor, Blechdosen und Kartonreste. Meine Schritte suchen Halt auf den hellen Sandschlieren, die durch das Seichte hinaus ins türkisblaue Wasser führen. Jetzt nur nicht umdrehen! Aus der geeigneten Blickrichtung erwachen Urlaubsfantasien von unberührten Stränden und kristallklarem Wasser. Nach wenigen Metern lege ich mich bauchlinks in die plätschernden Wellen. Fröstelnd schießen mir Erinnerungen durch den Körper – an die erfrischende Ostsee im Hochsommer. Wieder im Haus überprüfen wir die Funktionsfähigkeit der Gegensprechanlage, denn der Paket- und Brief-Express-Dienst DHL International GmbH, der zum Konzern Deutsche Post DHL Group gehört, hat für morgen das Eintreffen der Kfz-Papiere angekündigt! Der Nachmittag legt eine blaue Damast-Decke über die buntblühenden Gärten, die auch unser Haus wie Nester umgarnen. Uta schreibt an ihren Blogeinträgen für diese Woche. Ich arbeite weiter an meinen Meeresbildnissen, im Schlafzimmer über dem Meer. Dann wieder der Hundespaziergang im Park. Abends stehe ich voll Freude in der winzigen Küche, in der es an nichts fehlt. Ich bringe Risotto, Schwarzkohl und Hühnerschnitzel auf den Tisch. Wir sind beide müde, gehen schon um neun Uhr ins Bett.

Dienstag, 04. Dezember 2018

Sonnenschein und Regenschauer wechseln einander ab. Uta schenkt mir ein opulentes Geburtstagsfrühstück mit Girlande und Kuchen! In den letzten Tagen habe ich von ihren emsigen Vorbereitungen kaum etwas mitbekommen. Deshalb bin ich überrascht, freue mich sehr über dieses Geschenk. Später wandere ich mit Coco allein hinaus ans Meer, denn Uta wartet auf die DHL-Sendung. Und wieder kommt vom westlichen Ende der Bucht ein streunender Hund angetrabt, der große Helle aus der Gruppe, die uns gestern begegnet war. Deshalb fällt auch dieser Spaziergang wieder einmal kurz aus. Wir suchen zunächst Schutz hinter Hecken aus Kaktusfeigen, dann jenseits des Zaunes, der unseren Park umschließt. Freilich gefällt es Coco auf dem weitläufigen Gartengelände sehr gut und sie läuft nicht Gefahr, in Glasscherben zu treten. In meinem Kopf aber richten Serien althergebrachter Bilder enge Scheuklappen auf, in deren Korridoren ich gerne verweilen möchte: Dort schlendere ich barfuß an menschenleeren Stränden entlang, spüre jedes Sandkorn unter meinen Füßen. Gischt, die in den engeren Buchten gegen Klippen schlägt, spritzt mir ins Gesicht. Ich schmecke das Salz, das sich auf meinen Lippen niederschlägt.

Wieder zuhause inspiziere ich meinen Geburtstagstisch. Panettone, eine handgemalte Aquarellkarte und dreierlei Kekse! Dahinter lehnt ein knallrotes Portrait von mir an der

Wand – wann hat Uta das gemalt? In der Mittagszeit erhält sie eine E-Mail-Nachricht von der DHL. Darin werden wir darauf hingewiesen, der Zusteller habe uns heute während des Vormittages an der mitgeteilten Adresse nicht angetroffen. Wir überprüfen die Angaben – alles ist korrekt geschrieben. Da klingelt es an der Tür. Über die Gegensprechanlage nehmen wir Kontakt mit dem Postboten auf. Ich eile hinaus und nehme ein Paket in Empfang – Cocos neues Hundegeschirr. Uta hatte es über das Internet bestellt ... mit denselben Adressangaben wie für die DHL. Wir schreiben dem Paket- und Brief-Express-Dienst, von der erfolgreichen Postsendung und dass heute noch kein DHL-Mitarbeiter bei uns geklingelt hat.

So starten wir in unseren Arbeitstag, wieder vor den Staffeleien. Uta steht vor einer riesigen Cappuccino-Tasse, während sich auf meine Leinwand eine Venus einschleicht, Pinselstrich um Pinselstrich erscheint sie deutlicher; eine Geburt aus Sonne und Meer. Bis zum Abend erfahren wir, dass wir die ersehnten Dokumente beim nächsten DHL-Depot selbst abholen dürfen, im gut vierzig Kilometer entfernten Massafra. Glücklicherweise verfügen wir über ein Kraftfahrzeug, auch wenn wir es zurzeit nicht benutzen dürfen. Wir nehmen es gelassen. Hauptsache, wir werden bald wieder legal Autofahren dürfen. Ich genieße den Abend bei einem traumhaften italienischen Vorspeisenteller, dem Abendspaziergang im Park und Telefongesprächen mit meinen Kindern und Freunden.

Ein strahlend schöner Sonnentag. Noch vor dem Frühstück erreicht uns per E-Mail eine Mitteilung von DHL, die Sendung könne nun doch nicht von uns persönlich abgeholt werden, sie werde heute bis fünfzehn Uhr geliefert. Also bleiben wir im Haus, im Garten auf der Terrasse, jederzeit dazu vorbereitet, zur Gegensprechanalage zu springen. Heute bemerke ich erstmals die bunt gefliesten Ränder der Steingut-Stufen der Terrasse. Geschwungene Stängel, feingliedrige Blüten und Blätter mäandern in drei gedeckten Farbtönen über die gesamte Breitseite der Gartenarchitektur. In der langen Kante, die dieses Panorama mit der Bodenfläche verbindet, sammeln sich kleine Haufen vertrockneter Pflanzen, seine zerbröselten und zusammengefegten Spiegelbilder. Das sich ständig verändernde Meeresbild, die wärmende Sonne, der Wind und die Wolken fesseln meine Aufmerksamkeit während dieses kurzen Wintertages. Jeder Morgen kleidet sich in neue Farben: rosarote Wolken, Wellen in Weiß, Türkis, Petrolfarben, dazu die Töne, die wir von unseren kurzen Ausflügen kennen, vom Anblick der ausgedehnten grünen Plantagen vollgehangen mit Orangen und Oliven. Um fünfzehn Uhr (die angekündigte DHL-Sendung hat uns nicht erreicht) starten wir heldenmutig zu einer kurzen Autofahrt in Richtung Osten. In Leporano finden wir zwischen den dicht hinter- und nebeneinander gestellten Häuserzeilen die Zufahrt zu einem der wenigen öffentlichen Sandstrände im Küstenabschnitt zwischen Porto Saturo und Porto Perone. Hinter Zäunen und in Verschlägen lagern die Attribute des Sommers: Liegestühle, Sonnenschirme, Tische. Auf den weißen Kunststoff-Strängen einer in Flechtmuster gegossenen Liege, sonnt sich eine Heuschrecke. Anthrazit und Brauntöne ihrer ornamental kunstvoll durchgearbeiteten Haut bieten den Untergrund für das harte Schwarz der Schattenseite und die hellen Glanzpunkte auf den Augenspiegeln, der Oberkante der vorderen Gliedmaßen und den winzigen Zacken ihrer kräftigen Sprungbeine. Auf unserem Weg entlang des Strandes stoßen wir noch auf zahlreiche visuelle Naturwunder, die mich inspirieren, anregen, endlich wieder Grafiken in Angriff zu nehmen. Der Sandbogen schmiegt sich an die Hänge des Parco Archeologico di Saturo mit Funden aus der späten Jungsteinzeit und den griechischen sowie römischen Zivilisationen. Hier nehmen wir Kontakt zu apulischen Kunstschaffenden aus drei historischen Epochen auf: den Erbauern einer einheimischen Siedlung, deren Anfänge bis an den Beginn der mittleren italischen Bronzezeit (ca. siebzehntes Jahrhundert vor Christus) zurückreichen, den Steinmetzen der Mauern der gegen Ende des achten Jahrhunderts vor Christus gegründeten antiken griechischen Kolonie Satyrion und mit den Menschen, die hier viel später eine prachtvolle römische Villa errichtet haben. Ihr entgegen steigen wir in eine weite Stille, zunächst über Bunkerreste aus dem Zweiten Weltkrieg, wenig später dann entlang der Grundmauern der Villa mit ihren Bädern, Wohnräumen und Mosaikböden. Mehrere Male umwandern wir den Wehrturm Torre Saturo. Bereits aus weiter Ferne zeigt er sein dreigeteiltes Profil, ein monolithischer Stuhl, den ein Titan auf diesem Cap vergessen haben könnte, wäre er nicht erst im sechzehnten Jahrhundert nach Christus errichtet worden. Die Einwohner der umliegenden Dörfer haben sich über Jahrhunderte hinweg hierher geflüchtet, wenn Piraten oder andere Angreifer in Sicht kamen. Abgewendet von der glitzernden See finden wir auf der Höhe der Strandhügel eine Zisterne aus der Römerzeit, die antike Akropolis und Überreste eines griechischen Heiligtums, inmitten seiner zu weiten Teilen untergetauchten Wandstrukturen. Von den Kultstätten zu meinen Füßen inspiriert und angesichts dieser schönen Mauern fühle ich mich endlich ein wenig mit den Künstlern des großgriechischen Reiches verbunden. Leichten Herzens steigen wir ins Auto und biegen aus den Wohnsiedlungen, noch immer illegal, nach links auf die Via Litoranea Salentina in Richtung Taranto ein. Uta erspäht ein Fischgeschäft. Wir springen aus dem Wagen, und betreten einen unerwartet ruhigen Ort. Einige Kunden scheinen vor den flachen Bassins gehend und stehend zu meditieren. Ihr gesammeltes Schweigen erinnert an die Aktivitäten in einer japanischen Zenhalle. Alle Bewegungen vollziehen sich verlangsamt. Mit jeder weiteren Minute fühle auch ich mich in meiner Motorik zunehmend gebremst. Seltsamerweise scheint der Widerstand des Wassers selbst auf dem Trockenen eine allgemeine Beruhigung zu bewirken. Es geht bedächtig zu. Versonnen gleitet mein Blick über die Häute und Panzer der Tiere, die in ausgedehnten Wasserbecken liegen. Mit den feierlichen Gesten eines Blumengärtners überreicht uns der Händler schließlich die von ihm frisch gefangenen Schalentiere. Wir erstehen Vongole und Cozze (Venus- und Miesmuscheln). Zuhause überbacke ich die kostbare Pracht mit dreierlei Käsesorten, grille dazu Fenchel und Tomaten. Garniert mit Oliven, Brot, Wein und dunklem Traubensaft genießen wir ein wahrhaftiges Festmahl! Die letzten Sonnenstrahlen ermöglichen den Palmen einen fulminanten Auftritt im abendlichen Schattentheater. Vor der sich stetig verdunkelnden Kulissenlandschaft aus Indigo, Orange, Weiß-Blau und Purpur betreten sie die Tribüne. Ihre schwarzen Federköpfe überragen schwingend Buschwerk und Hecken bis sich die Vorstellung in vollständige Finsternis verabschiedet.

Donnerstag, 06. Dezember 2018

Als ich die Augen öffne, illuminiert ein dramatisch-roter Sonnenaufgang das Schlafzimmer über dem Meer. Heute fahren wir nach Massafra, die Stadt der Grottenkirchen, Wohnhöhlen und des DHL-Depots. Unsere Strecke führt zunächst durch die stark von Autoverkehr verstopfte Neustadt hindurch und berührt dann das historische Stadtzentrum von Taranto. Nach Nordwesten hin sehen wir rot. Der Industriestaub liegt über Straßen und Häusern und geht mit zunehmender Entfernung von der Stadt unmerklich in die Farben der Erden über, aus denen mit hoher Dichte ausgedehnte Plantagen von Olivenbäumen und diversen Zitrusfrüchten gedeihen. Diese unübersehbare Ansammlung von Individuen, die sich nur aus der Ferne gleichen, besiedelt die Ebene vor dem Golf von Taranto bis hinauf zu den Ausläufern der Murgia, der apulischen Hochebene, die sich während der Wintermonate nicht selten tiefgefroren und verschneit präsentiert. In diese Richtung zieht es uns. Wie Gletscherzungen ragen ihre Hügel in die fruchtbaren Monokulturen hinein und geben den Blick frei auf tiefe, breite Felsschluchten. Hier, in den Gravina, siedelten seit Jahrtausenden Menschen, indem sie die reichlich vorhandenen Karsthöhlen ausbauten, ausmalten und an vielen Stellen in

Kultstätten verwandelten. Zu so einem Ort eilen wir, nachdem wir die Fahrzeugpapiere beim DHL-Depot abgeholt haben – alles funktioniert reibungslos. In der Tiefe der vier Kilometer langen Schlucht „Gravina Principale" findet Uta inmitten der Stadt Massafra die uralte Wallfahrtskirche „Madonna della Scala". Während ich mit Coco auf dem gähnend leeren, riesigen Parkplatz warte, steigt sie über breite Marmortreppen hinunter zu den Kalkwänden, wo sie ein ausgedehntes Areal mit Wohnhöhlen vorfindet. In horizontaler Schichtung durchziehen Gürtel von immergrünem Buschwerk und niedrigen Bäumen die grau-weißen Steinwände, durchbohrt mit zahllosen schwarzen Öffnungen. An manchen Stellen ergänzen gemauerte Strukturen in sanften Diagonalen diese natürlichen Querungen – immer dort, wo Menschen künstliche Wege in die Gravina gebaut haben. Coco echauffiert sich über die Katzen, die mittlerweile in großer Zahl zu unserem Parkplatz pilgern. In vollkommender Ermangelung menschlicher Gäste drücken sie diesem heiligen Ort heute ihren Stempel auf: Pfotenlecken, Herumliegen im Sonnenschein und umeinander Herumstreichen heißen die Rituale ihres Kultes. Schließlich nähert sich das Rattern eines Dieselmotors. Aus dem schicken Fahrzeug steigt ein Mann in blauem Drillichzeug, flankiert von einem mittelgroßen Hund, der Coco keines Blickes würdigt. Auch die Katzen scheinen ihn nicht weiter zu interessieren. Man tut hier seine Pflicht. Nachdem der Dieselfahrer den Katzen ihr Futter an den Wegesrand gestellt hat, grüßt er die Madonna und mich beiläufig, ruft nach seinem vierbeinigen Begleiter und verlässt knatternd den heiligen Ort. Gemeinsam mit Coco wandere ich ihm ein Stück des Weges hinterher. Bald lagern wir an einer sonnigen Stelle. Hier zeichne ich den Innenraum einer der in den Felsen geschlagenen und ausgemalten Grottenkirchen – einer Chiesa ruprestre. Zuhause in Lama werde ich ein zusammenhängendes Bild meiner gesammelten Eindrücke komponieren, auf einer der Spanplatten, die wir in Firenze gekauft und zum Malen vorbereitet haben. Der Charakter der Fresken, die ich mehr erahne als erkenne, besitzt ikonenhafte Merkmale. Tatsächlich kamen die Künstler, die hier wirkten, ab dem achten Jahrhundert aus der Balkanregion, brachten ihr Handwerk und ihre Stilmittel mit sich. Um zwölf Uhr erscheint Uta wieder hinter dem eisernen Gatter, das den Eingang in die Schlucht vom Parkplatz trennt. Fröhlich schwatzt sie mit drei Arbeitern, und setzt in ihrer Begleitung den Weg bis zu Coco und mir fort. Von Simone, demjenigen der drei Männer, der gepflegte italienische Mode zur Schau trägt, erfahre ich, dass die Gravina eigentlich geschlossen ist. Bauarbeiten, Mittagspause, eine Ausnahme für die Signora. Der Verein, dem die Männer zugehören, kümmert sich um die Restaurierung der Wege, nicht ungefährlich und dringend notwendig, um die Besucherströme zu dirigieren, die im Sommer zu erwarten sind. Mit begrenzten, aber intensiven Eindrücken von Grottenkirchen füge ich mich meinem Schicksal. Nach kurzem Umherwandern im Umfeld des Parkplatzes fahren wir schließlich hinunter in die Stadtmitte. Hier betreten wir eine Melange aus italienischem Café und einer Milchbar der Fünfziger Jahre – ein wildes Gemisch aus grellen Popfarben und Pastelltönen. An einem der zahlreichen winzigen Tischchen trinken wir Cappuccino und stürzen förmlich über ein Weihnachtsgeschenk für meine Tochter, eine riesige Packung „Baci", Schokoladenpralinen. Auf dem Rückweg durch die Citrus- und Olivenplantagen biegen wir rechts ab und betreten die Riserva Naturale Stornara, ein Naturschutzgebiet, gelegen zwischen der Basilicata und Puglia. Der Name "Stornara" bezieht sich auf die zahlreichen Stare, die sich hier während des Winters aufhalten. Zwischen den weiteren Tierarten, die hier leben, sollen sich sogar einige Exemplare der Wildkatze verstecken. Entlang eines Schutzspalieres aus Aleppo-Kiefern streckt sich ein menschenleerer riesiger Strand, den wir hinauf und hinunterspazieren, Coco immer voran, die Nase im Wind. Vögel, Wellen und Sand, soweit das Auge reicht, bis hinüber zum Industriegelände der ILVA. Aus diesem Blickwinkel erhebt sie sich als weißtürmige Fata Morgana vor den unscheinbaren Resten einer Stadt. Heute erscheinen Himmel und Wasser in nahezu identischen Farbtönen – ein doppeltes Blau. Nur die vom Wind gemalten Bilder unterscheiden sich. Wie gespiegelt, wogen breite, schlierige Wellenbänder über den Himmel, während sich unterhalb des Horizontes kleinteiligere Strukturen zeigen, die sich erst in unmittelbarer Strandnähe zu zusammenhängenden Linien vereinen. Zuhause in Lama trinken wir sardisches Bier und naschen dazu ein paar Vorspeisen, die schnell zubereitet sind. Während Uta Venusmuscheln mit Tomaten und Romanesco anrichtet, bringe ich Polenta zum Kochen. Später werde ich sie in Stücke schneiden und in Olivenöl ausbraten, wie wir es in Firenze gesehen haben. Am Abend telefonieren wir mit Utas Neffen Max. Er möchte uns über Weihnachten besuchen kommen. Uta macht sich im Internet auf die Suche nach einer Unterkunft. Ich schreibe einen Brief an meinen Sohn. Später finde ich die Adresse einer Werkstatt für den Ölwechsel unseres Autos hier in Puglia, nicht sehr weit entfernt. Was für ein voller Tag!

Freitag, 07. Dezember 2018

Sonnenfrühstück im Garten. Uta balanciert ein rot-weißes Ensemble aus Geschirr und Tomaten über die Steinfliesen und erfreut uns mit frischem Espresso. Wir starten zu einem Ausflug in die Innenstadt von Taranto. Coco bewacht unterdessen das Haus. Am Lungomare Vittorio Emanuele III finden wir einen Parkplatz, Einladung zu einer langen und gemütlichen Promenade entlang des Meeresufers. Über die alte Drehbrücke Ponte Girevole gelangen wir von der Neustadt hinein in das historische Zentrum, zum Tourismusbüro, untergebracht im Erdgeschoss des Castello Aragonese. Hier versorgen wir uns mit Landkarten; ein Glück, dass es im digitalen Zeitalter noch Druckerzeugnisse gibt. Ihr Vorteil liegt in der besseren räumlichen Orientierung, denn sie lassen es zu, topografische Proportionen und Entfernungen haptisch mit den Händen nachzuziehen – eine sensomotorische Vorstufe der späteren Begehung. Auf dem Weg in die alte Stadt verharren wir lange vor den Resten des altgriechischen Sanktuariums. Zwei monumentale Säulen erheben sich heute noch aus dem Ruinenfeld, Reste einer längst untergegangenen Architektur, die das Ansehen dieser Stadt im Altertum auf legendäre Weise geprägt hat. Heute fungieren die beiden Vertikalen als ein Hauptportal ins historische Viertel. Einige Schritte später finden wir uns in einem Gassengewirr wieder, durchtrennt von dunklen Steinmonumenten. Viele der Häuser befinden sich in einem baufälligen Zustand. Manche der Ruinen sind dennoch bewohnt, gekennzeichnet durch Wäschestücke, die zum Trocknen aufgespannt über den Gassen wehen. Der überwiegende Teil der brüchigen Gebäude aber wird nur in den untersten Stockwerken genutzt, die oft ein Geschäft, Restaurant oder eine Bar beherbergen. Überall leuchten uns Farben entgegen! Auf zahllosen Wandstücken prangen Bilder, als Graffiti und Gemälde ausgeführt. Oft nur in Resten erhalten, tragen sie ihren Beitrag zu einer Collage bei, die als Teil der Gesamtinstallation den Charme dieses Viertels ausmacht. Hinter vielen der aufgeleinten textilen Flaggen spitzen architektonische Kostbarkeiten hervor, flächige Dekorationsrahmen, zierliche Pilaster oder Voluten unter den Balkonen. Wir betreten eine Galerie, angelockt von farbenprächtigen Acrylbildern, durchsetzt von Collagen aus buntem Illustrierten- Papier. Einige dieser Stücke erinnern an eine Serie, die ich vor Jahren in Öltechnik fabriziert habe, oder auch an Utas Tendenz, Mickey-Mouse-Comics in ihre Bilder zu integrieren. Die stärkste Anziehung aber üben großformatige naturalistische Portraits von Menschen auf uns aus, die mit echten Textilien beklebt wurden – ein spannender und gelungener Ansatz, die dargestellten Personen unmittelbar mit der Lebenswirklichkeit des Publikums zu verbinden. Faltenwürfe, mit Acrylbinder fixiert, ziehen die realen Objekte dagegen wieder zurück ins Kunstwerk, ein ständiges Oszillieren. Die Gassen aufwärts landen wir direkt vor der Cattedrale di San Cataldo, einem irischen Missionar geweiht, zu dessen Andenken an dieser Stelle schon im siebenten Jahrhundert ein Vorläufergebäude errichtet wurde. Die mächtige Steinplastik, die wir heute besichtigen, stammt aus dem zehnten und elften Jahrhundert. Der Stilmix weckt unser Interesse: vorromanische Bodenmosaike, romanische Bogen mit Kapitellen - aus römischen Tempeln gebrochen, eine byzantinisch anmutende Kassettendecke – wohl aus der Zeit der Renaissance stammend, blasse Wandfresken aus dem fünfzehnten Jahrhundert, an allen Winkeln später angeklebte Barockelemente und die zentral präsentierte Plastik einer hellblauummantelten Madonna in schlimmstem Kitsch.

Beim Hinaustreten in das gleisende Hell des Mittags fällt mir auf, dass ich den Haustürschlüssel nicht in der Hosentasche trage. Das Aufbewahren des Schlüssels fällt in meinen Zuständigkeitsbereich. Um die mit jeder neuen Unterkunft wechselnden Schlüssel nicht zu verlieren, habe ich mir dieses Ritual bereits vor Beginn der Reise angewöhnt – so dachte ich bis jetzt. Wir eilen zurück zu unserem roten Auto – ohne weiteres Interesse an der kulturhistorischen Dichte, die uns auf Schritt und Tritt eng umkleidet. Der Schlüssel liegt auf dem Beifahrersitz. Erleichtert und sinnlich gestimmt suchen wir sodann auf der Via Berardi das Caffè Crydanyel auf, wo wir gut speisen und ein regionales Weihnachtsgebäck kosten, Pettole Tarantine, eine köstliche Variante aus der Familie der Hefekrapfen. Erst über Umwege finden wir anschließend im Nordosten der Stadt die Mercedes-Werkstatt, mit der Uta einen Inspektions-Termin vereinbart hat, denn wie wir schon oft zuvor erfahren haben, kennt unser Navigationssystem einige Straßennamen nicht. Etwas überreizt, aber insgesamt zufrieden, kommen wir nach achtzehn Uhr zur treuen Coco nach Lama zurück.

Unterwegs in fremder Umgebung, unsicher im Gebrauch der Sprache, fühlen wir uns verletzlich, sind leichter aus dem

Gleichgewicht zu bringen als zuhause. Fast durchgehend müssen wir etwas suchen, finden, identifizieren und Entscheidungen treffen. Gelingen diese Aufgaben, sind wir froh, motiviert und können rückblickend auch die Spannung genießen. Treten Schwierigkeiten und Missgeschicke auf, spüren wir beide eine Angestrengtheit, die wir zuhause nicht kannten. Unsere Aufgaben: Information kreativ reduzieren, mit dem Ungewissen gelassener umgehen.

Samstag, 08. Dezember 2018

Wieder ein Aufwachen in Rosarot. Wenigstens eine unserer beiden inneren Uhren hat sich zuverlässig auf diesen Zeitraum eingestellt und weckt uns seit Tagen zuverlässig pünktlich zum Farbenfest. Unter dem Himmel scheint das Meer zu kochen, erfüllt von unruhigen Wirbeln, Wellengekräusel, aufgepeitscht von starken Böen, die ständig ihre Richtungen wechseln. Wir bereiten unser Tomatenfrühstück zu, planen den Tag. Heute wird das Haus geputzt, Wäsche gewaschen, das Nötigste eingekauft. Qualitativ hochwertige Körperpflegeprodukte finden wir bei unserer deutsch-apulischen Bekannten in der Erboristeria, dem Kräuterladen. Nach getaner Arbeit setzen wir die Erkundung der Küste fort, weiten die Kreise aus bis zur pittoresken Baia di Tramontone, deren kristallklares Wasser weite Blicke über den Meeresgrund erlaubt. Draußen, am Sandstrand und auf den Balkonen des felsigen Ufers: Bauschutt, alte Öfen, mit Hausmüll befüllte Plastiktüten. Um die spektakuläre Landschaft dennoch genießen zu können, müssen wir wieder abstrahieren. Vermutlich gelingt das den

Menschen, die hier immer leben, besser als uns. Fleissig üben wir zwischen dornigen Sträuchern, die immergrün und intensiv durchwirkt von hartstämmigen braun-roten Halmen und sanften Grasmatten weit ausholen, um abrupt am Lavastrand zu enden. Ich bedauere, meinen Aquarellkasten in Lama zurückgelassen zu haben; gerne würde ich versuchen, die schier unerschöpflich wirkende Skala der Farbnoten nachzumischen, die sich hier zwischen Rot und Grün auffächert. Gebrochen im nachmittäglichen Licht, das in immer neuen Spektren durch die dynamischen Vorhangmuster der Wolkenzüge fällt, flimmert der Vegetationsgürtel mit der Oberfläche des weiten Meeres um die Wette, dessen Färbungen ihm kräftige Kontraste liefern. Vom Capo San Francesco starten die Möwen hinaus über den Golf aufs freie Meer zu den Kunststoffteppichen, die wir vom Land aus nicht erkennen. Wieder suche ich den weiten Blick. Ein bleiches horizontales Feld zieht mich in seinen Bann, das langgestreckte Fenster, das Himmel und Erde manchmal voneinander teilt. Heute entspricht es keiner eindeutigen geometrischen Figur, variiert an allen Randbezirken seine Ausdehnungen in den Himmel hinein und geht in Wolkenformationen auf, die ephemer und aufgrund ihrer Durchsichtigkeit oft kaum wahrnehmbar in die Höhe steigen. Unter der Horizontlinie aber wogen rasend alle Farben des Regenbogens durcheinander, wieder durchzogen von weißen Schaumlinien, die Schluchten und Gipfelgrate zergliedern, unablässig und in unbekannten Schriftzügen.

Beide arbeiten wir an unseren großformatigen Bildern weiter. Heute übersetze ich meine Eindrücke aus den Höhlenkirchen in ein Acrylbild. Bald umgibt sich mein Heiliger

Nikolaos mit drei Engelsgesichtern, die keine Ähnlichkeit mehr mit den großäugigen Gestalten auf byzantinischen Gemälden aufweisen. Es sind die Heiligen unserer Zeit: TV-Stars und Influencer, die ihre Gemeinde im Internet rekrutieren. Bis zum Sonnenuntergang stehe ich mit den Pinseln in Händen im warmen Wind – bei siebzehn Grad im Schatten und echter Wärme im Sonnenschein. Mit dem Sonnenuntergang aber fallen die Temperaturen schlagartig ab. Ich sitze wieder im Salon, der Tisch vor mir bedeckt mit Büchern, Utas Palette, Pinsel im Wasserglas und Farbtuben. Muschelförmige Keramiken bergen Brot, Salami, Oliven und Käse. Im Unterschied zu mir benötigt Uta beim Malen kaum natürliches Licht. Sie arbeitet gerne auch unter dem Schein elektrischer Beleuchtung. An der Schrankwand, unter der „Auguri"-Girlande, lehnt ihr Cappuccino-Bild, nebenan, auf der Staffelei, eines ihrer „Restebilder". Uta geht mit der kostbaren Farbe bewusst um. Sie hat sich angewöhnt, Farbreste nicht wegzuwerfen, sondern auf einem separaten Papier zu sammeln. Auf diese halb-automatische Weise entstehen rein surrealistische Gemälde, über deren Bildaussage erst geurteilt wird, wenn die Restfarben verwertet sind.

Sonntag, 09. Dezember 2018

Wie ein zur Ruhe gekommenes Tier, liegt die See heute im flachen Atmen ihrer Wogen vor unserem Garten. Der Wind wurde an die Leine gelegt. Die Sicht, nun klar und weit, gewährt einen freien Durchblick bis zu den Bergen von Basilicata und Calabria. Alles ist Blau. An die dunkle Kraft des

Wassers drückt von oben ein blasser Ton, der sich mit zunehmender Höhe sättigt, bis er schließlich als strahlendes Ultramarienblau auf das Meer zurückblickt. Vor den Grundlinien dieses gewaltigen Gradienten ziehen die Gebirge ihre Linien, an manchen Graten ebenso blass wie der Himmelsgrund, von dem sie sich kaum abheben. Die Flächen aber, die aufgespannt zwischen Horizont und dem Höhenzug die Gebirgskette ausweisen, bieten feinen Spuren einen regelrechten Bildgrund. Hier zeichnen sich Täler, sanfte Massive und Zwischengipfel ab. Nach Osten hin nehme ich schließlich den Horizont in den Blick. Einem geheimen Rhythmus folgend scheint er sich beinahe unmerklich, aber beständig, zu heben und zu senken - über einem opulenten Frühstück: Kaffee, Tee, Saft aus frisch gepressten Orangen, Panettone (das letzte Stück), Tomaten mit Knoblauch, Basilikum und Olivenöl, Obstsalat, Marmelade. Spät besteigen wir das Auto, steuern in Richtung der Ortschaft Leoprano, wo wir eine lange Wanderung entlang der Pineta di Blandumara unternehmen – bis hinein in die sich weiter westlich anschließende Baia di Porto Cupo. Wir versinken in wild wucherndem Grün, besiedelt von gelbköpfigen Blumen. Mittags begibt sich Uta im hellstrahlenden Garten vor die Staffelei. In ein übergroßes Weiß-Blau-gestreiftes Herrenhemd gehüllt, steht sie für Stunden in der Sonne, aufrecht und konzentriert. Ich ziehe den Raum der engen Küche vor, öffne dort die Fenstertüren weit und setze mich an den Tisch. Heute habe ich mir eine Grafik vorgenommen. Im Sitzen kann ich besser zeichnen als aufrecht stehend. Jedes Mal, wenn wir auf unserer Reise den Ort wechseln, nehme ich vom Boden eine Frottage ab und verwandele sie mittels einer grafischen Überarbeitung in die Darstellung großer Libellen. In Anlehnung an die Blaugrüne Mosaikjungfer, die zu den am weitesten über Europa verbreiteten Libellenarten zählt, nenne ich diese Kreationen Demoiselles. Unter der warmen Sonne lauschen wir dem unablässig singenden Raunen und Plätschern der Wellen und setzen die Arbeit fort. Zum Sonnenuntergang nimmt der Wind wieder Fahrt auf; wir führen Coco hinunter zum Park. Uta kocht Spaghetti mit Knoblauch, Olivenöl und Piment. Wir sind glücklich.

Montag, 10. Dezember 2018

Vor Sonnenaufgang erwache ich und wecke Uta. Bald fahren wir los in Richtung Santa Maria di Leuca, den südlichsten Ort im Salento, dem Stiefelabsatz. Hier, wo der Golf von Taranto in die Straße von Otranto übergeht, wechselt auch das Meer seinen Namen, bislang „ionisch", heißt es nun „adriatisch". Um bis zu dieser Schnittstelle zu gelangen, lassen wir die Autobahn links liegen und bewegen uns in Küstennähe von Nord nach Süd durch langgestreckte Straßendörfer aus meist verschlossenen Gebäuden, in Beton gegossen, Diener allein touristischer Zwecke. Diese Geisterorte liegen oft in Sichtweite zu veritablen Ansiedlungen, die inmitten von aktiver Landwirtschaft etwas entfernt vom Meer, auch in der Winterzeit belebt sind. Trotzdem zieht es uns an der Küste entlang, von Torre zu Torre, den Befestigungstürmen aus dem fünfzehnten Jahrhundert. Die ersten frei zugänglichen Sandstrände, von später unzähligen, größtenteils eingebettet in milde Dünenlandschaften, beginnen südlich von Pulsano. Wir parken das Auto am Straßenrand, rennen zu dritt hinunter

119

in den feinsandigen Bogen wie Kinder, die zum ersten Mal das weite Meer erblicken. Im Osten wirft das Gegenlicht einen dunklen Umhang über die Landzunge, die bespickt mit Pinien, Zäunen und der Silhouette einer Ruine in die Wellen ragt. Zur gegenüberliegenden Seite hin wendet sich der Sandteppich sanften Hügeln zu, hell und gelb wie die Gestade, an denen weiße Schaumkränze lecken. In Commende, einem winzigen Dorf der Gemeinde Campo Marino, finden wir eines der wenigen geöffneten Cafés der Region, die sich im Winterschlaf befindet. Eben wie die Straßenzüge verlaufen parallel zu ihnen auch Dächer und Firste der betongegossenen Häuser. Hier wird sogar unserem Hündchen Coco Einlass gewährt. Wir platzieren uns im überdachten Vorhof und ein etwas abwesend wirkender junger Mann serviert ein kleines prima colazione. Viele der bisher gesehenen Landschaften beeindrucken uns, besonders dann, wenn es der Erdenmutter gelang, die an kurzfristig kommerziellem Erfolg orientierten Spuren der Menschen zurückzudrängen, zu überwachsen, im besten Fall zu renaturieren. Am stärksten wirkt in diesem Sinne das Gebiet nördlich vor Gallipoli auf uns. Ab hier lösen immer öfter gewachsene Dörfer die Ferienanlagen ab: Serra Cicora, Torre Uluzzo, Pailo Sevaggio mit dem Naturpark Palude del Capirano oder Santa Maria al Bagno. Die sie umgürtenden Landschaften, manchmal in Felder gegliedert, zeigen bereits ihre roten Erden und Bruchsteinmauern – so schön und zeitlos, wie in den weiten Gebieten abseits der Küste im apulischen Kernland zwischen den Meeren. Hinter Gittern aus Grasland ein Skulpturenpark von Feigenkakteen, dann wieder zum Wasser hinabführende Sand-Kaskaden mit Igelköpfen, kubische Inseln aus dichtem Grasbewuchs.

In der alten griechischen Stadt Gallipoli steuern wir zügig die Felseninsel an, auf der sich, bereits aus weitem Abstand sichtbar, pyramidenhaft und festungsgleich die weißsteinige Altstadt erhebt. Schon aus der Ferne assoziiere ich sofort das Motiv des Turmbaus zu Babel. Zuletzt und intensiv habe ich mich mit diesem Thema bei meinem Freund und Mentor Bernd Fleißner in Oberbayern auseinandergesetzt. Erst vor zwei Monaten standen wir noch in seinem Atelier vor den bezeichnenden Gemälden, im ehemaligen Heustadel des ältesten Hauses am Kirchberg von Antdorf. Bernd wird nicht müde, die zivilisationsimmanenten Metamorphosen kritisch auszudeuten, die die Ausgeburten von Geldgier und Maßlosigkeit notwendigerweise nach sich ziehen oder sogar auslösen. Die „schöne Stadt" (altgriechisch „Kallipolis") heißt erst seit ihrer Eroberung durch die Römer im dritten vorchristlichen Jahrhundert „Gallipolis" („Stadt der Gockelhähne"). Seither ziert der stolze Vogel das Stadtwappen, dokumentiert die wohl als Demütigung gedachte Verballhornung ihres Namens und markiert in heutiger Zeit so manches für den Tourismus fabrizierte Souvenir. Am alten Hafen der Halbinsel, in der Nähe des Fischmarktes, weist ein älterer Herr unser Fahrzeug am öffentlichen Parkplatz ein. Wir bezahlen ihn trotzdem. Er übt seinen Beruf aus. Die Altstadt, centro storico, reckt ihre massiven Häuser burgähnlich in einen Windkanal hinein, dessen kalten Schlägen wir nur entkommen, indem wir die Außenmauern und Einfallstraßen meiden. So ziehen wir uns in das nahezu menschenleere Kerngehäuse zurück, einen versteinerten Knoten aus Gassen und Plätzen. Schlangengänge durchziehen rosa-, ocker- und gelbgefärbte Mauerringe vor dominierendem Weiß. Die meisten dieser

Fassungen münden zuverlässig in Plätze, auf denen Motorräder parken. Autos vermögen die Steinkanäle nicht zu passieren. Unversehens finden wir uns vor grünlackierten Holztoren unter stuckbesetzten Balkonen. Dennoch durchbrechen wir hin und wieder die konzentrischen Straßenringe und landen draußen an der windumtosten Kaimauer, dicht bewachsen von Kulturen grüner und gelber Flechten, fluoreszierender Widerstand. Bedrohlich stapeln sich in der Ferne gleisend die Wolkenberge über dem Horizont. Aus allen Richtungen leuchtet dazu der Barock, freilich in einer anderen Ausführung, als wir sie aus Mitteleuropa kennen. Die Kraft des griechisch-römischen Erbes unterwandert hier das bewegte und gefühlsbetonte Dekor und mischt es zentrifugal mit Elementen der vorausgegangenen Renaissance, des Manierismus und sogar des ihm zeitlich nachfolgenden Klassizismus. Im Ristorante Scapece führt man uns die Treppen hinauf in den Salon. Umringt von mannshohen Glasfenstern, erzwingt dieser Ort lohnende Ausblicke über altes Gemäuer, die Mole und das Meer. Hier profitieren wir von einem mit viel Zeitaufwand und schöpferischer Muße hergestellten, vorzüglichen Mahl auf der soliden Grundlage einheimischer Fische. Eine burschikose, junge Frau, die ihre Zeit sichtbar zu genießen weiß, bietet uns in zierlichen Tellern Kostbarkeiten an: Muschelfleisch in Zitronensaft, Krabbenmuss, Langusten und Frikadellen auf der Basis von Krebsfleisch, überbackene Miesmuscheln und Austern, dazu köstlich gewürzte Polenta und eine Reihe nicht näher identifizierbarer Leckereien. Den Rücken diversen Palmenpflanzen zugewandt, die das eher klinisch- kühle Dekors des Ketten-Restaurants Martinucci beleben, reinige ich meine Lippen mit einem Baumwolltuch, bevor das Plateau mit Käse serviert wird.

Nachmittags dann in Leuca angekommen, suchen wir geografische Extreme: den südlichsten Punkt des salentischen Festlandes auf dem Landzipfel Punta Ristola, in deren Nähe bereits der Homo neanderthalensis lebte - und die Basilica della Madonna de Finibus Terrae, an deren Stelle sich im Altertum ein Minerva-Heiligtum erhob. Hierher, nach Santa Maria di Leuca möchten wir eines Tages zum Malen zurückkehren, vor uns das Meer, hinter uns Italien. Heute Abend aber treten wir bald wieder den Rückweg nach Taranto an, wählen die schnellsten Straßenverbindungen über Lecce und Brindisi, den Absatz des italienischen Stiefels wieder hinauf durch diese uralte Kulturlandschaft mit ihren unzählbaren Schätzen. Erschöpft zuhause in Lama angekommen, schläft Uta bald ein. Bevor auch ich mich hinlege, schreibe ich über die internet-Plattform pitturiamo.com noch einigen KünstlerInnen, die in Taranto leben und arbeiten.

Dienstag, 11. Dezember 2018

Pfannenkuchen zum Frühstück. Lange bleiben wir im Bett sitzen, schauen hinaus über die Bucht. Erst spät kommen wir vor die Tür, wandern an der Küste des Nachbarortes Leporano. Kurz vor Mittag ergattern wir bei der Pescheria Gandoli einen Ricciole, Königsdorsch!

Dann setze ich mich in den Garten zum Malen an dem großen Bild „Taranto …". Im Sonnenschein, der leider nur bis sechzehn Uhr hell genug leuchtet, zeichne ich mit Kohle, Grafit und Buntstiften Gestalten in den Untergrund, der bald darauf mit Lasuren aus Acrylfarbe bedeckt sein wird. Den drei Jungfrauen, die den heiligen Nikolaos umschmiegen, verpasse ich Sonnenbrillen. Auf diese Weise verberge ich ihre devoten Augenaufschläge, die sich nur schlecht mit der Aura von Freizeit und Luxus vertragen hätten. Dieser kosmetische Trick verleiht ihnen zugleich die permissive Vertrauenswürdigkeit, die Influenzerinnen auszeichnen sollte und erhebt sie bereits optisch in den Olymp der Idole unserer Spaßgesellschaft. Flotten verlorener Wolkenschiffe segeln derweilen über das Himmelsblau und maskieren hin und wieder die so essenzielle Lichtquelle. Später senkt sich unmerklich der samtene Schleier einer feinporigen Jalousie vor die Meeressicht des Gartens, gegenüber der Hauswand, an der ich lehne. Nun dominieren die Rot- und Orangetöne. Für Augenblicke macht es sich die Sonnenkugel in den Kuhlen der Federbetten bequem, die die von Weiß ins Schwarze schlagenden Wolken über dem Horizont ausbreiten. Dann erscheint plötzlich ein blau-grauer Streifen, dicht und mehrgeteilt in horizontal geschichtete Massen, hinter denen sich der Feuerball verbirgt, bis er innerhalb eines schmalen Fensterbandes erneut zu glühen beginnt. Jetzt, da die Sonne „im Meer versinkt", beginnt das große „Drama", wie wir es nennen. Großes Theater. Theatralische Beleuchtung illuminiert nun von unten alle Materie des Firmamentes. Wie fast an jedem Abend können wir uns daran nicht satt sehen – bis auf der Bühne schließlich das Licht gelöscht wird. Am Abend, nach der Arbeit vor der Staffelei, arrangieren wir den Ricciole auf Zitronenscheiben und schieben ihn in den Ofen. Am Bauch weiß, mit rosafarbigen Spuren an der Schnittöffnung, verdichten sich dem Rückenkamm zulaufend silberne Hautscheibchen, knapp oberhalb der Brustflosse von einem goldenen Streifen durchzogen. Im heißen Ofen benötigt das Garen nur wenige Minuten. Dazu gibt es Pellkartoffeln, Finacchio und eine feine Sauce aus Knoblauch, Olivenöl, Ricotta, Tomaten, Mozzarella, gerösteten Pinienkernen und Vielem mehr.

Mittwoch, 12. Dezember 2018

Der Tag beginnt wie gewohnt mit Frühstück und Hundespaziergang. Umhüllt von einem wieder viel zu weiten Männerhemd kommt Uta inmitten der Gartenblüten zum Vorschein und entwickelt ein Portrait der Heiligen Drei Könige; Arbeitstitel: „gli ipocriti", die Scheinheiligen. Ich vertiefe mich wieder in die Konzeption des großen Taranto-Bildes. Seit Mitte der achtziger Jahre baue ich Gemälde aus Collagen auf – sofern sie nicht direkt vor der Natur entstehen. Die halbautomatische Methode führt zu den besten Ergebnissen, wenn ich eigene Zeichnungen mit Fundstücken aus Zeitungen und Büchern kombiniere. Auf diese Weise gesellen sich an diesem Tag zum Motiv der Höhlenkirche Himmel, Meer und eine Filmkamera aus der kinematografischen Pionierzeit. Mittags, eine Pause. Wir sitzen am Mosaiktisch im Garten, schauen hinaus auf das glitzernde, weite Meer.

Gegen vierzehn Uhr starten wir ohne Coco zu einem erneuten Ausflug in die Innenstadt von Taranto. Vorweihnachtlich ausgestattet unterscheiden sich die Verkaufskulissen in den Fußgängerzonen kaum von ihren Pendants in Hamburg und München. Wir suchen aber das

Nichtaustauschbare, etwas, das Taranto unverwechselbar macht, auch unter den anderen italienischen Städten. Fündig werden wir im Museo Nazionale Archeologico di Taranto (MARTA). Anhand von Spuren und Artefakten erzählt es Geschichten aus viertausend Jahren! Viele davon beeindrucken uns tief, besonders die Überlieferungen aus Magna Graecia und der Römischen Zeit. Davor aber die steinzeitlichen Plastiken, großbrüstige Frauengestalten, konisch geformt wie Faustkeile mit Ringen um die Hüften gleich einem irdischen Saturn. Dann die griechischen Kunstwerke. Filigrane geometrische Zeichnungen auf Wandstücken aus den frühesten Jahren geben floralen Motiven die Hand in Blau und Rot auf weißem Stein. Gesichter, Steinköpfchen mit quer aufgerissenen Mündern, gliedern das horizontale Fließen. Neben den Museumswächtern und uns bewandern das riesige Gebäude nur zwei weitere Besucherinnen. Die räumliche Großzügigkeit schenkt uns einige der Freiheiten, die wir uns immer wünschen. Nach festgelegten Zeitabschnitten aber schließen einzelne Ausstellungsräume und andere werden statt ihrer geöffnet. Das Personal, dessen Anzahl offenbar nicht für das gesamte Gebäude ausreicht, begleitet uns auf den durch Rhythmen von Öffnungen und Sperrungen ausgelösten Wanderungen. Wir haben Zeit und Platz zum Zeichnen und Staunen. Und Uta findet tatsächlich antike Darstellungen von Akrobaten und Clowns! Eine in feinem Rosa gehaltene Dame balanciert auf ihren Händen mit strampelnden Beinen entlang des Podestes, auf dem sie sich ihrem staunenden Publikum präsentiert. Während ihr die Konzentration ins klassisch gestaltete Gesicht geschrieben steht, fällt eine rostrote Locke über ihre linke Wange. Der Clown, einem nicht sichtbaren

Partner gestikulierend zugewandt, trägt eine helle, hoch aufragende Zipfelmütze über der grimassierenden Mine. Eine weitere clowneske Gestalt hebt das hellrote Hemd weit über die Oberschenkel und zeigt mit der Rechten auf ihren weit geöffneten lachenden Mund. In enger Nachbarschaft lauscht eine hochgewachsene Musikerin in die Ferne, gleich einem Schild hält sie vor dem Knie ein riesenhaftes Tambourin. Muschelformen, Schlingen, Schnecken, Schleifen, Bändergewirr aus Stein geschlagen, überbrücken die Schauplastiken mit gewaltiger Virtuosität, gleichrangig in Kunstfertigkeit und Ausdruckskraft. Und überall umher liegen Gesichter mit starrem Blick und weit geöffneten Mündern. Nach gut zweieinhalb Stunden verlassen wir müde und erfüllt das MARTA.

In einer nahegelegenen Libreria erwerben wir außer einigen Weihnachtsgrußkarten auch einen faltbaren Straßenatlas, der ganz Italien abbildet. An der Via Anfiteatro finden wir dann ein ansprechendes Caffè. Wir schwelgen in den Erinnerungen an die gesehenen Artefakte, tauschen Zeichnungen aus, diskutieren unsere Eindrücke und versuchen, Ordnung in die Namen und Bezeichnungen der antiken Götterwelt zu bringen. Bei winzigen Pizzettini und einem Glas Weißwein entdecken wir plötzlich Tetta di Venere, die Brüste der Venus. Der zu einer zierlichen Frauenbrust geformte hauchdünne Biskuitteig versteckt eine unergründliche Crème, die ein betörend wohlschmeckendes Vanillearoma verströmt. Schnell verbindet sich dieses sinnliche Erlebnis mit den noch frischen Erinnerungen und schiebt die gesehenen Darstellungen der Venus im bewertenden Vergleich der Artefakte deutlich nach vorne.

Noch diskutierend verlassen wir das Caffè, und biegen in die Via Pisanelli ein, wo ich in der Galerie der Vereinigung C.L.A.M. International (Cultura, Lingue, Arte, Musica), Hausnummer 11, die Ausstellung eines zeitgenössischen Malers besuchen möchte. Enzo Ruggiero, ein erfahrener, technisch ungemein versierter und vielseitiger Künstler, lebt in Pulsano, nicht weit von unserem Haus in Lama entfernt. In seinen Bildern behandelt er vorrangig die Motive seiner Heimat Puglia, ihre Natur, Farben und Traditionen. Enzo empfängt uns herzlich und unterhält sich mit Uta, denn er spricht außer Italienisch keine weitere Sprache. Ich erfahre, dass er bevorzugt in Öltechnik malt und in Pulsano einen schönen Garten besitzt. Später gesellen sich weitere Mitglieder der Associazione C.L.A.M. International. zu uns: der Maler Schiro und der Plastiker und Dichter Piero Nardelli – beide die Herrscher über unbekannte und eigenständige Universen! Ich bin von ihren Arbeiten und Persönlichkeiten sofort begeistert. Aber auch mit Schiro und Piero fällt mir die Verständigung zunächst schwer. Endlich stößt die Präsidentin von C.L.A.M., Francesca di Ponzio mit ihrem Ehemann Francesco Rizzo, zu uns. Francesca arbeitet als Lehrerin für die englische Sprache. Von ihr erfahren wir mehr über die Werke der drei Künstler, werfen einen Blick in Prospekte und auf Postkarten. Piero Nardelli wurde in Taranto geboren, lebt hier und verdingt sich in der Altstadt als Kurator der kunsthistorischen Ausstellung des Arsenale Militare Marittimo. Als Plastiker arbeitet er seit seiner Jugend mit unterschiedlichen Materialien. Heute bevorzugt er Ton, erfindet Figuren, die seine Vision menschlicher Beziehungen beschreiben, in ironischer und oft dramatischer Form. Innerhalb seines umfangreichen Werkes konzentriert er sich auf die Interpretation des Weiblichen. Während Piero in der Konversation eher zurückhaltend auftritt, kommen wir Schiro schnell persönlich näher. Er erzählt von weiten Reisen und seinem Bedürfnis, stets aufbruchsbereit zu sein – immer einen gepackten Koffer unter dem Bett. Auch er lebt und arbeitet in seiner Geburtsstadt Taranto, seit Jahrzehnten schon als Plastiker und Maler. Uta ist begeistert von seiner Farbigkeit: reine Farbtöne, ohne erkennbare Nuancen flächig nebeneinandergesetzt, erinnern stark an Werke der Popart. Mein Augenmerk dagegen liegt stärker auf seinen Bildinhalten. Schiros Gemälde wirken auf mich wie kolorierte Zeichnungen, schematische Aufrisse zunächst, aufgeladen mit hoher Symbolkraft. In ihrer oft fremdartig wirkende Kombinatorik folgt seine Technik den Grundsätzen des Surrealismus – hier erkenne ich spontan eine Nähe zu meinen eigenen Arbeiten. Lange Zeit bleiben wir in der Galerie und werden später auch in die Unterrichtsräume geführt - Via Pisanelli, Hausnummer neun. Die Associazione C.L.A.M. International wurde von einer Gruppe von Freunden aus verschiedenen Ländern gegründet. Es geht dieser Vereinigung um die Entwicklung einer internationalen Haltung, die auf Wissen, Toleranz und Respekt gegenüber Individuen, Sprachen und kulturellen Traditionen beruht. Um diesen Zielen näher zu kommen, organisiert das C.L.A.M. - Zentrum in der Via Pisanelli eine Vielzahl an Angeboten. Zum Beispiel unterhält es eine internationale multimediale Bibliothek für Beratung und Ausleihe und bietet Treffen an zum Austausch von Ideen, Talenten und Erfahrungen in Bezug auf Kultur, Wirtschaft, Technologie usw.. Im Bereich Sprache organisiert C.L.A.M. Übersetzungen und Dolmetschen für berufliche und kulturelle Zwecke, Sprachkurse in Englisch, Französisch, Spanisch, Deutsch, Russisch und Arabisch, Konversationsstunden und -klassen sowie internationale Themenpartys. KünstlerInnen präsentieren in den Räumen der Associazione Workshops, Shows, Konzerte, Vorträge und Ausstellungen.

Donnerstag, 13. Dezember 2018

Ein regnerischer Tag liegt vor uns, grau, wie die See, die sich, ihrer Querlinien heute nahezu vollständig entledigt, in einen stark verkürzten Raum hinein erstreckt. Die Socken, die ich nach dem Wäschewaschen auf den Gartentisch gelegt habe, müssen zum Trocknen ins Haus geholt werden. Wir frühstücken im Salon, wo wir eine Ausfahrt nach Lecce erwägen. In den Reiseführern wird die Stadt als Heimat und Schatzkammer des apulischen Barocks angepriesen. Auch darauf freuen wir uns. Interessanter, auch für unsere Arbeit, finden wir aber Cartapesta, die Pappmaschee-Kunst, die in Lecce seit vielen Generationen gefeiert und weiterentwickelt wird. Dieses Mal wählen wir lange Strecken über Land, nachdem wir die Küstenlinie bereits bei Leporano verlassen haben. Auf diesem Weg kreuzen wir Pulsano, wo Enzo Ruggiero lebt, dann Lizzano und stoßen bei Sava wieder auf die Hauptstraße SS7. In scheinbar endloser Reihung säumen ausgedehnte Plantagen von Oliven und Wein die Straßen, immer wieder begleitet von sich bizarr und oft monumental verzweigenden Kaktusfeigen und weit dahinschnürenden Mauern aus Bruchstein. Eine herbe bäuerliche Welt, die sich wohltuend von den architektonischen Verwüstungen der

Küstenregionen abhebt. Hier entdecken wir wieder prähistorische Spuren, unter ihnen, in Manduria, die imposanten Ausgrabungen einer weitläufigen messapischen Stadt. Die Völker der Messapier bewohnten vor den griechischen und römischen Eroberungen Teile der südlichen Puglia. Auch sie, die mutmaßlich aus Gebieten des westlichen Balkans stammen, waren einst Einwanderer und Eroberer, die gut tausend Jahre vor unserer Zeitrechnung nach Italien übersetzten und sich sukzessive mit den hier lebenden Völkern vermischt hatten. Wie durchqueren die Murge, fruchtbare Hochebenen, auf denen wir den Trulli begegnen, Rundhäusern, aus Trockenmauern aufgeschichtet, die besonders oft in Puglia vorkommen.

In Lecce tauchen wir ein in eine schöne alte Stadt, ein Körper und Geist umgreifendes Erlebnis, das uns sofort an den historischen Kern von Gallipoli erinnert. Obwohl die Stadt mehr als dreitausend Jahre alt ist, imponiert in ihrer Architektur auf den ersten Blick eine besondere Spielart des Barockstils. Spektakuläre Gebäude aus weichem Tuffstein, die goldgelbe „pietra leccese". Die Wände vieler Palazzi atmen aus Fensteröffnungen in der Form nachempfundener Muschelschalen mit schmiedeeisernen Gittern darin wie die Zähne klaffender Mäuler, während des Gähnens plötzlich versteinert. Konchiforme Bauteile und Verzierungen, die nahezu jedes Haus zieren, verraten die Nähe zum Meer. Beim Umherstreifen durch die Gassen aus sonnenverwöhnten Mauern, gehen wir stets im Hellen, Leuchtenden, denn der gelb-weiße Stein scheint das Sonnenlicht speichern zu können. Auch Schattenecken werden auf diese Weise mit hellem Glanz belegt. Von den umliegend an die Paläste gesetzten Balkonen wenden sich den Passanten nicht selten illustre, aus Stein und Stuck gearbeitete Gestalten zu - langhaarige Blumendamen, die mit Pantherpfoten ihre nackten Brüste stützen, Pferde, in Reihe gehängt wie nasse Regenmäntel an Kleiderhaken.

An der Piazza Sant'Oronzo entdecken wir das römische Amphitheater. Es wurde um die Zeitenwende erbaut und imponiert noch heute durch seine Ausmaße. Bis zu fünfundzwanzigtausend Menschen fanden hier Platz, feierten, johlten, sangen ihre Lieder. Heute finden wir verkehrte Verhältnisse vor. Die runde Steinpfanne, eng umwoben von Straßen und Gassen, schmiegt sich leer und gähnend in die Mitte einer turbulenten Stadt, das emsige Treiben der vielen jungen Leute, die hier leben und studieren. Später speisen wir in der Kneipe Da Povero, mit Wänden, übersät von Schriften und Zeichnungen der kreativen BesucherInnen. So wünschen wir uns jedes Restaurant, jede Bar, jedes Café. Um sechzehn Uhr öffnet der Dom, den wir abwechselnd besichtigen. Die Alternative: mit Coco in der Syrbar an der Via Libertini sitzen, lesend, zeichnend. Personal und Gäste finden immer wieder liebevolle Worte für unseren Hund, unaufdringlich, gastfreundlich. Wir genießen das besondere Ambiente. Als ich an der Reihe bin, durchquere ich die barocke Kirche zügig. Sie ist der Maria Santissima Assunta geweiht. Ich setze mich in eine Kirchenbank, kontempliere, konzentriere mich. Sehr langsam nur erreicht mich hier die ruhige Raumwirkung der in romanischer Zeit erbauten Steinhalle. Die barocke Ausstattung, Anhängung, Umgestaltung nach modischen Gesichtspunkten stört mich. Ehrlich gesagt, bevorzuge ich das Ambiente der Syrbar, il Caffè "nel" Duomo. In Lecces Straßen begegnen wir allerorten Cartapesta, Pappmaschee-Kunst.

Gerade jetzt, in der Vorweihnachtszeit, sieht man in vielen Schaufenstern Krippenfiguren, gefertigt aus Papier, Ton, Draht und Stoff. In ihren Gesichtszügen, Locken und Gewandfalten spiegeln sie gleichsam den barocken Stil der Stadt: Schnörkel, Kapitelle und andere elegante Details. Die Rückfahrt im Finsteren gelingt uns dann in Kombination der mitgebrachten Landkarte mit den Straßenschildern, die immer nur für Augenblicke im Scheinwerferlicht aufleuchten, unter Zuhilfenahme des Smartphones, des gesunden Menschenverstandes und des im Mercedes eingebauten Navigationsgerätes, das wir mittlerweile und gut begründet nur noch „die Lügnerin“ nennen. Spät am Abend nehmen wir noch auf dem Sofa im Salon unseres Hauses Platz. Gleichermaßen ermüdet von Genüssen wie Anstrengungen buchen wir von hier aus mithilfe des Internets für Februar des nächsten Jahres eine Stadtwohnung in Lisboa, Portugal.

Freitag, 14. Dezember 2018

Als ich morgens aus dem Schlafzimmerfenster blicke, stürmen mir blau-grüne Farbmassen entgegen, brechend vom Hellen ins Dunkle mit gleisenden Kanten unter einem alles beherrschenden Schirm aus reinem Licht. Zuhause in Oberbayern messen unsere Mieter heute minus sechs Grad. Es ist acht Uhr. Ich erhebe mich, tapse durch das Zimmer und öffne die Türe zur Terrasse. Hier stelle ich mich in die Morgensonne, nackt und warm. Mein weitschweifender Blick irrt über das Licht- und Schattenspiel, das sich in der Bucht inszeniert. Gleich einer Membran, die sich über eine immense

Ansammlung von unbekannten, zappelnden Tieren spannt, reizt es meine Sinne. Jede Falte, Kurve, möchte ich ertasten. Da übertönt ein plötzliches Brausen den Kanon von Wind und See. Ein riesiger Schwarm von Starenvögeln bewegt sich über unser Haus hinweg von Ost nach West. Möglicherweise befindet er sich auf dem Weg zur Riserva Naturale Stornara. Für die Dauer weniger Augenblicke erfüllen die Flieger in einer zunächst schier endlosen Ausdehnung jeden sichtbaren Raum. Dann zeigt das Volumen seine Grenzverläufe, ständig wechselnd mit der Dichte, Größe und den Formen, die der Schwarm bildet. Ein dynamisches Fließgleichgewicht. Ich blicke ihm hinterher, bis seine so plötzlich über uns hereingestürzte Erscheinung noch weit vor den kalabrischen Bergen mit Dunst und Wolken verschmilzt. Nach einem kurzen Frühstück und dem Hundespaziergang steigen wir wieder ins Auto, wollen nach Bari fahren, Puglias Hauptstadt. Die begnadete Opernsängerin Licia Albanese, von der ich in meiner Schallplattensammlung einige Puccini-Einspielungen besitze, wurde hier geboren. Bezaubert wieder von den Landschaften der Murge, die wir entlang ihrer alten Mauern durchschneiden: Hügelmeere, beseelt von Kakteen, Oliven- und Orangenbäumen. Auf ihren Höhen und in den Tälern sitzen schöne historische Steinhäuser wie gestrandete Boote, Schiffe in buntblühenden Gärten, fast alle verfallen und überwachsen. Mit zunehmender Nähe zu Bari und dem Adriatischen Meer kommen immer öfter auch wieder Trulli in Sicht.

Die Urbanisation absorbiert unser Fahrzeug in einem dichten Kraftverkehr, noch ehe sich die Gestalt einer Stadt erkennbar aus dem Hintergrund der endlos scheinenden Gürtel aus Industrie- und Gewerbegebieten zu lösen beginnt. Auf dem

Kfz-Rummelplatz lassen wir uns durch Kreisläufe, Strudel und Schleifenbahnen locken. Für eine Weile bleiben wir gefangen und lassen uns mit dem Verkehr treiben. Dann navigieren wir zielstrebig hinunter zum alten Hafenviertel, der historischen Altstadt. In Sichtnähe zum Castello Svevo finden wir einen Parkplatz. Schräg gegenüber genehmigen wir uns einen Caffè und brechen von hier aus zu einer Wanderung durch die Geschichte auf.

Der Himmel zieht Wolkengardinen vor die spärliche Sonne; es wird kalt. Auch hier, zwischen den teilweise uralten Häusern, lebt die Stadt. Weiße Kalkfarbe, warme Ockertöne und nackter Sandstein dominieren die Fassaden. Im Unterschied zu Tarantos Mitte bemerken wir hier kaum ein unbewohntes Gebäude. Das gefällt uns. Trotzdem springt kein Funke der Begeisterung über. Nahezu alle Häuser, geschmückt mit hohen Fenstertüren, Steinbogen und Balkonen, tragen auf den flachen Dächern hoch aufragende Antennenkronen. Das monumentale normannische Castello Svevo (Schwaben-Schloss) aus dem zwölften Jahrhundert scheint den Eingang zum ältesten Wohnviertel zu kontrollieren, schmale Straßen und Gässchen, dicht geschwungen wie Schnüre auf einer Spindel. Aus der Tiefe des grün ausstaffierten Burggrabens recken sich zwei Dutzend organoider Plastiken den wenigen Passanten entgegen, die heute den Weg mit uns teilen. Im harten Komplementärkontrast zu ihrem Untergrund erscheinen die wurmartigen Kreationen aggressiv und viril in vielerlei Variationen eines seit mehr als dreitausend Jahren aus der Wurzel des Färberkrapps gewonnenen Pigmentes.

Natürlich locken auch die pittoresken Seiten Baris — schmucke Plätze mit weiteren imposanten Bauwerken, allen voran die Basilika San Nicola. Um sie zur ökonomischen Melkmaschine aufrüsten zu können, reisten Baris Kaufleute im Jahr 1087 ins damals byzantinische Myra, verschafften sich gewaltsam Zugang zum Sarg des Heiligen Nikolaos und nahmen die sterblichen Überreste des Bischofs kurzerhand mit nachhause. Damit gliederten sie sich in eine lange zurückführende Tradition von Raub und Zerstörung ein, zu der auch der verweste Heilige selbst zählt. Um sich Vorteile zu verschaffen, soll er das größte und prunkvollste Heiligtum, das es für die Göttin Artemis in seinem Land gab, eigenhändig abgerissen haben. Anders als die zahllosen Nikolaos-Gläubigen, die ab dem zwölften Jahrhundert nach San Nicola pilgerten, sehen wir in dem riesenhaften Gebäude „nur" die Stilelemente einer besonderen Spielart der romanischen Baukunst, meine liebste unter den europäischen Bauepochen. Die Fassade wirkt deutlich älter, vorromanisch. Von den beiden majestätischen Stieren, die nach Atlas-Art die Säulen des Portals tragen, würde ich gerne eine Zeichnung anfertigen. Dazu ist es mir aber zu kalt. Auch einen weiteren Wunsch erfülle ich mir nicht. Im Inneren der nahegelegenen und ebenso romanischen Kathedrale San Sabino steht ein Bischofsstuhl besonderer Art. Die Kathedra stammt aus dem elften Jahrhundert und ließ den Bischof darauf von unzähligen Plastiken tragen: Menschen, die miteinander in Beziehung treten und Gefühlsausdrücke zeigen. Immer wieder und an unterschiedlichen Orten in Europa suche ich nach dem Beginn der Emotionalität in der plastischen und der malerischen Kunst. Wie eine unerwartete Blüte in einer Wüste aus Stein war sie um die Jahrtausendwende in Erscheinung getreten. Hier in

Bari darf ich dieses Wunder nicht sehen, denn die Kathedrale ist verschlossen.

Wir finden ein Fischrestaurant mit Namen „Black and White" und bestellen als Vorspeise zwei Variationen von der besonderen Mozzarellaform Burrata: eine geschmückt mit dem Filet der Europäischen Sardelle Acciughe und knusprigem Schwarzbrot, die andere umschmiegt von raffiniert zubereiteten Saucen. Gebettet in das Kissen einer würzigen Tomatensalsa senkt sie sich über eine weitere Scheibe dunklen Brotes. Im Anschluss speisen wir Thunfisch, rosa gebacken und benetzt mit einer leichten hellen Sauce, bestreut mit Pistazien. Als zweiten Fischgang kosten wir einen Branzino, Wolfsbarsch, der kurze Zeit in einem heißen Gemüsebad geruht hat. Nach so viel Zartem genehmige ich mir als Nachspeise eine Pralinenbombe auf Schokoladenbasis. Uta kapriziert sich auf einen sizilianischen Cannolo, eine frittierte Teigrolle mit einer süßen cremigen Füllung aus Ricotta, Vanille, Kakao und Schokoladenstückchen. Entlang des grün-roten Grabens, der das Schwabenschloss umzieht, schlendern wir später zu unserem Auto zurück und verlassen Bari mit gefüllten Leibern und dichten Bilderfolgen in den Köpfen.

Zuhause angekommen angelt Uta die Engelsflügel aus dem Koffer und begibt sich auf die Suche nach Variationen des norditalienischen Weihnachts-Panettone, die sie im Laufe der vergangenen Tage auf ihren Einkaufstouren eingesammelt hat. Gemeinsam sitzen wir um den großen Tisch im Salon, basteln Grußkarten und hüllen die gefundenen Kostbarkeiten in Lagen bunter Papiere.

Bis in die Mittagsstunden hinein sind wir damit beschäftigt, Weihnachtspakete zu schnüren, höchste Zeit, sie auf die Reise zu schicken. Zwölf Kartons auf den Armen balancierend ähneln wir zwei lebenden Gabelstaplern. In einem akrobatischen Manöver betreten wir das Postbüro neben dem Cinema Hotel Daniela. Bereits im Vorraum bildet sich dichtgedrängt eine plaudernde Menschenschlange, die sich, mehrfach gewunden, in der daran anschließenden Halle fortsetzt, bevor sie in Form dreier Köpfe vor den Schaltern endet. Abgesehen von den lebhaften Gesten der Versammelten, die sie synchron zu ihren Gesprächen vollziehen, wirkt die Konstellation gute zehn Minuten lang wir festgefroren. Die Schlange bewegt sich nicht. Erst als eine Mutter mit ihrem quengelnden Kind an der Hand die Gegenrichtung ansteuert, schiebt sich die friedfertige Hydra einen Ruck weiter. Wir geben unsere Bestes, den Rhythmus nicht zu stören und staunen über die fröhliche Gelassenheit der Menschen und ihre Bereitschaft, an diesem Ort gemeinsam und in Eintracht für lange Zeit auszuharren. Wir nehmen uns vor, von ihnen zu lernen. Hinter dem Schalter, dem sich unser Schlangenkopf zuwendet, arbeitet ein Profi in Sachen Krisenmanagement. In gelungener Mischung verteilt er seine Konzentration auf zwei Hotspots. Seine Hände, Arme und Beine folgen ohne Unterbrechung einer geheimen Choreografie, die ihn zwischen dem Computer, bereitstehenden Säcken, Kisten und Stempeln hin und her führt. Gleichzeitig dirigiert er die vor ihm wartenden Menschenmengen, nein, er unterhält sie, indem er mit lauter Stimme Auskünfte erteilt, Bekannte begrüßt, Witze erzählt oder kopfschüttelnd in gebrochenem Englisch erklärt, die von uns aufgegebenen Panettone, könne man in Deutschland in jedem Laden für einen Bruchteil des Geldes kaufen, den der Versand von Lama aus kostet. Ja, das ist uns natürlich bewusst. In einigen Augen wohl Anzeichen von Ungeduld ausmachend, beschäftigt der Moderator nun die Mitwartenden damit, die von ihm in mehreren Variationen aufgestellten Additionen gegenzurechnen.

Als wir uns vom Cinema Hotel Daniela entfernen, regnet es. Zuhause angekommen, überraschen wir die schlummernde Coco im Schlafzimmer. Ausgestreckt schnarcht sie auf dem Überwurf. Die weiche Decke ist bedruckt mit einer Unzahl aus blauen und roten Würfelchen zusammengesetzter Bilder, die schematische Umrisse von Fox-Terrier-Hunden zeigen. Uta macht sich sogleich an das Malen. Ihre „Santi Ipocriti" haben eindrucksvoll Gestalt angenommen und erhalten nun den letzten Schliff in ihre gelben, rosa und schwarz eingefärbten Gesichter - die Steigerung hinein in eine festliche Parade der Bigotterie. Nur wenig Zeit bleibt mir noch zum Arbeiten, denn zum Malen brauche ich das Tageslicht; anders beim Kochen – heute Abend gibt es Melanzane Parmigiana!

Sonntag, 16. Dezember 2018

Wieder und wieder geflutet vom ausufernden Sonnenglanz präsentiert sich das große Theater des Ionischen Meeres. Auf jeder Wellenspitze ein Gleisen und Glitzern! Bald erwärmt sich die Luft über dem Golf in den zweistelligen Celsius-Bereich hinein. Trotzdem friere ich leicht, verwöhnt von zurückliegenden milden Wintertagen. Mit Obst, Knoblauch-Tomaten und Marmeladenbrot auf dem Tisch planen wir den Tag. Zunächst möchten wir Coco an den Strand führen, dann nach Taranto zurückkehren, um noch einmal Zeit mit den Malern der Associazione C.L.A.M. International zu verbringen.

Unsere Gespräche drehen sich natürlich um die Kunst, die ganz speziellen Ausdrucksmittel und individuellen Aussagen, mit denen Schiro, Piero Nardelli und Enzo Ruggiero ihre Situation, ihre Stadt und Italien beschreiben. Wir planen gemeinsame Aktionen, laden uns gegenseitig zum Arbeiten und zu Besuchen ein. Und dann gibt es ja noch den unerhörten Anspruch der Associazione, der diese Männer angehören: das Wissen, die Toleranz und den Respekt gegenüber Individuen, Sprachen und kulturellen Traditionen zu fördern. Sofort kommt mir Utas Bild Generazione Cappuccino in den Sinn, mit dem sie die fremdenfeindliche Politik des italienischen Innenministers Matteo Salvini kommentiert. Schließlich fällt in unseren Diskussionen immer öfter auch der Begriff „euroArt", die Vereinigung der europäischen Künstlerkolonien, der ich angehöre. Gibt es eine Schnittmenge der Ziele von euroArt und denen der Associazione? Auf unserer Reise unternehmen wir nicht weniger, als das gemeinsame europäische Kulturerbe der Künstlerkolonien zu pflegen, zu erhalten und zu verbreiten, denn wir sind eine Moving Art Colony, die an vielen Orten in Europa mit anderen Künstlern zusammentrifft, sich mit ihnen auseinandersetzt – mit den heute lebenden genauso wie mit denjenigen, die zu früheren Zeiten in den historischen Kolonien gewirkt haben. Verstanden sich die Maler, Architekten, Plastiker, Dramatiker und Musiker der griechischen Kolonie, einer Apoikia, die diesen Ort vor mehr als zweieinhalbtausend

Jahren aus dem fernen Sparta kommend, besiedelten, als eine Künstlerkolonie? Und die ungezählten späteren Künstler des Italiotischen Bundes, des Römischen, des Langobardischen, des Normannischen Reiches, im Mittelalter und auch später … wie haben sie sich selbst gesehen? In dieser Frage bleibt das Engagement der KünstlerInnen, die heute mit C.L.A.M. International zusammenarbeiten, eindeutig und unmissverständlich. Ebenso wie euroArt leisten sie einen Beitrag zur Völkerverständigung und zur Entwicklung eines europäischen Kulturbewusstseins.

Montag, 17. Dezember 2018

Wir packen für die Weiterfahrt, schreiben die restlichen Weihnachtsbriefe. Am Abend koche ich Polenta, eine gewaltige Portion, wohl zu üppig für einen letzten Abend.

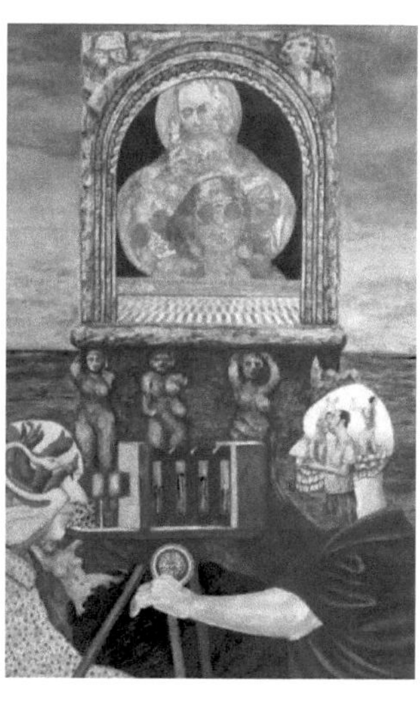

Von Lama bei Taranto in Puglia nach Granelli in der Provinz Siracusa, Sicilia – die sechste Station der Italienischen Reise.

Über mir spannt sich eine niedrig hängende, weiß gekalkte Decke durch den Raum. Beide Knie unter das Holz geklemmt, sitze ich an einem schmalen alten Tisch. Vor mir ein weißer Porzellanteller, gefüllt mit frischen Tomaten, Mozzarella, Petersilie, das alles mit Pfeffer und Salz bestreut und benetzt mit Olivenöl. Flankiert von drei weiteren Tellern, die unter salzigen Keksen, Oliven und Käse fast verschwinden, präsentiert sich dieser Schatz zwischen zwei langstieligen Gläsern, in denen der rote Calabrese glüht. Uta nähert sich aus der Tiefe des Hauses, setzt sich zu mir. Das Rauschen der Meereswellen maskiert die Frequenzen der Klimaanlage, hier am äußersten Südende der Insel Sicilia. Nun kommen Jazz-Klänge dazu, Wohltaten aus Utas elektronischen Wundergeräten.

Heute Morgen trommelte uns der Wecker um sechs Uhr aus den Betten. Das Aufstehen und Einklinken in Pflicht und Aktion fiel mir leicht, denn von jeher bin ich daran gewohnt, lange Strecken der Nächte vigilant zu durchleben und voll Ungeduld das Dämmern der frühen Morgenlichter zu begrüßen. Schließlich bleibt während des Tages noch immer genügend Zeit zum Träumen. Uta aber, die heute als Fahrerin über eine lange Zeitspanne hinweg wach und konzentriert bleiben musste, fand nur mit Mühe aus dem Bett und in die Gänge. Duschen, Organgensaft auspressen, Coco in den Garten entlassen, das restliche Gepäck einladen, Patrouille gehen durch das Haus, ….

Um Viertel vor Acht bestiegen wir das vollgestopfte Auto. Die ersten vertrauten Kilometer durch Taranto und entlang der Industriegebiete im Nordwesten legte das Fahrzeug quasi per Autopilot zurück. Am Strand von Chiatona übernahm Uta endlich das Steuer. Wir haben Abschied genommen vom Haus über dem Meer – und all seinen Vorzügen, von denen uns die nahe See am nachhaltigsten beeindruckt hat: der weite Blick über Wellen und Himmel und das stetige Rauschen. Wie schade, das geschätzte und mittlerweile gewohnte Bild hinter sich zu wissen. Gleichzeitig erhob sich, noch etwas zaghaft, Neugierde auf das Bevorstehende, einem kühlen Luftstrom nicht unähnlich, der sich mit Einbruch der Abenddämmerung in sonnenwarme Täler einschleicht, die Nacht durchweht und für einen klaren Morgen sorgt. Noch am Golf von Taranto, unmittelbar nach dem Überqueren der Grenze von Puglia in die Basilicata bei Metapont, zeigte sich die Landschaft bald feingliedrig und hügelig. Ich erkannte Ähnlichkeiten zu manchen Landstrichen der Provence, die ich in früheren Jahren zu jeder Jahreszeit bereist und bewohnt habe und deren süße Sehnsuchtsbilder mich von Jugend an begleiten. Bis zum Erreichen der Insel Sicilia wiederholten sich Anklänge solcher Art noch mehrmals. Auf dem italienischen Festland, das wir noch immer unter den Reifen wussten, gefiel es uns bis dorthin am besten in der Gegend um das nordkalabrische Capo Spulico. Hier tranken wir in einer winzigen Bar Orangensaft und Caffè. Mit dem Blick auf die nackten Gemäuer des Castrum Petrae Roseti, die jäh aus der See herauswachsen, umfing uns eine zeitlose Atmosphäre. Kein Müll, keine Bauruinen und trotzdem italienisches Alltagsleben außerhalb der Tourismus-Saison - eine so wohltuende Ausnahme im bisherigen Erscheinungsbild der italienischen Küste. Während der Weiterfahrt in Richtung Süden signalisierten noch vor dem Golfo di Corigliano die schneebedeckten Gipfel des nördlichen kalabrischen Gebirges Unmissverständliches. Trotzdem verweigerte ich mich dem Winter, nahm ihn nur peripher wahr. Bald darauf empfing uns das Unmittelbare eindringlich und unausweichlich mit Millionen von Zitronen- und Orangenfrüchten. Wir durchreisten Landschaftsformen, die uns an Toscana, die Provence und Piemonte erinnerten: ein Wechsel von weiten und engen Tälern, steile Felsküsten, kleinteilige Oliven- und Obstkulturen und in der Ferne Schneegipfel – hier nun das blanke Weiß des Pollino-Massivs. Später dann empfingen uns die Sila- und Aspromonte-Gebirge mit noch imposanteren Schneemengen. Trotz allem blieben wir von einem ganz und gar südlichen Gefühl beseelt – schließlich durchfuhren wir das ausgedehnte Anbaugebiet der Bergamotte. Gut neunzig Prozent der weltweiten Produktion dieser Frucht werden hier geerntet! Da wir regelmäßig und mit Genuss Earl Grey Tee trinken, nimmt es kein Wunder, dass sich unsere Gedanken und Emotionen für die Dauer einer guten Stunde in einem magischen Delta zwischen China, den Britischen Inseln und Italien verirrten. Zwischenzeitlich war unser Fahrzeug zuverlässig weiter der Autobahnspur gefolgt, vom Ufer des Ionischen Meeres zum Mar Tirreno übersetzend. Hier erinnerte das Relief stark an die Region Liguria mit ihren tiefen Schluchten, den zahlreichen Tunnels, die uns reihenweise unbeleuchtet verschlangen, und den beim Hinausfahren überraschenden Ausblicken auf Dörfer, Wälder und die See. Einige Kilometer, nachdem wir den Golfo di Gioia erreicht hatten, steuerten wir eine Raststätte an. Hier kam Coco zu ihrem Recht und wir Menschen gönnten uns belegte Brötchen und Kaffee. Bald darauf erreichten wir den Fährhafen Villa San Giovanni, unweit der Stadt Reggio Calabria. Bereits mit guter Sicht auf unser Sehnsuchtsziel Sicilia mussten wir hier länger als eine Stunde warten, denn das Schiff nach Messina war gerade ausgelaufen. Während Uta am Schalter der Betreiberfirma Blue Ferries die Fahrkarten besorgte, stöberte Coco mit mir an der Leine über das weitläufige Hafengelände. Als ich suchend hinüber zur Mole blickte, schwebte unvermittelt Bruno Horst Bulls Gedicht von der kleinen Angelina durch meinen Kopf. Angelina, die einst an der uns nun gegenüberliegenden Mole ihr Brötchen mit einem Fisch geteilt hat. Aus diesen Zeilen war mir in Grundschulzeiten eine deutliche Vorstellung von der sonnenbeschienen Insel Sicilia entstanden. Eingeordnet in eine der Schlangen, die aus inzwischen nicht mehr zählbaren Lastwagen erwachsen war, setzten wir uns kurz nach ein Uhr mittags in Bewegung. Rumpelnd rollte unser Auto über riesenhafte Metallschanzen – hinein in den Bauchraum des volumenreichen Schiffes „Fata Morgana". Bald blickten wir wie durch ein hypermodernes Röntgengerät von oben herab durch die mehrstöckige Gliederung aus lackiertem Stahl und trauten unseren Augen nicht mehr. Ein Stockwerk tiefer machte Uta einen Lkw aus, dessen Fracht aus Orangen bestand. Diese Früchte, die zu den Exportschlagern Sicilias zählen, importierte die Fähre vom italienischen Festland. Eine wahrhaftige Fata Morgana? Wir begaben uns auf die Suche nach dem weiten Blick. Draußen, auf Deck, standen wir im Wind über dem tiefdunklen Meer und schmückten die „Fata Morgana" als Gallionsfiguren. Was für eine herrliche Aussicht! Die Straße von Messina - so schmal wie der Starnberger See. Hier wie dort vermag der pendelnde Blick immer auch die Besonderheiten der gegenüberliegenden Ufer zu erfassen – das charakteristische Relief, dabei gleichzeitig schon Einzelheiten, Architektur, Vegetation. In ihren unteren Zonen von grünem Samt-Tuch überspannt, festgesteckt auf dem Inselfelsen mit weißen Häusergruppen, schwangen sich Felsformationen mit einer Leichtigkeit dem Himmel entgegen, als seien sie nichts als ein ephemeres Spiegelbild der Wellen. Der kühle Wind blies uns gehörig um die Ohren. Wir strahlten einander in die lachenden Gesichter. Ein Glücks-Mycel schickte sich an, uns seine Gewebe durch Mark und Bein zu weben. Das sichtbare europäische Festland lag nun hinter uns. Kindergleich freuten wir uns darauf, eine Insel betreten zu dürfen! Nach einigen Kilometern in Richtung Süden würden wir schließlich auch die Geologie von Calabria hinter uns lassen und uns auf echtem Inselgrund bewegen. In unserem roten Auto wackelten wir dann über die Rampe der Luftspiegelung, um sofort in improvisierte Straßenführungen einzubiegen, die in uns den Glauben nährten, wir seien die ersten Reisenden, die dieses Hafengelände durchkreuzen. Mit Grandezza nahm Uta Kurven, deren Fahrbahnbelag sich durch eine paritätische Verteilung von Bauschutt und Löchern auszeichnete, die Wegesränder üppig und farbenfroh von lässig dahingestreckten Müllhaufen markiert.

Plötzlich und unmittelbar schlug uns aber das Schöne entgegen! Die Pinien wuchsen höher, mächtiger als auf dem Festland, die Sonne schien wärmer und das Meer, nun wieder ionisch, strahlte uns in seinen unergründlichen Blau- und

Grüntönen an. Jetzt, im sizilianischen Winter, hieß uns die Natur mit einer Farbenkraft willkommen, wie wir sie nur aus den mitteleuropäischen Sommern kennen.

In Taormina verließen wir die Autobahn für eine kurze Erinnerungsfahrt und um Spuren der alten Künstlerkolonie zu orten. Vor mehr als vierzig Jahren hat Uta an diesem Ort mit ihrer Familie Ferien gemacht. Wir zogen eine Gedenkrunde über vage Rückblicke auf einen strahlenden Kindersommer. Bereits nach wenigen Serpentinen bremsten wir an einem schwindelerregenden Aussichtspunkt über Meer und Strand, und blickten hinunter auf die überschaubare Isola Bella. Wilhelm von Gloeden, Maler, Kunsthistoriker und einer der Pioniere der künstlerischen Fotografie hat ihr einst diesen Namen verpasst. 1876 war er zur Genesung eines Lungenleidens nach Taormina gekommen. In Landschaft und Menschen dieses Landstriches hat Von Gloeden dann eine Verkörperung antiker Ideale hineininterpretiert und bald erfolgreich vermarktet. In verbrecherischem Missbrauch seines sozialen Status' fertigte er unter anderem auch sexualisierte Darstellungen Minderjähriger an, ein Vorgehen, mit dem er sich der antiken Tradition der „Knabenliebe" näherte. In künstlerischer und technischer Hinsicht profitierte er in seinen ersten sizilianischen Jahren stark von Giovanni Crupi, einem ortsansässigen Fotografen. Von Gloedens Arbeiten wurden bald in ganz Europa populär; sein Künstleratelier fand sogar in zeitgenössischen Ausgaben des von Karl Baedeker begründeten Reiseführers Erwähnung.

Weiter die Küste entlang erreichten wir nach kurzer Zeit die Industriestadt Augusta. Von seiner Existenz nur über die Landkarte in Kenntnis gesetzt, hatten wir das zehnmal größere

Catania, das Erbe der griechischen Kolonie Katane, gar nicht bemerkt. Unübersehbar aber das Massiv des Etna – jäh aufragend bis nahezu dreitausend Meter über der flachen See! Vergleiche mit der Zugspitze drängten sich auf, dem Berg, der sich ganz in der Nähe unseres oberbayerischen Stützpunktes in ähnliche Sphären erhebt – allerdings unter gänzlich anderen Ausgangsvoraussetzungen, denn der ihr zu Füßen liegende Ort Garmisch-Partenkirchen befindet sich bereits auf der stattlichen Höhe von mehr als siebenhundert Metern. Der Etna bietet einen gewaltigen Anblick von Größe und Weite. Vor der endlos erscheinenden Fläche des Meeres, umgürtet mit subtropischer Vegetation unter schneebedeckten Hängen widersprach dieser Eindruck allen Erwartungen. Erst nach längerem Suchen stieß ich auf eine Erinnerung, die diesem Anblick in etwa entspricht. Sie führt mich zurück in die 1980ger Jahre, als ich für einige Monate in Nizza lebte. In Augustas Vorort Prilio hielten wir zum Tanken an, tauchten kurz ein in ein buntes Treiben aus Feierabendverkehr und Geschäftstüchtigkeit. Gemächlich senkte sich dann der Sonnenball, langsamer als in Lama, das deutlich östlicher liegt. Wir passierten Siracusa. Platon und Archimedes haben hier gelebt und gearbeitet. Dann erreichten wir Avola, eine Stadt, von der wir nichts weiter wussten, als dass die Rebsorte Nero d'Avola nach ihr benannt ist, ein Synonym der roten Traube Calabrese. Von hier aus stießen wir in Sichtweite der Stadt Noto zum südlichsten Zipfel der Insel vor. Kurz vor dem Erreichen unseres Zieles kauften wir Lebensmittel ein, in Pachino, einer Kleinstadt, die sich im festen Griff ausgedehnter Obstplantagen befindet. So gerieten wir nach Granelli, einem früheren Fischerdorf, heute eine Touristensiedlung, zwischen dem Salzsee Pantano Longarini und dem Meeresstrand. Katia, die Vermieterin aus Siracusa, illuminierte bunte Lichtlein an grell leuchtenden Plastikattrappen und ließ uns bald allein zwischen dem Weihnachtsmüll zurück. Nach seinem kurzen Kavaliersstart schwanden die Motorengeräusche ihres Fiat zügig dahin. Noch im Flur stehend, wandten wir uns der Küche zu. Lange Zeit und immer wieder, verweilten wir dann vor dem Küchenfenster. Von hier aus überspringt der Blick den aus dünnen Stämmen gezimmerten Zaun und schweift einige wenige Meter über den Sand hinaus – hinein in die Endlosigkeit der Wellenbewegung. Jetzt essen wir noch ein paar Happen und legen uns dann zum Schlafen in das nördliche Zimmer des Häuschens.

Mittwoch, 19. Dezember 2018

Nach einer kulturell anspruchsvollen Woche in Puglia und der langen Autofahrt schauen wir heute wieder auf weite Himmel, Meeresfarben und - einsame Strände. Nie zuvor habe ich so nahe an den Wellen gewohnt. Liegen fünf Meter zwischen der Europalette, auf der mein Glas steht, und dem weiten, weiten Wasser? An dieser Stelle erscheint der Sandstreifen eher schmal. Mein Blick schweift von Ost nach West über die weite Bucht. Ich sehe nur Schönheit: Sand, Meer und Himmel. Das im flachen Winkel einströmende Morgenlicht bedeckt die langen Wellenstreifen mit Satintüchern in Rosa und Türkis. Daneben wartet der ausgedehnte Strand auf die Gezeiten, in einer wirkungsreichen Ruhe, die aus begründeter Zuversicht erwächst. Vor dieser Wahrheit offenbaren sich

Häuser, Zäune, Gärten sogar, in all ihrer Vergänglichkeit, ja Kurzlebigkeit. Langsam hebt sich der Sonnenball über die östlichen Gestaden. Die zurückliegende Reise von Taranto an die Südspitze der Insel Sicilia bildet zu diesem Bild von Ruhe und Harmonie einen umtriebigen Rahmen. Außerhalb meines Gesichtsfeldes zieht ein Müllstreifen seinen breiten Bogen, metastasiert in den Dünen und Lagunen, von denen einige unter Naturschutz stehen oder von umweltfreundlichen Organisationen aufgekauft wurden. Über die nächsten Jahre hinweg sollen diese Reservate gesäubert und unter einen besonderen Schutz gestellt werden – abgeschirmt von den Menschen, die hier seit Generationen leben, ihren Müll abladen und Jagd auf große Wasservögel machen. Auf den schmalen Straßen, die zu diesem Ort führen, im Winter beherrscht von zeitloser Einsamkeit, begegnen wir in unregelmäßigen Abständen Müllcontainern. Sie sind immer überfüllt und umringt von Ansammlungen diverser Gegenstände, deren Volumen ein Vielfaches der Blechbehälter ausmacht. Die größte Menge der hier entsorgten Müllmengen befindet sich aber längst woanders – fortgeblasen vom beständigen Wind, dessen Dynamik sich keinen Deut um die suizidalen Neigungen des Menschheitsgeschlechtes schert. Aus der Ferne nähert sich eine Gruppe Männer. Sie spazieren den Strand entlang. Sie kommen von der Punta Cirica, die westlich von uns die Sicht begrenzt. Von unserem Häuschen aus können wir diese Landspitze nicht sehen, da sich ein Riff dazwischenschiebt. Scharf grenzt es die Bucht „Baia Porto Ulisse" vom Rest der Welt ab. Ob der listenreiche Odysseus je an diesem Ort gelandet ist, werde ich später nachlesen. Den Menschen in gehörigem Abstand folgend, bemerke ich einige Hunde, scheinbar herrenlos und „frei". Zu den spärlich verteilten Spuren auf der weiten Sandfläche haben sich einige neue gesellt. Coco inspiziert sie nachträglich. Ohne Unterbrechung dringt auf- und abschwellendes Rauschen an mein Ohr. Noch kann ich es von der Stille unterscheiden. Im Inneren des Häuschens trete ich wieder vor das Küchenfenster. Im Morgenlicht umrahmt es das unendlich schöne Bild in Orangetönen, besonders auf der rechten Seite, wo die Sonnenstrahlen jetzt frontal auf den Fensterrahmen treffen. Die beiden zum Küchenraum aufgeschwungenen Fensterflügel geleiten den Blick hinaus durch die helle Öffnung vor einer mittlerweile nahezu schwarzen Wand. Draußen nur Licht, horizontal gegliedert in Sand, Wellen und Himmelsblau, eine Dreieinigkeit.

Ich beginne den Tag mit einer Aquarell-Skizze, entscheide mich für das größte Format und zeichne mit schwarzem Filzstift die Konturen des Bildes, das ich sehe. Die Farben überfallen mich. Das erkenne ich erst, als ich welche zum Malen aussuchen möchte; sie lassen mir keine Wahl – so reine, starke Töne! Ein sinnlicher Genuss! Ich mische Gummi arabicum in die Näpfe, um ihre Intensität noch herauszufordern. Aus den Augenwinkeln bemerke ich Uta und Coco, beide am Strand. Utas Zehennägel tragen die Farben des Regenbogens. Ich male wie im Rausch, lege geschwind die Konturen und Tonwerte an, kritzele Farbnotizen auf einem Karton, mische später nach. Hart stehen die Schatten der Palmenstrünke und Gräser gegen gleißend helle Sandflächen – beinahe in Schwarz und Weiß. Auch das grafische Charakteristikum dieser Landschaft möchte ich in meinem Bild bewahren. Nach einigen Stunden dann bin ich zufrieden. Das Tageslicht ist über mich hinweggegangen. Die Farbigkeit hat sich weiterentwickelt und komplett geändert. Auf meinem Bild aber begegne ich dem Eindruck wieder, den ich am Morgen hatte. Jetzt gehe ich mit Uta ins Wasser und ein wenig den Strand entlang. Ich folge ihrem roten Badeanzug. Coco, die das salzige Wasser fürchtet, bleibt auf dem Sand zurück. Trocken gerubbelt, rücke ich die Couch auf der Terrasse gegen die Abendsonne. Bis sie im Meer untergeht, verweilen wir staunend und still auf den Kissen. Dann ziehen wir uns vor der hereinbrechenden Kälte ins Haus zurück. Die Wände hat Katia mit Plastik-Herzen und bunten Bildchen dekoriert; Weihnachtsschmuck. Ich fische Topf und Teller aus dem weiß grundierten Holzschrank. Gemüse schneidend sitze ich vor der Fenstertüre im Salon. Die zweigeteilte bodenlange Gardine habe ich zur linken Seite hinter die Kommode geklemmt, um freie Sicht auf die Dreieinigkeit zu erlangen. Cocos Schlafpolster findet sich auf der rechten Seite vor dem Fenster. Was haben wir gegessen? Spiegeleier zu den geliebten Knoblauch-Tomaten. Am späten Nachmittag legen wir den Baccala ins Wasser, das aus den historischen Armaturen in ein schlichtes Steingutbecken fließt. Als wir den Fisch gestern in dem kleinen Laden in Pachino aus dem Korb zogen, antwortete die Verkäuferin auf unser deutschgefärbtes Italienisch mit einem schwäbischen Idiom. Sie hatte lange Jahre in Baden-Württemberg gelebt und konnte Uta – von Schwäbin zu Schwäbin – genau erklären, wie mit dem eingesalzenen und getrockneten Kabeljau zu verfahren sei. Warum wir nicht in der schönen Jahreszeit nach Sicilia gekommen sind? Ich glaube, sie hat vergessen, wie kalt und nass der Winter in Süddeutschland sein kann. Zudem darf ich nicht damit rechnen, dass sie versteht, aus welchen Gründen ein Gast auf der Insel keinen Wert auf Touristenrummel legen, ja sogar die zeitlose Einsamkeit suchen könnte.

Donnerstag, 20. Dezember 2018

Am Osthimmel zeichnen sich unerwartet Gebirgszüge ab, die gestern nicht zu sehen waren – in blassem Violett und mit Feuerstreifen auf den Kämmen unter der aufsteigenden Sonne. Heute muss ich aufpassen, dass ich mir keinen Sonnenbrand hole. Während des Frühstückens auf der improvisierten Terrasse steigt das Thermometer – die Wärme des Morgens erreicht bald Körpertemperatur. Nach den früh versprengten Wolkenschwärmen, die in die Gestalt von Felsformationen geschlüpft waren, zeigt sich der Himmel ab acht Uhr wieder gänzlich blau.

Die Flut hat im Schutz der Nacht Muscheln und Tang über den Sand gelegt. Ich verfolge, wie sich das Wasser nun zurückzieht, mit immer kürzeren Zungenschlägen über den Strand leckt, bis schließlich eine sanfte, verschwommene, Uferkennung übrigbleibt. In der vergangenen Nacht stand der Mond beinahe rund über den anflutenden Linien und ließ schimmernde Gischtkränze kurz aufleuchten, bevor sie im Zusammenbruch einer Welle auseinanderfielen. Die Nähe zu den Bewegungen des Wassers macht diesen Ort so besonders, in jeder Sekunde unüberhörbar und unübersehbar. Nach dem Frühstücken wandere ich langsam ins Meer hinaus, hinein in ein weitausgreifendes, sanft gebeugtes Tal, das sich dann fast unmerklich in die Form eines Hügels hebt, von dessen gewaltiger Ausdehnung ich meinen Leib bereitwillig verschlingen lasse. Bald kommt Uta hinzu in ihrem knallroten Badeanzug. Coco bleibt am Ufer stehen, behält uns im Blick, legt sich später in den Sand.

Unterbrochen von einem fünfzigminütigen Spaziergang in Richtung Marza, im Westen der Bucht, vergeht der Tag unter Zeichnen und Malen. Beide arbeiten wir wie in einem Rausch, denn die starken Eindrücke mit denen die Dreifaltigkeit von Himmel, Wasser und Sand auf uns eindringt, begeistert, animiert! Bevor ich den großen Papierbogen aus der schwarzen Mappe ziehe, entwerfe ich das Bild in meinem Skizzenbuch. Der Horizontstrich landet weit oben auf dem Blatt, da ich vor allem die horizontalen Dichtegradienten der Wellenlinien und die Bewegungsmuster des Meeres einfangen möchte. Einige Flächen, später Wolken, die verloren über der Bucht stehen, lasse ich frei, während aus wenigen Pigmenten und reichlich Wasser ein nasser Himmel erwächst. Später setze ich über die harten Umgrenzungslinien, die beim Trocknen entstehen, Gelbtöne, die sich beim Überschneiden mit der Himmelsfläche in ein sanftes Grün mischen. Felsen, Gärten und Häuser die bis zur Endspitze der Landzunge hinaus dem westlichen Abschluss der Bucht entgegenwachsen, kennzeichne ich mit Bleistift. Diese Strukturen bleiben farblos, denn im gleißenden Sonnenlicht erscheinen sie wie stark überbelichtete Stellen auf Schwarzweiß-Fotografien. Der Blässe der fernen Seeschichten in Ultramarin- und Coelinblau entschlüpfen mit zunehmender Nähe zum Ufer, meinem Standpunkt, Wellenhügel, Moränen gleich, wie ich sie so gut aus dem Alpenvorland kenne. Je näher sie auf mich zurollen, desto deutlicher spitzen ihre weißen Hauben hervor. Um ihr Leuchten zu betonen, unterstreiche ich sie mit Grafit, setze Violetttöne in

Wassertäler, verstärke den Simultankontrast der Farben. Alle Formen zeigen sich nun deutlicher und scheinen sich gleichzeitig aufzulösen. Dann, physisch greifbar, denn meine Hände reichen wirklich fast bis an das Wasser heran, unterfüttere ich die letzten hohen Wellenhügel mit warmen Gelbtönen, reich an Pigmenten, sinnlich. Nach diesen Skizzen weiß ich gut, wie ich vorankommen kann. Ich nehme wieder ein großformatiges Aquarell in Angriff, arbeite weiter unter der Sonne. Zwischendurch kommt fröhlich rufend der Gasmann ins Haus, um die leere Flasche gegen eine gefüllte auszutauschen. Am späten Nachmittag fahren wir für einen Einkauf kurz hinüber in die Stadt Ispica. Vor den gläsernen Schiebetüren der grell beleuchteten Supermärkte stehen dunkelhäutige Männer. Sie warten auf die Heraustretenden, zumeist Kundinnen. Diese Männer bieten eine Dienstleistung an, der wir bereits an vielen Orten im Süden Italiens begegnet sind. Zunächst versuchen sie, den gefüllten Einkaufswaren zu übernehmen. Wenn das gelungen ist, laden sie mit flinken Handgriffen die gekauften Artikel ernst und effizient in den Kofferraum des zur Kundin gehörenden Fahrzeuges um und schieben das geleerte Chariot anschließend zurück zum Depot. Der Lohn dieser Arbeit besteht zumindest aus der Euro-Münze, die der Einkaufswagen bei der Rückgabe ausspuckt – manches Mal auch einem zusätzlichen Salär aus der Hand der Kundin.

Auf dem Rückweg von Ispica nach Granelli nehmen wir uns Zeit für die Sümpfe und Weiher des Pantano Longarini. Mit den Ferngläsern über Halden halbversenkter Autoreifen hinwegspähend, beobachten wir in diesem Feuchtgebiet schwimmende Reiherenten, Graureiher im Anflug, eine Kormorankolonie und einen agilen Fischadler, der in kurzer

Distanz zu den Gräsern hin und herfliegt. Dann, in später Abenddämmerung, kurz vor der Straße, die direkt nach Granelli abzweigt, erscheint im Lichtkegel unserer Scheinwerfer für die Dauer einer Sekunde das bleiche Gesicht einer Schleiereule. Zuhause angekommen, vor unserem Küchenfenster mit dem sensationellen Ausblick, jetzt versunken in die Endlosigkeit eines schwarzen Schäumens, garen wir Baccala und Bandnudeln.

Freitag, 21. Dezember 2018

Es ist zwanzig Uhr. Die längste Nacht des Jahres war bereits gegen Sechs über uns hereingebrochen. Schlagartig fast, wie wenn eine Jalousie zugezogen wird, die Lamellen an einer Stelle jedoch durchstoßen, sodass der Mond hereinleuchten kann, dessen Gestalt jetzt rund und hell den Himmelsbogen über der Bucht beherrscht. Patricia hat geschrieben.

Ich erinnere den einundzwanzigsten Dezember vor fünf Jahren. Den ganzen Tag über war ich in die Vorbereitungen für die letzte Vorstellung einer Musicalproduktion eingebunden, zu der ich die Bühnenbilder gemalt hatte. Darüber hinaus verkörperte ich in dem Bühnenstück einige kleinere Rollen. Am Vormittag rief Lisa, die Tochter meines Bruders an und teilte mit, Dieter werde voraussichtlich heute sterben. Seit Jahren lag er im zähen und oft verzweifelten Kampf mit einer sich langwierig dahinfressenden Krebserkrankung. Mit Lisa, die selbst lange Zeit als Schauspielerin auf Bühnen gestanden war, beriet ich mich. Wir waren uns einig: ich würde diese letzte Aufführung mitgestalten, denn ohne mein Zutun müsste die ausverkaufte Vorstellung im Kultur- und Tagungszentrum abgesagt werden. So blieb ich in Murnau. Am Abend verlor ich mich völlig in den Bühnenrollen, sang und schrie der Zuschauermenge meine Texte entgegen und eilte nach der letzten Zeile hinter die Bühne. Dort sprang ich ins Auto und fuhr durch die Nacht nach Würzburg. Schon auf den ersten Metern war das Musical gänzlich aus meinen Gedanken verschwunden. Nach und nach drängte sich mir eine Collage aus Vorstellungsbildern auf. Sich stetig aufs Neue überlagernde Erinnerungsfetzen, Fragmente von Melodien, Gedichten, Situationen des gemeinsamen Musizierens, Bühnenauftritten meines Bruders, des Tonkünstlers, des Pfeifers. In den frühen Morgenstunden kam ich an Dieters Haus an, nahm bereits aus der Entfernung das aufgebrachte Röcheln seines Atmens wahr. Patricia begrüßte mich. Später lag ich neben dem Pfeifer, die rechte Hand auf seinem Herzen, das bald ruhiger schlug, während ich damit begann, ihm die lange Geschichte seines Lebens zu erzählen. Als Ausgangspunkt wählte ich die genaue Beschreibung unseres Kinderzimmers, wie ich es aus den frühen sechziger Jahren erinnere. Sie endete nach dem letzten Aufbäumen des nun endlich entspannten Körpers mit dem Stillstand seines Herzens. Seit diesem Abschied habe ich oft weiter zu Dieter gesprochen, über die Wintermonate hinweg wohl täglich. Gemeinsam haben wir viele Orte besucht, zu denen er eine emotionale Beziehung entwickelt hatte, darunter auch Sehnsuchtsplätze. Granelli würde ihm gefallen, Einsamkeit und die Dominanz eines weiten, mächtigen Meeres, das den Menschen auf sich selbst zurückwirft.

Unter dem Einfluss dieser Urgewalt steht heute mein Tag. Früh am Morgen liege ich wach im Bett, lausche nach den Wellenschlägen. Später klebe, zeichne, male ich. Coco installiert sich zum Schlafen in meiner Nähe auf der Terrassen-Couch, die Nase im Wind. Wieder nehme ich mir ein großformatiges Aquarell vor. Mit Tusche grob konturiert, gebe ich Flächen vor für den Strand, eine Steinmauer, Uferpflanzen und Dünen, daneben Meer und Himmel und in der Ferne die Skyline von Marza. Mit ungebändigter und mittels Gummi arabicum noch gesteigerter Kraft stößt dann ab der Bildmitte aufwärts ein intensives Ocker-Rot auf diagonal und quer angeordnete Bezirke von gesättigtem Blau. Die Bildwirkung entspricht vollkommen meinem Erleben einer gewaltigen elektromagnetischen Wellenflut, die sich unbeirrt von Filtern und Sonnenbrillen ihre Bahnen bricht. Sich über alle Gegenstände ergießend, prallen die Wellen unterschiedlicher Längen dann nahezu zeitgleich wieder von dort ab und treffen mit Wucht und auf einmal, die Lichtrezeptoren meiner Augen.

Das beständige Gestalten, Malen, Zeichnen, Schreiben, das mein Leben bestimmt, baut auf der Gewissheit auf, dass Uta und Coco, die mich treu begleiten, meine Obsessionen nicht nur dulden. Nein, sie teilen diese Lebensart mit mir, ein unschätzbarer Wert, ein Geschenk zugleich, das ich von niemandem erhoffen würde. So verstreichen die Tagesstunden, heiß unter der Sonne, kühl im Meer. Später finden wir auf Spaziergängen zahllose winzige Seesterne, angespült von der Flut, getrocknet unter der Sonne. Ihre fünf Zacken, auf der Bauchseite fleischig und mit dunkler Naht ausgestattet, erinnern uns daran, dass Weihnachten vor der Türe steht. Einige der leblosen Hüllen lege ich auf das

Fensterbrett vor der Küche. Am Abend bereiten wir mit dem restlichen Baccala einen schmackhaften Auflauf. Ich schreibe noch einige Weihnachtsbriefe in der Form von Emails, geschmückt mit der Fotografie von Utas starkem Weihnachtsbild der drei Scheinheiligen. Müde von der Sonnenwärme liegen Uta und Coco bald in den Federn. Ich werde jetzt an Patricia schreiben.

Samstag, 22. Dezember 2018

Ab heute beginnen die Tage wieder damit, sich zu strecken. Die Zeitenwende wird von einem kräftigen Wind eingeblasen, der den gesamten Tag über anhält. Trotzig bestehen wir auf einem Frühstück im Freien. Die Europalette vor dem Sand habe ich mit frischen Blumen geschmückt, pink- und rosafarbige Blüten, die jetzt, im sizilianischen Winter, ihre Saison erleben. In Pullover und langen Hosen trage ich mit Orangensaft gefüllte Gläser ins Freie, wo Bananen, Brot und Marmelade schon bereitstehen. Die Buvette ist eröffnet! Uta reicht warme Getränke aus dem Küchenfenster. Später am Tag muss sie beim Aquarellmalen vor dem Haus eine steife Brise ertragen und auf Badefreuden wird heute verzichtet. Utas elektronische Wunderkiste lässt Musik von Gianna Nannini gegen den Wind antreten, die wieder starke Erinnerungen an meinen Bruder wachruft; das California-Album aus dem Jahr 1980 hat er sehr gemocht.

Coco etabliert sich heute als Revierhund. Auf dem Weg zur Punta delle Formiche, die unsere Bucht nach Osten hin abschließt, läuft sie voll spielerischer Vorfreude auf einen einsam dahinstreunenden Hund zu. Den nördlichen Eindringling verdutzt hinter sich lassend, sucht er, der wohl in seinem eigenen Revier patrouilliert, das Weite. Später wiederholt sich das Schauspiel vor unserem Haus. Letztlich siegt der Übermut und Coco verlässt eigenmächtig das Grundstück, um am Strand und den dahinterliegenden Dünen herumzuschnüffeln. Bald aber kuschelt sie sich in ihr Kissen, das wir auf der letzten Stufe ausgebreitet haben, die das Anwesen vom Strand trennt, lehnt den samtbraunen Kopf gegen den weiß verputzten Betonpfeiler und sinkt in einen süßen Schlummer. Für einige Stunden wachen nun Sonne und Wind über ihren tiefen Schlaf. Am Nachmittag nähert sich ein Angler, der zweite Mensch, an diesem Tag. Coco erwacht schlagartig, wie von einer Sirene erweckt, und überschreitet wieder unsere Grundstücksgrenze, um dem Menschen freudig entgegen zu eilen. Seltsamerweise nackt – es war ihr wohl gelungen, das Geschirr abzustreifen. Nur mit Mühe kann ich sie zurückholen.

Noch vor dem Abendbrot fahren wir nach Pachino, erledigen den letzten Einkauf vor den Weihnachtsfeiertagen. Zu unserem letzten Baccala-Rest wünschen wir uns Melanzane, Auberginen. Wie ein Aufseher über das weite Agrarland spitzt zwischendurch der mächtige Kegel des Etna zwischen Hügeln und Bäumen hervor.

Unterwegs auf den schmalen Straßen entlang der Gewächshäuser und Orangenplantagen begegnen wir ausnahmslos Menschen, die damit beschäftigt sind, die frisch geleerten Müllcontainer nachzufüllen; heute Mittag wurden der letzte Unrat endlich abgeholt. Binnen eines halben Tages versinken die Kunststoffboxen wieder gänzlich unter allem nur erdenklichen Material, denn die Konsumfreude produziert weitaus mehr Müll als abtransportiert wird und eine Mülltrennung existiert hier nicht.

Sonntag, 23. Dezember 2018

Über Nacht hat sich der Wind gelegt. Morgens, gegen halb Sieben, stehen wir auf, schauen ungeduldig nach dem Meer. Zurück im Bett sitzen wir dann vor dem Computer und planen den weiteren Verlauf der Reise: Palermo, Ercolano und eine Etappen-Übernachtung bis zum provenzalischen Saint-Paul-de-Vence. Uta bucht eine Unterkunft im toskanischen Badeort San Vincenzo, wieder ein Stück Kindheitsgeschichte, denn hier verbrachte sie vor Jahrzehnten einen Familienurlaub.

Oft wandert mein Blick im Zimmer umher, bleibt am Fensterdurchbruch hängen, dort, wo von draußen eine üppige subtropische Vegetation zu uns hereinschaut, wie ich sie in Deutschland aus Botanischen Gärten kenne. In der Nachbarn Gefilde wächst und blüht es so üppig, wie bei uns nur während der Sommermonate. Von der Meeresseite aus lässt sich dieses Wunder nur erahnen. Dichte, dunkel die Böden deckende Matten kriechen hier plötzlich aus der sandigen Ebene, steigen gemächlich an zu einem niedrigen Hügelwall, auf dessen Kante die Grenze der Bepflanzung aus Menschenhand verläuft. Ein unscheinbarer, mannhoher Maschendrahtzaun, gestützt von unregelmäßigen Holzstangen und das Gartentor aus gleichem Material, halten neugierige Besucher fern. Nach Osten und Westen hin markieren ineinander gewundene Feigenkakteen das Gelände, mächtige Bäume fast mit vielfarbigen stachelbewehrten Gliedern. Im Inneren dann sorgsam geordnete Kultivierungen, kurz: ein Park. Vom grünumrankten Fenster unseres Schlafzimmers aus, werde ich heute noch zeichnen. Zunächst aber brechen wir auf zum Strandspaziergang, werden wieder reichlich belohnt mit weiten Blicken, Einsamkeit, Wärme und Salz auf der Haut, dazu jede Menge kleiner Seesterne, von denen wir die meisten im Sand liegen lassen. Ein Tier, das noch lebt, verfrachten wir behutsam zurück ins Nasse. Gut achthundert Meter neben unserem Häuschen rollt ein Fiat aus der Gasse auf den Strand. Ein hemdsärmeliger junger Mann steigt aus und schleudert Stück für Stück ein gutes Dutzend gefüllter Müllsäcke in die Fluten. Ich frage mich, ob er hier blind eine Pflicht erledigt, seinen sonntäglichen Beitrag zur Bewältigung der Hausarbeit auf konventionelle Weise ableistet, das Problem der häuslichen Müllabfuhr schlicht auf eine althergebrachte, praktische Art löst.

Zurück auf der Terrasse wird gefrühstückt. Bevor wir uns an die Arbeit machen, schwimmen wir einige Runden. Uta beginnt heute damit, die Aussicht zu malen, die wir an jedem Tag aus dem Küchenfenster genießen. Sie arbeitet mit Acrylfarben. Am Abend sitzen wir dann also vor einem verdoppelten „Weiten Blick". Bis dahin betätigt sich Coco wieder als Wachhund – heute eine ausfüllende Beschäftigung, denn viele Menschen absolvieren einen Sonntagsspaziergang an der See. Dazwischen zeigen sich wiederholt pulkartig die Nachbarhunde, weitaus häufiger und mutiger als an den zurückliegenden Tagen. Hinzu kommen Fahrrad- und Motorradfahrer, ein Pferdewagen, eine Riesendrohne mit zwei Insassen, flanierende Paare, ein Jeep und ein fauchend umherrauschender Flugdrache. Draußen auf dem Meer rast dröhnend ein Motorboot hin und her. Glücklicherweise sind all diese Auftritte nur von kurzer Dauer. Sie lassen uns erahnen, wie es hier in wärmeren Jahreszeiten zugehen mag. Nachdem ich am Abend ein Landschafts-Aquarell beendet habe, gibt es Risotto. Bis weit nach Mitternacht verfasse ich Blog-Artikel, von denen ich ja jede Woche ein Exemplar auf meiner Website veröffentliche.

Montag, 24. Dezember 2018

Nicht lange lag ich gestern Abend im Bett, da stand Uta auf, um ihrerseits an Blog-Artikeln zu schreiben … am Tag bleibt oft keine Zeit für diese Arbeiten. Kurze Zeit, nachdem sie wieder eingeschlafen war, weckt mich Coco. Stetig im Haus umherwandelnd beginnt sie bald zu hyperventilieren. Ihre Unruhe steigert sich, schließlich versteckt sie sich unter dem Bett. Ich zerbreche mir den Kopf. Worüber ängstigt sich das Tier? Stehen Einbrecher auf der Terrasse? Bis zum Anbruch des Tages beruhigt sich Coco nicht mehr. So erwartet uns nach kurzer Nacht die zweifelhafte Freude eines langen Tages. Bei einer Tasse Kaffee lese ich später im Internet von einigen kleineren Erdbeben, die den Süden der Insel erschüttert haben – und noch immer nicht abgeklungen sind. Auf der Richter-Skala erreichen sie die Stärke von bis zu vier Stufen. Wir räumen ein wenig auf, frühstücken und führen Coco an den Strand. Heute fahren wir nach Catania, um Max, Utas Neffen, vom Flughafen abzuholen. Er wird mit uns eine Woche am Erstellen einer künstlerischen Mappe arbeiten, mit der er sich für einen Design-Studiengang bewerben möchte. Die Fahrt führt uns durch sich scheinbar endlos dahinziehende Plantagen von Zitronen, Oliven, Orangen. In der Ferne glänzen wieder die Schneefelder des Etna, über dessen seismische Aktivitäten ich nun aus dem Internet vorlese. Typisch für diesen Vulkan sind Lavaausbrüche aus Nebenkratern, flüssig meist. Vor einundzwanzig Monaten wurde der Flughafen von Catania wegen einer riesigen Aschewolke gesperrt. Die letzte dokumentierte Gasexplosion des Berges ereignete sich aber vor mehr als zweitausend Jahren. Als wir uns Catania nähern, schweben lediglich einige wenige unscheinbare Rauchwölkchen über dem nördlichen Nebengipfel.

Wir parken das Auto, spazieren in das Flughafengebäude und können nach wenigen Minuten Max in die Arme schließen, der gut gelandet ist. Beim Verlassen der Halle fällt mein Blick wieder auf den Etna – und ich erstarre. Während der kurzen Zeit, in der wir uns im Gebäude aufhielten, hat sich über dem Vulkan eine kilometerhohe finstere Wolke aufgetürmt. Schnurstracks laufen wir zum Auto zurück und verlassen fluchtartig das Flughafengelände. Glücklicherweise wird es heute nur von wenigen Gästen genutzt, sodass wir zügig davonkommen und auch in kurzer Zeit aus der Stadt hinaus gefahren sind. Mit jedem der gut einhundertzwanzig Kilometer, die wir von Catania bis zur Südküste zurücklegen, fühlen wir uns sicherer. Unmittelbar nach dieser gelungenen Flucht wurde der Flughafen für die Dauer einiger Stunden gesperrt. In Granelli befinden wir uns in Sicherheit. Gerade angekommen, überwinde ich mit Max barfuß die kurze Steintreppe, schreite die wenigen sandigen Meter bis zur sanften Brandung ab und dringe immer tiefer ein in das ruhige

Meer, so lange, bis wir uns gegen die Wellen werfen und untertauchen. Coco begleitet uns aufgeregt schwanzelnd bis zum Beginn der humiden Zone, läuft noch einige Male auf und ab, um sich dann in einer respektablen Sphinxposition zu präsentieren, das Haupt dem Meere zugewandt. Als sich der gleißend helle Sonnenball später dem Horizont annähert, bilden grau-blaue Wolkenlagen einen Passepartout für das sich nun anschließende fulminante Spektakel. Umringt von einer Aura aus karminroten Ringen, Orange und Purpur sinkt das Licht in Zeitlupentempo gegen eine dunkle Zone aus Petrol, um urplötzlich in sie hineinzustürzen, zu erlöschen. Uta reaktiviert nun Katias blinkenden Weihnachtsschmuck. Schließlich ist Heiligabend.

Dienstag, 25. Dezember 2018

Kurz vor halb Sieben, im Osten ein Lichtstreif am Horizont. Davor und darüber breiten sich dichte wattige Schlieren dunkler Magenta-Daunen aus. Zwanzig Minuten später hüllt sich der Morgen in ein Gewand aus orangenen Diagonalen, die Schattenflecken aus Rosa und Türkis gegen den Spiegel des Meeres werfen. Strand, Büsche und der Zaun vor unserer Terrasse ganz in Grau getaucht, sind noch ausgeblendet, bloße Staffage vor dem spannenden Morgenprogramm. Später begegnen uns die ersten Regentropfen unseres Inselaufenthaltes. Den gesamten Tag über bleibt der Himmel dann grau, sodass es nicht schwerfällt, im Atelier zu arbeiten.

Der schmale Küchentisch wird so vor die Fenstertüre geschoben, dass seine Platte direkt vom natürlichen Licht beschienen wird. Gleichzeitig ermöglicht uns diese Position jederzeit betörende Ausblicke auf das weite Meer. Max hat Papiere und viel Geduld mitgebracht. Schulter an Schulter sitzen wir vor dem Tischlein und üben mit Bleistift und Tusche Grundtechniken des Objektzeichnens: Volumina, Schatten, Perspektive. Von Zeit zu Zeit erhebe ich mich und trete an das Küchenfenster, um mithilfe des Aluminiumkochers auf dem Herd einen Espresso zu brauen. Meinen ersten eigenen Espresso-Topf habe ich vor mehr als vierzig Jahren in Südtirol erstanden. Seitdem zählt dieses Instrument zu den essenziellen Requisiten, auf die ich auf keiner Reise verzichten möchte. Bei Katias Variante sind Griff und Wasserreservoir rot eingefärbt, passend zu Utas Farbgeschmack und auch zur typischen Weihnachts-Palette.

Erst nach vierzehn Uhr verlassen wir das Haus für eine Exkursion zu zwei Orten, die uns die Vermieterin ans Herz gelegt hat. So erreichen wir zunächst Marzamemi, ein Dorf mit einem pittoresken, geschützt gelegenem Hafen, dessen historischer Kern, notdürftig hergerichtet, zur kommerziellen Ausbeutung freigegeben wurde. Inflationär blinken von allen Seiten bunte Lämpchen, deren fragwürdige Signale die abgestumpften Sinne längst nicht mehr zu reizen vermögen. Die ehemalige Thunfischfabrik, einst wirtschaftlicher Mittelpunkt des Städtchens, liegt in Trümmern. Sie bildet eine Art Schicksalsgemeinschaft mit einer beachtlichen Anzahl weiterer ebenso betagter und architektonisch interessanter Gebäude. Regelrecht umzingelt wird dieses nostalgische Ensemble von einem Doppelreif aus herausgeputzten Geschäften, die sogar heute, an einem Feiertag außerhalb jeder Touristensaison, Unmengen an Nippes feilbieten. Nach einem kurzen Rundgang fahren wir zügig weiter zum südlichsten Punkt der Insel bei Portopalo di Capo Passero. Über die Ruine einer weiteren Tonneria, mit schöner alter Bausubstanz hinwegblickend, finden wir hier endlich eine weite, von blindem kommerziellem Interesse weitgehend unbehelligte Aussicht. Die vorgelagerte Isola delle Correnti leitet das Auge über einen natürlichen Gradienten weit hinaus in die Abendferne.

Wieder zuhause kochen wir zu Rindersteaks Melanzane und Polenta, während über unseren Köpfen die weiße Muschelschale der Küchenlampe schwebt, vor dem blauen Doppelblau, das wie ein Bild im Raum hängt. Dann beginnt die Abend-Etappe im Atelier. Bis die Müdigkeit siegt, setzen wir die Zeichenübungen des Vormittages fort, jetzt variieren wir unterschiedliche Medien: Bleistift, Kohle, Kreide, Grafit, Tusche und Aquarell.

Mittwoch, 26. Dezember 2018

Der Morgen mündet zwanglos in ein Pfannenkuchen-Frühstück auf der Terrasse. Max knüpft an seine Arbeiten des Vortages an. Heute stellen wir das Zeichnen nach der Natur in den Mittelpunkt unserer Arbeiten, durchsetzt mit kreativen Übungen. So exerzieren, nein, zelebrieren wir beispielsweise die grafische Variante des surrealistischen „Cadavre Exquis".

Cadavre Exquis (ab drei Personen)

Die Mitspielenden sitzen um einen Tisch. Jede Person schreibt auf die oberste Zeile einer Papierseite einen bestimmten oder einen unbestimmten Artikel sowie ein Adjektiv und stellt sicher, dass die anderen Mitspielenden das Geschriebene nicht sehen können. Die Papiere werden nun so umgefaltet, dass der Text nicht mehr sichtbar ist. Anschließend werden sie an die jeweiligen Sitznachbarn weitergereicht, die auf die oberste Zeile des geknickten Papieres ein Nomen notieren, das Blatt wieder falten und an die nächsten Sitznachbar weitergeben. In dieser Weise wandert das Papier weiter um den Tisch, wobei schrittweise ein Verb, ein weiterer Artikel mit einem Adjektiv sowie ein Nomen hinzugefügt werden. Am Ende wird jedes Papier entfaltet und der entstandene Text verlesen (aus Gründen der grammatikalischen Richtigkeit sind geringfügige Korrekturen erlaubt). Dieses Spiel erhielt seinen Namen vom ersten Satz, den die Mitglieder der surrealistischen Bewegung kurz nach ihrer Gründung in den zwanziger Jahren des letzten Jahrhunderts auf diese Art zusammengesetzt haben (aus dem Französischen übersetzt): „Die exquisite Leiche soll den neuen Wein trinken." Das Spiel kann auch bildnerisch ausgeführt werden, indem zeilenweise gezeichnet wird. Nach dem Umknicken jeder Zeile müssen die Stellen sichtbar bleiben, an denen die nächsten Mitspielenden weiterzeichnen können.

Noch am Vormittag wandern wir hinüber zur Steinmole am Ostende der Bucht. Etwa auf halbem Weg beginnen wir uns langsam voneinander zu lösen wie sich vier zu einem Tau geflochtene Schnüre an einem Ende entknüpfen können, wenn der Abschluss geöffnet wird. Parallelen Weges wird die breit vor uns ausgestreckte Sandbahn durchkämmt. Alles liegt groß und weit vor uns, zur Rechten das Meer, links die großzügig mit Strandhafer bewachsenen Dünen. Immer wieder öffnen sie sich zu Durchgängen und Wegen, hin zu Häusern, die im Winterschlaf liegen. Dazwischen türmen sich Müllhalden, bevorzugte Lagerstätten der vielen freilaufenden Hunde.

Als Vierte an unserem Strandrechen, bevorzugt Coco diese nördliche Variante. Kaum eine der zahlreichen duftenden Hinterlassenschaften ihrer Artgenossen, für unser Auge im Schutz der Dünenberge oft verborgen, entgeht ihr. Ich dagegen führe meine Augen über die Spuren der Flut. Da sie zwei Tanggürtel übrigließ, die ich abwechselnd aufsuche, zeichnen meine Schritte ein Zickzackmuster in den Sand. Wohl ebenso häufig wie Coco verharre ich an einem zunächst unscheinbaren Haufen, natürlich aus anderen Gründen als sie. Ein passionierter Sammler, der nie über genügend Platz zum Aufheben der gefundenen Schätze verfügt. Deshalb bin ich selbst intensiver mit der Konfliktlösung als mit dem Finden befasst. Schließlich landet in meinen Hosentaschen nur ein Bruchteil all der entdeckten Muschel- und Schneckenschalen, Fragmente von Pflanzen- und Insektenkörpern, dazu buntgefärbte Steine und die Kalkplättchen der Stachelhäuter. Rechts von mir hält sich Max in meinem peripheren Sehfeld, ebenso konzentriert wie ich. Seine Aufmerksamkeit aber gilt eher dem Ganzen – also all dem, was sich dem Auge bietet, solange es nicht fokussiert: Himmel, Horizont, den Booten in der Ferne, dem Wellenschlag, der sandigen Uferzone und besonders den filzigen runden Gebilden, die im Laufe des

Weges immer häufiger und bald in Tennisballgröße vor uns liegen. Nun stellt auch Max seine Sinne schärfer. Diese Meerbälle hat der letzte Sturm an den Strand von Granelli gespült. Die Natur formt diese visuell wie haptisch hoch attraktiven Kunstwerke aus See- und Neptungras. Wir denken darüber nach, sie in unsere eigenen Arbeiten zu integrieren. Dabei spielt der Aspekt der Vergänglichkeit eine große Rolle, denn die Bälle werden auseinanderfallen, sofern man sie nicht konserviert. Meerbälle entstehen und vergehen in und an der See ohne das Einwirken von Menschen. Sie gehören niemandem, werden meines Wissens weder verkauft noch in andere Regionen transportiert. Wir phantasieren: aufgesammelt und signiert, könnten wie sie im Sinne Marcel Duchamps dem Kunstmarkt als Readymades anbieten, da der Vorgang eines Verkaufes auf dem sogenannten Kunstmarkt ja nichts mit Kunst oder Können zu tun haben muss. Kommerzieller Erfolg beruht auf dem optimalen Verhältnis vom Angebot zur Nachfrage. Die zum Verkaufen einer Ware oder Dienstleistung erforderliche Schlüsselqualifikation heißt bekanntermaßen nicht „Qualität", sondern „Marketing". In unseren Tagen existiert wahrscheinlich nichts, was sich nicht als „Kunst" vermarkten ließe. Entscheidend dabei ist ausschließlich, ob es einem Verkäufer gelingt, Konsumwünsche zu wecken. Wäre das eine gute Berufsalternative für Max? Was nutzt es einem Künstler oder Designer, wenn niemand seine Schöpfungen kauft? Als erfolgreicher Verkäufer wäre er der eigentliche Künstler. Ungeachtet dieser Diskussionen zieht Uta ihre West-Ost-Bahn, stets im physischen Kontakt mit der humiden Zone. Barfuß hinterlässt sie Spuren nur dann, wenn sie das seichte Wellengekräusel verlässt. Die Nase im Wind, der Sonne, der salzigen Luft, vermag sie als einzige unter uns die dynamischen Grafiken zu entziffern, die Möwen über unseren Köpfen an den Himmel zeichnen. So ziehen wir in Form eines viergezackten Rechens der Mole entgegen, langsam, mitunter meditativ. Ein Glück, dass Max bei uns wohnt. Er nimmt das Energische aus unseren Aktivitäten, bringt Ruhe in die Abläufe. An der Steinmauer lehnt im Mittagslicht ein Fischerboot. Fußspuren weisen in unterschiedliche Richtungen, zwischen Kieselsteinen und den Müllresten, an die wir uns fast schon gewöhnt haben, weil sie nahezu überall zu sehen sind: Zigarettenstummel, zerschlagenes Glas, Plastikflaschen, leere Nikotinschachteln, …. Eine kurze Schleife ziehend treten wir den Rückweg an. Zuhause angekommen, sichten wir die gefundenen Schätze. Einige Steine, Schalen, Stachelhäute reihen wir auf dem Sims des Küchenfensters auf. So werden wir sie an jedem Tag beachten, denn wer in der Küche steht, wirft unwillkürlich durch dieses Fenster einen weiten Blick auf das Meer.

Max begibt sich wieder an die Arbeit. Wir stellen ihm Tisch und Stuhl nach draußen. Am Ende der schmalen Sackgasse, direkt vom Strand begrenzt, bleibt er für die Dauer einiger Stunden sitzen. Meine Klappstaffelei trägt die Spanplatte, an die er Papiere geheftet hat – sorgsam mithilfe zahlreicher Stahlklammern, denn Max hält sich in einem natürlichen Windkanal auf. Unter experimentellen Bedingungen müsste er zunächst die gesamte nähere Umgebung modellieren, um die Windströmung richtig simulieren zu können. Max hat Glück, denn an diesem Ort besteht die Chance, die wesentlichen Merkmale der unter aerooptischen Aspekten durchaus attraktiven Karosserie unseres Autos bei natürlicher Wind-Umströmung aus unterschiedlichen Perspektiven zu erfassen.

Später kocht er mit Uta ein leckeres Spaghetti-Gericht mit Pilzen. Ich übe wieder das Aquarellieren – heute vor dem Gartengrundstück, neben unserem Haus. Fasziniert von den stachelbewehrten Tennisschlägern der Feigenkakteen und ihren Schlangenstämmen lasse ich die Stunden dahinziehen. Heute bemerke ich erstmals, wie Menschen durch dieses Pflanzenparadies spazieren, ein halbes Dutzend junger Leute. Später grillen sie Fisch, dick vermummt in wärmender Kleidung. Fast hätte ich es vergessen: auf der Insel der Wärme herrscht tiefer Winter.

Donnerstag, 27. Dezember 2018

Im Umfeld des unruhigen Etna bebt die Erde. Ein neuer Risskrater von mehr als zweieinhalb Kilometer Länge klafft an einem Nebengipfel. Der Vulkan rüttelt weiter an der Insel. Er erhitzt sich und bricht an manchen Stellen auf. Bisher wurden achtundzwanzig Menschen verletzt. Gemäß den offiziellen behördlichen Angaben sind wegen der Schäden infolge der Erdstöße mehr als vierhundert Menschen vorübergehend obdachlos geworden. Während Coco von Zeit zu Zeit zittert und sich sichtlich fürchtet, vollziehen sich diese Beben unterhalb unserer menschlichen Wahrnehmungsschwellen. Wir stehen einen rotwangigen Morgen gegenüber, riechen frische Seeluft und machen uns früh auf zu einem langen Strandspaziergang. Max bleibt zunächst zuhause, denn er hat sich einen Schnupfen eingefangen. Nach dem Frühstücken fahren los, möchten für ihn ein Medikament besorgen.

In Pozzallo werden wir fündig. Wir kennen den Namen aus der Presse und, weil wir uns für Reise- und Niederlassungsfreiheit für alle Menschen auf diesem Planeten engagieren. Welche Ideologie, Religion, Staats- oder Wirtschaftsform besitzt das Recht, mich oder andere Menschen in unserer Bewegungsfreiheit einzuschränken? Ich meine: keine. In Pozzallo kamen im Verlauf der letzten Jahre viele tausend Migranten aus Nordafrika an Land, Tote und Lebende. Wer noch sprechen konnte, beantrage Asyl. Uta, die sich bereits unter eigener Regie und gemeinsam mit Clowns ohne Grenzen Deutschland e.V. für menschenwürdigere Lebensumstände der Flüchtenden engagiert hat, lotst uns zum Hafen. Wir werfen Blicke hinüber zu Booten und kleinen Schiffen, mit arabischen Lettern beschriftet, kaum versteckt hinter hohen Zäunen, flankiert von militärischem Gerät und uniformierten Männern. Die schwimmenden Kisten lagern im Wasser, gesichert wie in einem Gefängnis. Auf einigen der Fluchtfahrzeuge registrieren wir Reste von Textilien. Zeugnisse einer der geschichtlichen Invarianten. Gesprächsfetzen schießen mir in den Kopf. Die Familien meiner väterlichen Vorfahren waren auch Flüchtende. Nachdem es ihnen gegen Ende des Zweiten Weltkrieges und noch später gelungen war, unter Lebensgefahr und schrecklichen Entbehrungen das Gebiet der späteren Bundesrepublik Deutschland zu betreten, sahen sie sich mit Ausgrenzung und Beschimpfungen konfrontiert. Viele Menschen im damaligen Deutschland glaubten in ihnen eine kulturelle und materielle Bedrohung zu erkennen, denn es herrschte Mangel an Nahrung, Wohnraum und Kleidung. Hinzu kam ein vielerorts unverhohlen zur Schau getragener Rassismus. Menschen, die aus Mittel- und Osteuropa kamen, wurden landläufig als fremd und minderwertig wahrgenommen. Eine Integration in die deutsche Nachkriegsgesellschaft gelang den meisten von ihnen nur langsam. Auch damals gab es viele Menschen, die den Flüchtenden geholfen haben, die daran geglaubt haben, dass die deutsche Gesellschaft es „schaffen" werde, Millionen von Flüchtlingen aufzunehmen und sie in Brot und Arbeit zu bringen. Meine Großeltern der Mutterseite aber vertraten die rassistische Position und haben versucht, den Flüchtenden das Leben schwer zu machen. Sicher eingebettet in eine Gruppe Gleichgesinnter lehnten sie alles Fremde ab: dunkle Haut, Lebenssitten, die von der ihrigen abweichen, andere Religionen als die römisch-katholische, Sprachen, die sie nicht verstanden, d.h. alle außer Deutsch. In seiner Abneigung gegen alles Nicht-Deutsche kannte mein Großvater keinerlei Unterschiede zwischen Menschen etwa aus Syrien, Afghanistan oder Polen. Wir verlassen das Hafengelände. Jeder hängt seinen Gedanken nach. Pozzallo bietet uns Vexierbilder. Beispielhaft für die Realität, in der wir leben, kippen Bedeutungen, Figuren, Gestalten unerwartet und plötzlich in andere Zusammenhänge. Das geschieht mir beim Anblick mit einem Fischgeschäft, an dem wir zunächst vorüberfahren. Als mein Fuß dann über der Schwelle des weihnachtlich geschmückten gläsernen Portals der Pescheria La Barraca schwebt, befinde ich mich in einer anderen Welt. Gerüche der weiten See, unendlich viele, für mich unbestimmbare Meerestiere, Farben wie in einer Unterwasserwelt. Fangfrisch liegen Orate (Goldbrassen) und Spigole (Wolfs- oder

Seebarsche) für zehn Euro je Kilogramm auf dem Eis, Lambuca, ein deutlich größerer Fisch, wird für 12,80 Euro angeboten. Im hinteren Bereich des komplett ausgefliesten Ladens stapeln sich Konservengläser, Weinflaschen, Säcke, gefüllt mit Nudeln. Auf einem Plakat, das den wartenden Kunden wohl dabei helfen soll, die Zeit bis zum Service zu überstehen, erkenne ich einige der Muschelschalen wieder, die wir in den vergangenen Wochen an den Stränden gefunden haben: Scrigno di Venere, Arca asiatica, Cozza pelosa und den rosa Fächer des Canestrello. Für zehn Euro erwerben wir glücklich drei stattliche Barsche. Erst beim Verlassen des Wunderortes streift mein Blick eine zusammenklappbare Kunststoffplastik im grünen Tannendesign, die über und über behangen mit den geleerten Schalen diverser Meeresbewohner zwischen einem weißen Plastikstuhl und der Eingangstüre erigiert. In der Nähe des mittelalterlichen Torre Cabrera fügen wir uns wenig später in ein Straßencafé ein und holen die Zeichenblöcke heraus. Feldstudien am Rande eines belebten Platzes nach der sonnigen Natur. Aus allen Richtungen eilen Menschen herbei, auffallende Gestalten schlendern über das Trottoir, bunt gekleidete Wesen schlüpfen aus engen Gehwegen und entschwinden bald wieder hinter Häuserecken und durch Ladentüren. So manche Bella Donna defiliert stöckelnd vorüber. Meine Augen verhaken sich an den Oberflächen von Charakterköpfen, während die Finger blind und flink Konturen aufs Papier kritzeln. Persönlichkeiten scheinen einige Zentimeter über dem Straßenbelag dahinzuschweben. Vorbeiziehende Gruppen aus Burschen und Mädchen überholen sie johlend in den Posen der Pubertät. Ein unverwechselbarer Typ wechselt hinüber zur Bar auf der gegenüberliegenden Straßenseite, ersteht dort Zigaretten, wirft ein Papier zu Boden und passiert noch einmal unsere Tische, während der Kaffee kalt wird. Das Medikament und anderes Wichtige ist eingekauft. Wir treten den Rückweg an. Weitläufige Sandstrände wechseln sich ab mit Obstplantagen von industriellen Ausmaßen. Über die Küstenstraße in Richtung Osten kehren wir zurück in unser Refugium.

Hier arbeiten wir weiter an den begonnenen Bildern, jeder für sich. Max installiert sich auf der Terrasse, wo er bis zum Sonnenuntergang verweilt; ein theatralisches Farbenspiel, das sich vor unseren Augen spektakulär und atemberaubend in Szene setzt. Später berichtet Max von seinem Eindruck, viele Designer orientierten sich bei ihren Entwürfen an den natürlichen Formen und Silhouetten von Tierkörpern und vegetabilen Volumina. Das bringt Uta auf die Idee, das Bild einer schwebenden Zitronenpresse zu entwickeln. Vor dem Hintergrund des fortschreitenden Bevölkerungswachstums nimmt ihr Entwurf bald die Ausmaße und Funktion eines Sammeltaxis an. Als der Abend Kühle auf die Terrasse schickt, ziehen wir uns in die Küche zurück, bereiten ein Nachtmahl vor dem Fenster zum Meer: Spigola, Zucchini, Polenta, Melanzane, Brot. Spät noch zeichnen wir einen neuen Cadavre Exquis – zum Thema „transportation“.

Freitag, 28. Dezember 2018

Noch vor sieben Uhr verlasse ich mit Coco das Haus. Solitär und noch ganz im nächtlichen Schatten, wacht es über dem grauen Strand, kubisch und wehrhaft wie ein Bunker. Schon vibriert zart von links das Morgenlicht herüber, der Schein einer mächtigen Lampe, die sich sukzessive und beständig über die Dünen hebt. Coco streckt sich dem Wind entgegen, stromert dann los, die Spuren der Nacht zu erforschen. Nach Frühstück und Strandspaziergang wandert Uta mit mir wieder ins Meer hinaus. Wir tauchen physisch in eines der vielen Wasser-Bilder ein, die wir in Granelli bereits gemalt haben. Nach dem Duschen geht es wieder an die Arbeit. Die wärmende Sonne im Rücken sitzt Max auf der Terrasse und zeichnet Entwürfe zu Utas Zitronenpresse. Hin und wieder wendet er den Kopf nach links und wirft lange Blicke über ein endlos silbernes Glitzern.

Am Mittag erkunden wir die einige Kilometer nördlich von unserem Stützpunkt gelegene römische Villa del Tellaro in der Nähe der Stadt Noto. Hier erlebe ich zum ersten Mal die Pracht der römischen Mosaikfußböden, gelegt von nordafrikanischen Künstlern im vierten nachchristlichen Jahrhundert. Staunend stehe ich über einem Jagdmotiv, nicht der Jäger wegen, sondern gefesselt von der Ausgestaltung der von ihnen gefangenen Tiere. Dieses Kunstwerk weist einige der Merkmale auf, die ich besonders schätze, in ihrer Komposition eine Balance erreichend von Naturtreue und Abstraktion. Zwischen eng geschlungenen Ornamentbändern, aufgebaut aus geometrischen Grundformen, tauchen, besonders an den Eckpunkten rechtwinkeliger Kompositionen, überraschende menschliche Gesichter auf. Stilisiert und maskenhaft stieren sie mit Gorgonenaugen in unbekannte Fernen. Trotz der oft verkürzten Darstellung der dargestellten Figuren weist jeder Blick, jede Bewegung und Haltung zurück zu der Lebendigkeit, in der die Modelle einst leibhaftig vor den Schöpfern dieser

Steinbilder standen. Dann ein Motiv aus Homers Ilias – der Körper des vor Troja getöteten Hektor wird mit Gold aufgewogen. Auch die Präsentation dieser Kunstwerke entspricht vollkommen meinen Wünschen – durch gläserne Böden und von Balkonen herab lassen sich die weitschweifenden Szenerien ebenso in Augenschein nehmen, wie Details auf der Ebene des einzelnen Mosaiksteinchens. Überall meine ich gelegte Spiralen zu erkennen, oft die Randbereiche der Bodenabschnitte markierend, wie Fransen an einem Teppichsaum. Kurven, die in unendlich vielen Windungen mit sich stetig erweiterndem Abstand einen festen Punkt umlaufen, ohne ihre Richtung zu ändern. Nach ihrer Krümmung unterscheiden die Mathematiker unterschiedliche Spiralenarten. Am bekanntesten ist die wegen ihrer Harmonie geschätzte Fibonacci-Spirale, benannt nach dem italienische Mathematiker Leonardo Fibonacci. Ihm war im frühen dreizehnten Jahrhundert die Beschreibung der Berechnungs- und Konstruktionsprinzipien dieser besonderen Spiralform gelungen. Als ich 2013 Bühnenbilder zu Charles Dickens' „A Christmas Carol" malte, verwendete ich die Spirale als Sinnbild für Erneuerung und Wiedergeburt und konstruierte die Figur jedes Mal nach Fibonaccis Rechenvorschrift. Einige der hier in der Villa gezeigten Kurven sind eindeutig auch Fibonacci-Spiralen, freilich mit Ornamenten geschmückt und symbolisch aufgeladen. Die Mathematiker des Altertums waren mit den Konstruktionsprinzipien bereits bestens vertraut. Wie in so vielen anderen Bereichen auch, musste nach dem in Europa von der Christianisierung installierten "finsteren Mittelalter" Wissen aber mühevoll und zeitraubend zurückerobert werden. Deshalb wird Leonardo Fibonacci heute mit der mathematischen Bestimmung dieser Spiralform in Verbindung gebracht. Die römischen Mosaiken der Villa del Tellaro legen auch Zeugnis ab von der ingenieurwissenschaftlichen Blüte der Antike. Im Fall einer besonders häufig wiederkehrenden Variation der Fibonacci-Spirale wurde der äußerste Rand der Kurve mit gebogenen Zacken und Zähnen besetzt, sodass sich das Bild einer Kreissäge aufdrängt. Jetzt am Jahresende, begleitet von Uta, Max und drei Spanisch sprechenden Frauen, habe ich die hohen Räume, Steinmauern und gläsernen Fußböden fast für mich, darf mich vertiefen, mir Zeit nehmen, ein wenig von dem nachzufühlen, was sich in den vergangenen eintausendsiebenhundert Jahren an diesem Ort zugetragen haben mag. Taumelnd, da aufgestiegen aus einem tiefen Traum, sinke ich später zurück ins Auto, wo uns Coco sehnsüchtig erwartet. Die weitere Fahrt zieht sich acht Kilometer lang, hin zur schönen alten Stadt Noto, deren steinerne Bischofsmitra sich auf einem Hügel im sizilianischen Barock-Stil erhebt. Mit dem Begriff „Barock" verbindet sich in mir regelmäßig fast automatisiert die Idee einer „Modernisierung" älterer Bausubstanz, den exaltierten Launen eines Zeitgeistes gehorchend. Vor meinem inneren Auge sehe ich, wie gotische, romanische, karolingische oder noch ältere Gebäude mit Zuckerguss überzogen werden, der sich seltsamerweise besonders dicht in die Innenräume hinein ergießt. Noto ist anders. Nach einem Erdbeben, ich kann mir denken, von wo es seinen Ausgang nahm, wurde die Stadt zu Beginn des achtzehnten Jahrhunderts neu erbaut. Auf den ersten Blick glaube ich, die meisten Häuser stammen noch aus dieser Zeit, auch wenn auf vielen der über den steingefassten Türstöcken eingeschlagenen Kartuschen das Konterfei klassischer römischer oder griechischer Häupter prangt. Die architektonische Verbindung zur alten Zeit ist typisch für Notos Barockvariante. Alle plastische Übertreibung, ornamentale Überladung wird hier umfasst und durchdrungen von einer gewissen Strenge. Hier ist viel los, die Stadt lebt, steckt voller Geschäfte, Verwaltungsgebäude, Schulen. Entlang der zumeist rechtwinkelig angeordneten Verkehrswege flanieren Familien im Festtagsgewand. Weiter oben, den Hügel hinauf, erstrecken sich stillere Stadtviertel. Jede Steintreppe ist ein Balkon. Wir durchwandern Gassen und Straßen mit Mauern aus hellem, gelb schimmerndem Kalktuff. Bei aller Monumentalität fehlen gänzlich die an anderen Orten beliebten Amalgamfüllungen aus Beton und Stahl. Und auch die organische Zurückhaltung, die Notos Barock auszeichnet, fördert mein Wohlbefinden. Unter der wohlwollenden Miene einer uns segnenden Madonnenstatue, die über eine gewaltige schwarze Glocke montiert ist, verspeisen wir Fruchteis. Über den hellbraunen Steinplatten einer der zahlreichen großzügig bemessenen Terrassen, geschaffen für Hundertschaften von Flaneuren, verteilen sich in dunklen Grautönen geheimnisvolle geometrische Zeichen. Der Versuch, sie zu deuten, gar zu entziffern, führt meine Augen entlang langgestreckter spitzwinkeliger Dreiecke, die, gefüllt mit schlanken Voluten in dünne Trapeze münden. An dieser Stelle beginnt die gleiche Form von Neuem und setzt sich auch in horizontaler Richtung beidseitig und parallel fort. Gegenläufig aber ruhen die Hypotenusen auf stärker konturierten Linien, unter denen geschwungene Blattformen schweben. An dieser Stelle verdichten sich die grauen Spuren zu einer einheitlich gefärbten Fläche; der massive Schattenwurf eines filigran geschmiedeten Eisengitters. Nach diesem kulturellen „Tapetenwechsel“ kehren wir zufrieden auf die schmale Straße zurück, die uns nach Granelli führt. In Ufernähe streifen wir das Naturschutzgebiet Riserva Naturale Oasi faunistica di Vendicari. Hier würde ich gerne Gras und Vögel zeichnen. Die Sonne steht aber bereits tief über dem Land. Ein anderes Mal also. Zuhause angekommen braten wir Thunfisch aus Pachino und diskutieren bis spät in die Nacht hinein über das UNESCO-Welterbe, die vorrömischen Städte wie etwa das antike Neton (heute Noto Antica) und welche glücklichen Umstände dazu geführt haben mögen, dass einige wenige römische Mosaikfußböden bis in unsere Gegenwart hinein nahezu unversehrt erhalten blieben.

Samstag, 29. Dezember 2018

Ein warmer Morgen nach kurzer Nacht. Gegen zwei Uhr bin ich aufgewacht, setze mich an meine Schreibarbeiten. Dann öffne ich die blauen angewitterten Volets an der Terrassentüre und lasse Coco hinausspringen, auf den Strand. Wenige Stunden später schlendere ich neben ihr über den Sand der aufsteigenden Sonne entgegen. Nach dem Frühstück plantschen wir wieder im Meer. Frisch und sauber transportiert Max mit mir dann einige Möbel aus dem Haus. In der Gasse nebenan gestalten wir für ihn wieder einen anregenden Arbeitsplatz. Der zierliche dunkel gebeizte Küchentisch versperrt ein gutes Drittel des Durchganges und bildet einen starken Kontrast zur weiß-strahlenden Gartenmauer des Nachbargrundstückes. Wie Max sich dort konzentriert über die

Papiere beugt, erinnert mich die gesamte Erscheinung an die Darstellung des Zollpächters Zachäus in einer Kinderbibel, die mir in meinem neunten Lebensjahr geschenkt wurde. Aus dem Küchenregal ziehe ich die geflochtenen Kuben, in denen wir die Farbtuben aufbewahren, dann geht jeder seiner Arbeit nach.

Erst am Nachmittag, dessen wolkentrübe Kapuze sich gemächlich über den Tag gezogen hat, brechen wir zu einer erneuten Exkursion auf. Nach Siracusa, der uralten bezaubernden Stadt, dem kulturellen Zentrum des antiken Sicilia. Hier lehrte der große Philosoph und Staatstheoretiker Platon im Laufe seiner drei Sizilienreisen. Der bedeutende Mathematiker Archimedes wurde hier geboren und starb nach den legendären Worten „Noli turbare circulos meos" („Störe meine Kreise nicht"). Diese Aufforderung galt einem römischen Soldaten, der im Zuge der erfolgreichen Eroberung von Siracusa zum Plündern in des Denkers Haus eingedrungen war. Schon während der Hinfahrt geht mir ein Lied nicht aus dem Kopf … „J'aimerais tant voir Syracuse … „. Bernard Dimey und Henri Salvador haben es 1962 erfunden. Der Text beschreibt eine Reise hin zu Traumzielen, neben Siracusa auch die Osterinseln, die Gärten von Babylon, die Liebenden von Verona, …. Während ich im Geiste mitsinge, fühle ich mich jung und beschwingt. Eine geheimnisvolle Choreografie lenkt unsere Schritte. Kreuz und quer führen die Wege über die Insel Ortygia, das Zentrum der historischen Polis. Im Caffè „dck" gibt's Pizza und spannende lebende Modelle für unsere Zeichenübungen. Steinerne Gassen durchgliedern das Terrain um die Reste des Apollon-Tempels aus dem sechsten vorchristlichen Jahrhundert, die einem grün-wuchernden

Pflanzenteppich entsteigen. Um den Dom Santa Maria delle Colonne, einem protzigen Umbau des Athena-Tempels aus dem siebenten Jahrhundert vor Christus, herrscht Weihnachtstrubel. Monumentale Leuchtkörper in den Formen stark stilisierter Nadelbäume, Schneekristalle, Girlanden, Frauen- und Rentierleiber markieren die Wege vom Domvorplatz hin in die umliegenden Einkaufsstraßen. Abseits der Hauptrouten verlockt ein Labyrinth enger Durchgänge zum Eintreten. Viele der obskuren Passagen führen in ihrer Mitte gemauerte Wasserrinnen. Die geneigten Hauswände, miteinander vertäut durch bündelweise aufgeschraubte und angenagelte Strom- und Wasserleitungen, stützen sich auf Träger von nacktem Stahl. Über das Gebiet der gesamten Stadt verteilt begleitet mich auf den Hauswänden das Bildmotiv des Sonnenrades, der Trinacria, dem Symbol von Sicilia. Bereits Homer hat der Insel diesen Namen gegeben. Um einen Frauenkopf, umrahmt von Schlangen und Flügeln, laufen drei abgewinkelte Beine. Die Gliedmaßen weisen auf Flexibilität hin, denn in der Antike galt Sicilia als eine Insel, die frei beweglich im Meer schwimmt. In den griechischen Jahren stellte das Gesicht eine der Gorgonen dar, schreckenerregende Gestalten mit Schlangen als Haar, deren Blick jeden zu Stein verwandelte, der ihm begegnete. Eine menschenfreundlichere Deutungsvariante sieht in den Schlangen die Attribute des Gottes Asklepios. Die Flügel verweisen auf Hermes, den Götterboten und Beschützer der Reisenden, aber auch aller blindlinks an kommerziellem Erfolg interessierten Berufsgruppen: Kaufleute, Diebe, Lügner und Betrüger. In der Kirche San Christoforo, Via Dione, begeistern wir uns für die Ausstellung „LEI" des Malers Mauro Drudi, eine Reflexion im

Popart-Stil über die unterschiedlichen soziokulturellen Zustände und Situationen, in denen sich Frauen weltweit befinden. Mit der ungeheuerlichen Zahl von etwa siebenhundert Reproduktionen, größtenteils als Drucke ausgeführt, präsentiert Drudi zugleich eine Hommage an die „Verkündigung" von Antonello da Messina.

Sonntag, 30. Dezember 2018

Der letzte Tag mit Max. Gegen sieben Uhr weckt Uta uns alle, denn die Sonne spitzt bereits im Osten über das Meer. Zu dritt wandern wir hinaus, finden Schalen von Muscheln und Schnecken. Max packt in der Zwischenzeit seinen Koffer und bastelt später aus den Strand-Schätzen eine Kette für seine Freundin. Auf der Terrasse genießen wir ein letztes gemeinsames Frühstück mit außergewöhnlichen Qualitäten: neben den üblichen Knoblauchtomaten liegen Brote auf dem Tisch, Käse, Wurst, Fisch und Marmelade! Ein letztes Mal stelle ich das Tischlein in die Gasse. Hier malen und zeichnen wir nebeneinander vor dem hellen Wasser, das dazu in einer Endlosschleife seine unergründliche Musik abspielt.

Am Mittag dann brechen wir auf, um Max zum Flughafen zu transportieren. Über Ispica, Modica und Ragusa bewegen wir uns hinein in das Innere der Insel. In Modica wohnt Salvo Maria Ruta, ein sizilianischer Maler, Bildhauer und Musiker, den ich gerne kennenlernen würde. An seinen Werken, die ich bisher nur aus dem Internet kenne, schätze ich die Direktheit seines Ausdruckes. Er propagiert ein einfaches Leben, in dem die Natur immer die Oberhand behält. Poesie ist die einzige Zutat, die er hinzufügt, damit ein Kunstwerk entsteht. Salvo ist einer der wahren Liebhaber des Meeres. In seinen Künsten feiert er die Verbundenheit mit dem Wasser, dem Mittelmeer, das die warmen Länder Afrikas und Südeuropas umspült und vereint. Dabei geht er so weit, Werke aus Sand zu gestalten, damit sie von den Wellen langsam wieder mitgenommen werden können. Auf diese Weise werden sie eins mit dem Element, das er am meisten liebt. Salvo hat mir mehrmals geschrieben – heute aber ist er leider nicht zuhause. Wir werden uns an einem andren Tag treffen. Ich werde es genießen, mit ihm zu arbeiten.

Bei Piazza Armerina stehen die Hänge dichtgedrängt übersät mit Plantagen von Feigenkakteen. Abertausend bestachelter Arme recken sich rundgeschwungen einem tiefen Ultramarin entgegen. Auch wenn es die Stadt Piazza Armerina erst seit knapp eintausend Jahren gibt, ist dieser Ort seit Urzeiten von Menschen besiedelt. Später kamen römische Kolonisten, von denen sich hier einzigartige Spuren erhalten haben. Deshalb sind wir hier: wir möchten die Ausgrabungen der Villa Romana del Casale mit ihren mehr als vierzig Räumen besichtigen. Gut erhaltene und eindrucksvoll renovierte Höfe, Gärten sowie Mauern, von Fresken belebt – und die sensationellen Böden der Villa. Die im Inneren ausgebreiteten steinernen Bodenbeläge gelten als die bedeutendsten römischen Mosaike in Italien und beweisen beispielhaft, dass der Bikini nicht erst im zwanzigsten Jahrhundert erfunden wurde. Uta erinnert sich daran, wie sie die Abbildungen der römischen „Bikinimädchen" als Kind bewundert hat. Heute komme auch ich aus dem Staunen nicht heraus – im Angesicht der überwältigenden Menge an erhaltenen Bodenbildern.

Sofort bemerke ich die handwerkliche Kunstfertigkeit der Ausführung. Wie in der Villa del Tellaro haben auch hier nordafrikanische Spezialisten die Steine gesetzt. Mein eigentliches Interesse gilt aber den ihnen zugrundeliegenden Entwürfen. Mit diesen Bildern, sicherlich zunächst gezeichnet, dann koloriert, beweisen ihre Schöpfer noch eine ausgeprägte anatomische Sicherheit, die in der byzantinischen Zeit langsam verloren ging. Vielleicht gab es vor eintausendsiebenhundert Jahren noch überlieferte Vorlagenbücher, aus denen die Figuren entnommen oder nachgezeichnet wurden. Viele Gestaltungselemente sind stark stilisiert und dennoch eindeutig in ihrer Aussage. Die Künstler, mutmaßlich Männer, legten ihre Figuren im Raum an, ordneten ihnen Licht und Schatten zu und stellten sie in eine Perspektive. Diese Sichtachsen führen auch heute die Schritte der Betrachtenden auf vorgezeichneten Wegen durch die Geschichten, die hier erzählt werden. Bereits außerhalb der originalgetreu neu aufgebauten und überaus imposanten Häuser begegnen uns Darstellungen wilder Tiere, Metaphern menschlicher Leidenschaften. Im Säulengang des Innenhofs (Peristyl) blicken uns ihre Büsten starr entgegen. Sie wachen in enger Nachbarschaft zu fischenden Eroten, Darstellungen des Liebesgottes Eros, ein Bild für die himmlische Liebe. Aus unseren heimatlichen Parks und Kirchen sind sie uns wohlbekannt in Form von Putten und den kindlich-feisten Engelsfiguren der Barockzeit. Das Nymphäum, Quellheiligtum mit Brunnen und Grotte erinnert zum vielfachen Male daran, wie gut sich Wasser dazu eignet, Andacht und Sammlung zu fördern. Wir könnte ich mein tägliches Leben um ein solches, den Nymphen geweihtes Brunnenhaus, herum organisieren?

Ich weiß, es täte meiner Seele gut. In den Umrissen eines Bankettsaales für die Winterzeit veranschaulicht der in Fragmenten erhaltene Steinboden die Taten des Herkules. An seinem Ende posiert die Nymphe Ambrosia, während sie im Begriff steht, ihre Gestalt in die einer Weinrebe zu wandeln. Sie war eine der Hyaden, eine, die es regnen lassen kann, gleichzeitig Bewohnerin des bedeutendsten überregionalen Orakels der griechischen Welt, Dodona in Epirus. Nicht weit vom Winter-Bankettsaal zeigen die Mosaike weitere Darstellungen von Metamorphosen - die Verwandlung von Daphne in einen Lorbeerbaum, die des Kyparissos in eine Zypresse und andere mehr. Auf dem Grunde des nahegelegenen Frigidariums tummeln sich weitere Figuren der griechischen Mythologie: die meerbewohnenden Nereiden, Tritonen und wieder eine Anzahl fischender Eroten. Jäh wendet sich die Mythologie in aktuelle Realität, als ich im ersten der dreiundvierzig Räume einem Mann mit Blätterkrone gegenüberstehe. In seiner Haltung könnte er der ältere Bruder einer der Pflanzenmenschen sein, die sich so oft in meinen Gemälden tummeln. Noch im Umwenden blicke ich wieder meinen Leidenschaften ins Antlitz: Stieren, Raubkatzen, Ziegen, Steinböcken, Pferden, Hirschen, …. Dieser aufrüttelnden Selbstschau folgt sogleich eine harmonische Auflösung in Form der Choreografie eines Tanzes zu Ehren der altgriechischen Göttin Demeter. Das Innere des Palastes dann beherbergt Böden mit zahlreichen Jagdmotiven, darunter der Fang dreier Hirsche mithilfe eines Netzes. Dieses Bild zieht mich mit magischer Kraft zurück in den nebeligen Oktobermorgen vor nun bald neunzig Tagen, an dem mir im französischen Alsace drei majestätisch einherschreitende

Rothirsche entgegen getreten sind. Im sogenannten „Gang der großen Jagd" veranschaulichen die Abbildungen, wie Tiere für sadistische „Spiele" in Rom gefangen wurden. Im Anschluss in Kisten verpackt, ließ man sie auf ähnliche Weise wie menschliche Sklaven mithilfe von Schiffen entführen. Kein Preis scheint zu hoch, um sich des begehrten wilden Tieres zu bemächtigen – auf einem Bild wird ein Greifvogel sogar mit einem menschlichen Köder gefangen. Nicht weit entfernt von diesen lebensverachtenden Szenen meine ich in den zementierten Steinbildern die Umrisse Italiens zu erkennen, eine Landmasse zwischen zwei großen Wassern. Man kann diesen bunten Bodenbelag auch wie eine Landkarte der griechisch-römischen Mythologien lesen. In Nebenräumen der Basilika erzählt Homer wie sich der listenreiche Odysseus, der die Meere bereiste, aus der Gefangenschaft des vielgerühmten Riesen Polyphem befreite. Der Boden der Bibliothek verschwimmt in einer unüberschaubaren Menge von vertrauten MeeresbewohnerInnen, darunter wieder Okeaniden, Tritonen und Nereiden, die sich ebenso in zahlreichen meiner eigenen Bilder tummeln. Auch Anklänge an Utas Produktionen finden wir - etwa in einem Mosaik, das eine von Kindern ausgerichtete Zirkusvorstellung zeigt. In nicht wenigen der bisher studierten Bildgeschichten dominieren die kreativen Mächte über rein physische Kraft. Dann, in den Räumen südlich des von Säulen umgeben Innenhofes, siegt auch einmal die Physis: in Gestalt junger, sportlicher Frauen. In ihren Bikinis wirken sie zeitgenössisch, ja modern, mit Anmut und Ausdauer der körperlichen Selbstoptimierung zugetan. Ich aber wende mich ab, einem Raum zu, der möglicherweise als Musikzimmer diente. Hier stoße ich wieder auf Kreativität. Orpheus, der musikalische Dichter, stimmt wohl gerade seine Lyra vor dem Publikum einer umfangreichen Tierschar.

Stunden später verlassen wir frierend und hungrig das Wunder der Villa Romana del Casale im Licht der untergehenden Sonne. Das Flugzeug startet in Comiso auf dem ehemaligen Militärflugplatz um Viertel vor Neun. Die zeitraubend kurvige Straßenführung gewährt uns nur wenig Zeit zwischen Ankunft und Abendessen. Wir wählen Pizza, gefüllte Teigtaschen, Weißwein und Arancini, frittierte Reisbälle mit verschiedenen Füllungen, die es auf der Insel „an jeder Ecke" zu kaufen gibt. Lange winken wir dem hinwegfliegenden Max nach. Unsere kurze gemeinsame Zeit haben wir intensiv gefüllt – mit Malen und Zeichnen am Meer, ausgedehnten Strandspaziergängen, kulturhistorischen Exkursionen und kulinarischen Abenteuern. Für den Rückweg nach Granelli benötigt Uta nun viel Zeit und gute Nerven. Unzählige Verkehrsteilnehmende schießen uns aus dem Dunkel der Nacht ihr blendendes Fernlicht entgegen. Uta drosselt die Geschwindigkeit. Kurz nach Zehn Uhr fallen wir ins Bett.

Montag, 31. Dezember 2018

Heute fülle ich die letzten Seiten meines Kalenderbuches. Ich profitiere sehr von dem Frieden an diesem Ort, einer Ruhe, die nicht nur von der Stille rührt, denn es haben bisher keine Sprengungen stattgefunden. Diese Atmosphäre, in der ich mich gut aufgehoben fühle, meine Gedanken unbehelligt von äußeren Ablenkungen frei entfalten kann, setzt sich sekündlich neu aus Wellenschlägen zusammen, der beständigen Bewegung des Meeres. Im Verbund mit ihrer Musik lässt sie die Illusion von Ewigkeit entstehen. Ein Missverständnis freilich, denn in Anbetracht der Dimensionen der Erdzeitalter beruht dieses Anmuten einzig auf meinem Egozentrismus. So schwelge ich weiter in meinen Gedankenbildern, pflege sie wie eine duftende Blume, von der ich weiß, dass sie bald verblühen wird. Auch Uta empfindet die Ruhe als besonders angenehm, nistet sich darin ein. Vor dem Frühstücken noch wandern wir mit Coco den Wellensaum entlang. Nach wenigen Kilometern kommt uns ein Herr entgegen, er ist zweiundsiebzig Jahre alt, erinnert sich gut an die Zeit, in der Granelli ein lebendiges Dorf war und am Strand nur die Häuser der Fischer standen. Heute empfindet er die Sommer als zu laut, die Winter als zu ruhig. Wir treten den Rückweg an. Zurück im Haus schenken wir einander viel Zeit. So beginnt der Arbeitstag erst gegen Mittag. Die Sonne brennt heiß auf meine Palette, trocknet die Farben aus. Uta kommt mit dieser Dynamik zurecht. Sie feuchtet ihre Acrylfarben wiederholt an und malt sowieso viel zügiger als ich. In Windeseile entstehen auf ihrer Malplatte farbenfrohe Hintergründe, ein Meer wie aus Konfetti gelegt und ein Selbstbildnis mit Coco im Gegenlicht. Ich dagegen beschränke mich zunächst aufs Zeichnen, ziehe alte Blätter hervor. Eine Frottage aus Trieste wird koloriert; später greife auch ich zu den Acrylfarben - eine neue Lasurschicht entsteht auf einen bewölkten Himmel über Taranto.

Währenddessen ist Uta schon unterwegs zum Einkaufen in Pachino. Coco verbellt einige Strandhunde. Als sie das Weite suchen, wendet sie ihre kraftvolle Stimme einem fernen

Containerschiff zu, dessen ameisendunkle Silhouette gerade noch den Horizont überragt. Auch die Dynamik des Bellens vermag ballistischen Gesetzmäßigkeiten zu folgen. Mittlerweile hat sich die See eine Schwarzweiß-Folie übergespannt und spiegelt darin ein monströses aerosoles Luftschiff. Blau-Schwarz streckt es sich uns entgegen, ein gekrümmter Wurm, der sich aus der Tiefe des Raumes herausschraubt. Eingepresst zwischen diesen düsteren horizontalen Schichten segeln weltvergessen und wie von zarter Hand dahingemalt türkisfarbene Pastellschlieren durch das Himmelsbild.

Uta ist zurückgekommen. Im Internet finden wir eine traumhaft schöne Unterkunft in Tourrettes-sur-Loup, dem Dorf im Hinterland von Nizza, das wir aufsuchen möchten, nachdem wir die Italienreise beendet haben. Abends kochen wir Nudeln mit Fenchelsauce. Nach dem Dinner kümmere ich mich um den Haushalt und setze mich an meine Schreibarbeiten. Heute ist wieder einer der Tage, an denen ich meine Blog-Eintragungen ins Netz stelle. Uta und Coco liegen bald im Bett und schlafen selig. Am späten Abend gesellen sich die beiden wieder zu mir; nun beginnt Uta mit ihren Blog-Arbeiten. Bis kurz vor halb Drei sitzen wir Seite an Seite schreibend unter einem ins Unendliche blinkenden Sternenhimmel.

Dienstag, 01. Januar 2019

Als Coco uns kurz vor Sieben weckt, begleitet Uta sie hinaus an die Dünen, legt sich dann wieder ins Bett. Ich bereite das Frühstück, durch das Küchenfenster immer wieder die herandrängenden Wellenschnüre im Blick. Coco pendelt unschlüssig zwischen zwei verlockenden Orten, dem Bett und dem Frühstückstisch, an dem ich mittlerweile die Tomaten zerteile. Vor dem Haus ordnet ein Angler seine Schnur, ein Nachbar stößt dazu, sie unterhalten sich. Vielleicht sind sie die einzigen Menschen, denen wir heute begegnen werden. Mittags wandern wir zum Westende der Bucht bei Marza. Häuser und Dünen wechseln sich ab, bis die dörfliche Struktur Oberhand gewinnt und sich nach und nach Nutzgärten hinzureihen. Über der schütteren Pflanzendecke an den Gestaden einer weiten Flussmündung entdecke ich einen federhaubigen Wiedehopf. Gut zehn Minuten lang präsentiert er sein Farbenkleid, das Schwarz-weiß am Schwanz neben dem hellen Orange der Körperfedern. Der Vogel hat eine Vorliebe für Landschaftsformen, wie diese hier. Im direkten Umfeld seiner Verbindung mit dem Salzwasser durchschneidet der Fluss während der Flut die Dünen und hinterlässt beim Absinken der Tide eine scharfkantige Mauer aus Sand. Über diesem Band, hell wie Plätzchenteig, steigen die ungleichmäßigen Dünenhügel sanft einem dichten Wald von Strandhafer entgegen. Dazwischen vereinzelt eng umrissene Inseln, bestanden mit gelbblühenden, langstieligen Kräutern. Der tiefblaue Wasserlauf windet sich zweimal und verschwindet dann im schwarzen Schattenriss ineinandergreifender Gruppen von Palmen und Weiden-bäumen.

Mit diesen Erinnerungen im Kopf, kehre ich an die Staffelei zurück, mische die Eindrücke mit klarem Wasser, Gummi arabicum und Pigmenten und male ein strahlendes großformatiges Landschaftsbild. Ich bin sehr zufrieden. Das Gemälde zeigt ein reines, farbiges Leuchten. Hierin besteht der

Vorteil der Aquarellmalerei: die Pigmente verbinden sich pur mit dem Papier. So kann es gelingen, die überbordenden Farbeindrücke zu fixieren, die der Meeresspiegel noch steigert, da er das Sonnenlicht reflektiert. Mich interessiert dabei besonders, wie durch graduelle Verdichtung der Pigmentmenge ein Tiefengradient erwächst – vom blassen Hintergrund hin zu den plakativen Effekten der frühen Popart, die den Vordergrund beherrschen. Aquarellbilder entstehen zügig und spontan. Noch bevor sich die Schattenwürfe wahrnehmbar verschoben haben, bin ich mit ihnen fertig. Längere Zeit verwende ich auf das Nacharbeiten, denn trügerisch leuchten die Farben viel stärker, solange sie feucht sind. Nach dem Trocknen des Bildes setze ich neue Pigmentschichten auf, an manchen Stellen mehrere übereinander. Meine Kaktusfeigen tanken auf diese Weise ein dichtes Violett, die Schatten auf den Mauern unseres Häuschens fallen in ein tiefes Rot. Am Abend, nach dem Spaziergang zum Sonnenuntergang in Rosa, stehen wir wieder auf dem Bug unseres Kombüsenzimmers vor der weiten nachtschwarzen See.

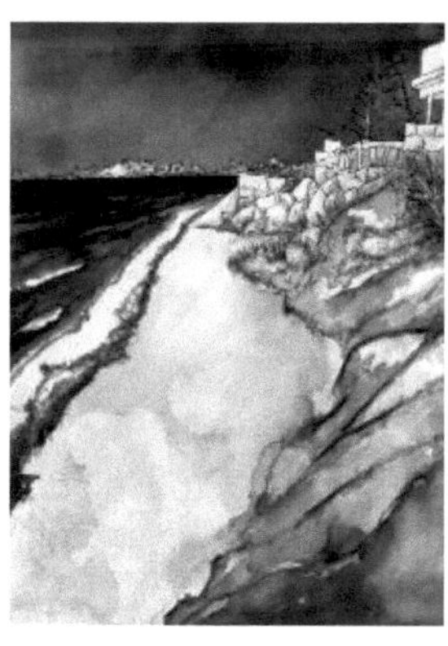

Von Granelli in der Provinz Siracusa, Sicilia nach Palermo - die siebente Station der Italienischen Reise.

Heute Morgen haben wir Abschied genommen vom weißen Kubus auf dem Meeresstrand, vom Küchenfenster vor dem Wasser. Frühes Aufstehen, Duschen, das Auto packen, eine Morgenmahlzeit einnehmen, mit Coco an die Dünen gehen – all das funktionierte zügig und ohne Schwierigkeiten. Dann aber gelang es uns nicht, den Hausschlüssel in den dafür installierten Safe zu sperren. Nach radebrechenden Telefonaten und unnötiger Besorgnis beschlossen wir die hektischen Minuten abzukürzen, deponierten den Schlüssel kurzerhand auf dem Küchentisch und zogen die Türe hinter uns zu. Gemächlich tuckern wir nun die bekannten Wege und Straßen entlang, passieren die vogelreichen Feuchtgebiete Pantano Cuba und Pantano Longarini, passieren Ispica, Modica und Ragusa. Später, unter strahlender Sonne am Meer entlang, nähern wir uns über die alte griechische Stadt Gela und den römischen Handelshafen Licita den erhabenen Ruinen der Tempel von Agrigento, Reste der antiken Stadt Akragas. Von der Straße aus sieht man einige der ungeheuerlichen Bauwerke dem Hochplateau entwachsen, einem archäologischen Park, dessen Name, „Tal der Tempel" zunächst rätselhaft erscheint. Tatsächlich aber liegt dieser Ort immer noch tiefer als die heutige moderne Stadt. Uns, von Meereshöhe heraufkommend, erscheinen diese Strukturen majestätisch und riesenhaft, enigmatische Bestandteile der Skyline einer modernen Großstadt.

In Agrigento ändern wir die Fahrtrichtung, halten nun auf Norden zu, um die gesamte Insel zu durchqueren. Ein weiches, weitausholendes Relief öffnet sich. Hügel, Berge, flache Täler erinnern mich an frühere Reisen durch das Hinterland des Languedoc. In der Form brauner Teppiche breiten sich dunkle Feldstreifen über erdige und sandige Wellen. Ungleichmäßig streuen Olivenbäume über das weite Terrain, gleich den unzähligen weißen Schafen, die das Land an vielen Orten beweiden. In Sichtweite der mehr als dreitausendfünfhundert Jahre alten Stadt Mussomeli kreuzen wir eine Reihe von Vulkankegeln. Nach einigen Todesfällen, verursacht durch ausgetretenes Methangas, sind diese Berge heute für Besucher gesperrt.

Wir rasten an einer Tankstelle, weit entfernt von jeder sichtbaren Bebauung, trinken Kaffee. Der großzügige Verkaufsraum bietet eine ungemein breite Auswahl an Lebensmitteln. Ich vermute, dass genau darauf der Zweck dieser Tankstelle beruht – sie bietet in weitem Umkreis die einzige Möglichkeit, an Güter des täglichen Bedarfs zu kommen. Wir schäkern mit einem kleinen Kind, das sich sehr für Coco interessiert. Alle im Raum scheinen zu einer Familie zu gehören, ihre Gesichtszüge sehen einander ähnlich. Hinter dem Tresen schreitet die Mutter des Kindes unablässig die gläsernen Auslageboxen ab und präsentiert ihre haute-couture-verdächtige Robe fast beiläufig zwischen Spaghetti und Schwarzkohl. Wir reißen uns von diesem bunten Schauspiel los und starten zu den letzten Kilometern bis Palermo. Mit der Fahrt über die Bergkämme ändert sich das Wetter, es wird kälter und regnerisch.

Bereits nachmittags um Vier durchstreifen wir die ersten Vororte, erreichen das Stadtzentrum noch im Tageslicht. Auch an diesem Ort überfallen mich Erinnerungen. Ähnlich wie beim Eindringen nach Nizza auf den Straßen, die sich aus den Seealpen herunterwinden, stürzt man auch hier förmlich in die Stadt hinunter. Soweit das Auge reicht, reihen sich schmucklos errichtete Wohnkasernen aneinander. Ihre dicht ineinandergeschlungenen Betonknäuel wuchern hemmungslos bis direkt an das Meeresufer.

Leicht finden wir unser Quartier in der Via Veneto Nummer Fünf, etwa gleichabständig zwischen dem kleinen Park Villa Costa mit seinen Rosenbüschen und Orangenhainen und dem prächtigen subtropischen Park um die Villa Sperlinga. Präzise und geduldig manövriert Uta unser Fahrzeug durch die äußerst enge Hofeinfahrt, dem Eintritt zu einem kleinen Garten. Wie wir vor der Ankunft erfahren haben, halten hier einige Schildkröten Winterschlaf. Wohnung und Garten tragen ihren Namen: Tartaruga. In den Innenräumen herrscht eine gleichermaßen intime wie familiäre Atmosphäre. Mir ist, als seien ihre Bewohner noch vor wenigen Minuten hier gewesen. Mindestens sechs Betten und weitere improvisierte Schlafmöglichkeiten bieten Platz für eine generationenübergreifende Familie. Küche und Bibliothek sind opulent ausgestattet – ein Haushalt, der unterschiedliche Bedürfnisse zu befriedigen vermag. Wir fühlen uns sofort heimisch, breiten uns aus und verspüren große Lust zum Lesen und Kochen.

Während der Nacht hat es geblitzt und gedonnert. Mehrfach war ich aus dem Bett gestiegen, hatte auf dem gusseisernen Schildkrötenpanzer der Nachttisch-Lampe den Schalterknopf gesucht. Im Unterschied zu der im Tiffany-Stil bunt verglasten Schildkröte, die Utas Bettseite illuminiert, befindet sich der wichtige Knopf meines Leucht-Reptils am Schwanzende. Die Fenster dieser Wohnung lassen sich lichtdicht verschließen, aber halten sie auch die Wasserfälle ab, die vom Himmel und den Dächern herabstürzen? In der Küche regiert ein fahles Licht, das die Konturen der Stühle und Wandschränke reliefartig hervortreten lässt; geschwungener Ornamentschmuck aus Stuck und Schnitzereien. Ich trete an die Fenster des Wintergartens, vor denen fünf herabhängende Schnüre Keramikfiguren tanzen lassen, Schildkröten natürlich, die Panzerschalen sechsfarbig glasiert. Eine Kreuzung aus Terrarium und Balkon gewährt Ausblicke über den quadratischen Innenhof des Wohnkomplexes. Für ein Weile vertiefe ich mich in das aus einigen wenigen Nachtlichtern beleuchtete Unterwasserpanorama. Am Morgen steht fest: alle Fenster waren dicht. Durch die üppige Vegetation des Vorgartens spähe ich über die Winterbetten der Tartaruge hinweg und erkenne auf den Straßen die gleiche Garnitur wie im Innenhof: Müllcontainer und ausgesprochen eng geparkte Kraftfahrzeuge verschiedenster Größe und Fabrikate. Die Überzahl der Menschen da draußen springt im Sitzen ruckartig in dichtem Kraftverkehr vorüber oder beschäftigt sich damit, Parkplätze für ihre Maschinen zu ergattern. Zwischen der Hausseite der motorisierten Stadt, angereichert und gefüllt mit

Abgasen und Dauerlärm und unserem Salon bilden Bananenstauden und riesenhafte Kletterpflanzen auf verholzten Stämmen einen regelrechten Schutzwall. Mithilfe millionenfacher Verzweigungen, Ranken, grüner Schlingen und einem wuchernden Blättermeer gelingt es ihnen und all den anderen Pflanzen, die überall sichtbar Vorgärten, Alleen und Parks beleben, eine weit ausgedehnte Oberfläche herzustellen, über die ein ständiger Gasaustausch erfolgt. Trotz seiner gnadenlosen Verkehrsdichte und Bebauung wirkt Palermo deshalb sehr grün. Ich öffne die schmale Glastüre und stehe direkt über dem steppenartig angelegten Reservat der Kriechtiere. Die Lungen von Reptilien sind viel stärker gekammert als die der Amphibien und ähneln den Organen, mit denen wir Säugetiere den Sauerstoff aus der Luft holen. Coco quetscht sich an mir vorbei, stürmt bellend die Stiege hinunter und wird von einem Zaun abrupt am Weiterrennen gehindert. Sie darf den Reptilienpark nicht betreten. Davon kaum beeindruckt gilt ihr Interesse sofort einer völlig anderen Spezies – den Katzen. Von ihnen gibt es hier viele. Sie bewohnen die Stadt, ähnlich beständig beschäftigt und selbstsicher umherschweifend wie die Menschen. Im engen Käfig unseres Vorgartens folgt Coco nun flinken Schrittes diversen Riechspuren, aufgebracht und eifrig schnüffelnd. Kurze Graupelschauer verhängen meine freie Sicht nun wieder vertikal mit eisigen Gitterstäben. Durch die Zwischenräume klettert mein Blick die Häuserschluchten hinauf, nimmt Balkon um Balkon und endet in einem homogenen Ganzfeld von hellem Grau. Bar jeglicher Ungleichartigkeit, Figuren oder Konturen, erreicht meine Netzhaut nur einheitlich diffuses Licht, wie in einem dichten Nebel. Ich wende mich ab, wanke tastend zurück in das Zwielicht des Salons. Hier gruppieren sich schwere Fauteuils und zwei buntbehangene Sofas um einen flachen Glastisch. Von den Wänden leuchten gerahmte Gemälde und Zeichnungen in den Raum hinein, keine Drucke, alles Originale! Als Mittelpunkt der Wohnung offenbart sich eindrucksvoll und unverhohlen ein lederbespannter Schreibtisch. Ein Fernsehgerät, das Heiligtum und unübersehbare Zentrum aller vorher gemieteten Quartiere, entdecke ich erst später in einer dunklen Ecke. Auf halbem Weg zur Küche dringen meditative Flötentöne an mein Ohr. Dieses musikalische Gewebe, für andere akustische Reize so durchlässig wie ein Spinnennetz für Landschaft und Himmel, zieht sich in Sekundenschelle zu einer Erinnerung zusammen: die Panflötenkunst des rumänischen Musikers Gheorghe Zamfir, wie sie in den 1970ger Jahren über Europa hinweg populär war. Mit einem Ohr an der Haustüre erfahre ich von Uta, dass der Mann, der den Eingang unseres Mietshauses bewacht, Meditationsmusik hört. Fast in jedem Haus dieses Stadtbezirkes sitzt oder steht ein Wachmann. Uta nimmt vieles schneller wahr als ich. Heute leidet sie an Erinnerung an einen schlechten Traum. Erst als wir mittags das Haus verlassen, fällt diese Last von ihr ab. Sie sehnt sich nach dem Meer.

So durchziehen wir Alleen und Promenaden, Straßenzüge, deren graue und müllverkrustete Trostlosigkeit sich nicht von den Wohnvierteln der einfachen Leute unterscheidet, die wir aus vielen anderen Städten kennen, in München und Berlin nicht anders als in Paris und Roma. Der weite Blick unten am Meer tröstet für Momente über diese Tristesse hinweg. Hier verharren trotzig auch einige wenige alte Gebäude, die nicht verfallen, trotzdem in schlechtem Allgemeinzustand, umzingelt von Müll. Nach zweieinhalb Stunden Marsch durch Industrieanlagen, Werften und Einkaufsstraßen finden wir zurück in unser Viertel südlich des Borgo Vecchio. Mit jedem Meter, der uns von der Konsumindustrie entfernt, dringen wir tiefer ein in die Welt der historischen Märkte. Freilich grinst uns aus jedem zweiten Verkaufsstand auch in Fernost produzierte Massenware entgegen, aber es findet eine fortschreitende Veränderung statt. Schließlich drehen wir uns mit allen anderen Menschen in einem sinnlichen Karussell aus Stimmen, Gerüchen und Farben! An einem Stand erstehen wir Fisch und Wein. Später, zurückgekehrt an die Via Veneto, finden wir unseren Wachmann Cesare singend und auf einer Gitarre spielend hinter seinem Dienstpult. Einige Minuten lang verharren wir zögerlich lauschend zwischen Einkaufskorb und Aufzug. Das steingetäfelte hohe Treppenhaus besitzt eine hervorragende Akustik. Als Cesare dann Consuelo Velázquez' Bésame mucho intoniert, hält uns nichts mehr vom Mitsingen ab. Schnell kommen wir ins Gespräch; später reicht mir Cesare sein Instrument. Eines Tages hat er den hölzernen Corpus aus einem der allgegenwärtigen Müllhalden gefischt, und mit zu sich nachhause genommen. Hier gelang es ihm, dem Musikinstrument neues Leben einzuhauchen und zugleich den bis dahin gut verborgenen Schatz seiner eigenen Musikalität zu heben ... sehr behutsam, in jahrelanger übender und forschender Kleinarbeit. Ich greife in die Seiten und finde dort einige Melodien von Leonard Cohen. Am Ende dieses so spannenden Tages ziehen wir uns in den Komfort der Küche zurück, kochen ein Finocchio-Risotto mit Koriander und braten dazu Filet vom Schwertfisch (Pesce spada). Das Literarische Abendessen findet im Einzugsbereich der Kochbücher statt, die aufgereiht neben der Balkontüre ihre Geheimnisse hüten und nun mit verführerischen Avancen aufwarten: Cannolo di Melanzana perlina con Capelli d'Angelo croccanti, Ricotta, Pomodorino e Ragusano, Cotoletta alla Palermitana, Parmigiana riveduta e corretta alla Moda della Madia, Crespelle dolci all'Arancia! Uta entscheidet sich für einen Limonen-Kuchen.

Freitag, 04. Januar 2019

Der Winter hat uns eingeholt. Den ganzen Tag über wird es nicht richtig hell, großzügig ergießt sich Regen über die Stadt. Zum Abend hin sinkt das Thermometer auf Plus drei Grad. Die Tropfen durchmischen sich mit weißen Flocken. Bis Mitternacht wird es dann wieder wärmer – ein Intermezzo? Coco zuliebe verlassen wir kurz das Haus, eingekrümmt in Pullover, Regenjacke, Schal und Schirm. Unter Palmenkronen und einem Baldachin aus vielerlei tropischen Früchten, deren Namen wir nicht kennen, führen wir unseren Hund durch den Botanischen Garten, als der sich Palermo trotz des Raureifs präsentiert. Wieder im Haus deponieren wir für Cesare ein Stück Limonen-Kuchen auf seinem Counter. Nachdem wir wieder in die trockene Höhle der Wohnung zurückgeschlichen sind, widmen wir uns dem Essen und Trinken. Vor dem Arbeiten im Salon, wird die Küche belagert, das sinnliche Herz der Wohnung. Später breitet Uta ihre großen Formate aus und malt. Coco macht es sich auf den Kissen eines mächtigen Sessels bequem, dessen wertvollen Bezug wir mit einer der beiden Wolldecken geschützt haben, die wir zu diesem Zweck mit uns führen. Die

Schnauze elegant auf das beige Tuch der Lehne gebettet, neigt sich Coco dem Bücherschrank zu und fällt bald in einen tiefen Schlaf. Ich inspiziere mein Taranto-Bild. Die obere Hälfte ist gelungen, zeigt den Schrein eine Höhlenkirche, mit der Ikone des Nikolaos und seiner drei heiligen Jungfrauen. Das Bauwerk wird von vier Karyatiden gestützt, die bisher nur in Skizzen existieren. Genauso steht es mit den beiden Herren, die im Vordergrund eine kinematische Maschine bedienen. Für ihre Köpfe, beide noch inhaltsleer und weiß, suche ich nach Substanz und Gehalt. Ich befinde mich am rechten Ort. Beim Durchstöbern der Bibliothek, gebeugt über einen der zahlreichen Bildbände, stoße ich auf Reproduktionen einiger Gemälde von Antonello da Messina und verliere schnell jeden Bezug zur Zeit. Vor allen anderen Darstellungen interessiere ich mich für seine Portraitkunst, die das Lebendige und Persönliche der dargestellten Menschen über ihren gesellschaftlichen Status hebt, in Antonellos Zeit etwas durchaus Ungewöhnliches. In Kombination mit dramatischen Schatten- und Lichteffekten gelang es dem Meister, als ein Vorreiter in der Geschichte der europäischen Malerei, Gedanken lesbar zu machen. Eindrucksvoll ist das in seiner „Annunziata", der „Verkündigung" zu sehen, deren Geschichte sich allein aus dem Gesicht einer jungen Frau erschließt. Dieses wundersame Bild hängt hier in Palermo. Wir beschließen, es aufzusuchen. Später mahnt Coco noch einmal zum Spazierengehen. Nach der Rückkehr schenkt uns Cesare zwei Zitronen, frisch gepflückt in Corleone, dem Heimatort seiner Frau. Im Bio-Supermarkt gab es Hackfleisch; Uta befüllt damit Cannelloni! Spät wagen wir uns noch einmal ins

Schneegestöber. Das ist gut für die Gesundheit und für das Auffüllen der Weinvorräte.

Mit Werten unter zehn Grad fügt sich das Thermometer noch immer passgenau ein in unsere Vorstellung eines kalten Wintertages. Eine weitere Bestätigung liefert umgehend das aufblitzende Morgenlicht. Es zeigt die Stadt umringt von einem Hufeisen aus weißgezuckerten Bergen; wir blicken empor aus der Mitte eines gigantischen Gugelhupfes. Wie wohlig warm es in unserer Küche ist! Dazu duftet es nicht nur nach frischem Kaffee, sondern immer noch nach den Gerichten der Vortage. Trotzdem müssen wir hinaus ins Freie. Heute führen wir Coco an die Viale Lazio in einen Park, in dessen Mitte eine einsame weiße Fontäne über dem kreisrunden Swimming-Pool weht. Sie winkt den hochdoldigen Blütenstämmen der Agaven zu, die sich über den gesamten Garten hinweg verteilen. Hier bildet ein mehrfarbig blühendes Rosenmeer das östliche Gegenstück zu den üppigen Orangenhainen der Villa Costa, wo sich Passanten und Gärtner gleichermaßen an den saftigen Früchten bedienen. Trotz der fein abgestuften Noten zwischen Kirschenrot und hellem Neapelgelb ziehen die Hagebutten in den Rosenbeeten kaum Aufmerksamkeit auf sich – ausgenommen Cocos; zu gerne nascht sie von den prallen Perlen.

Zurück am Haus lassen wir sie die Wohnung bewachen. Cesare ruft ein Taxi, das uns schnurstracks in die engen Gassen der Altstadt befördert. Im Kalsa-Viertel steigen wir aus.

Eingefügt in Ensembles zahlreicher ebenso finsterer Gemäuer aus dem Mittelalter und der Barockzeit erhebt sich das düstere Massiv des Palazzo Abatellis. Hier wollen wir Antonellos „Annunziata" finden. Die ersten Stunden aber vergehen über dem Bestaunen großartiger sizilianischer Malerei aus dem dreizehnten bis zum siebzehnten Jahrhundert. Viele der in der Barockzeit entstandenen Bilder verraten Einflüsse von Michelangelo Merisi, genannt Caravaggio. Die Gestalten präsentieren sich gleichsam angestrahlt von einem Scheinwerferlicht vor oftmals dunklem Hintergrund. Eine eigene thematische Ausstellung widmet sich Antonello da Messina. Den Höhepunkt der Schau verkörpert seine „Annunziata", das Portrait, das wir nach Mauro Drudis Interpretationen in Siracusa nun klar und freigeschält von jeder Verfremdung begutachten dürfen — die Pinselstriche und delikaten Farbnuancen. Antonello hat das Thema wie ein Architekt behandelt. Gesicht und Schleier der jungen Frau sind ebenso hartkantig formuliert, wie das hölzerne Lesepult, auf dem ein nur wenige Seiten umfassendes Schriftstück liegt. Kaum aufgeblättert, droht es, sich wieder zu schließen, wie ein Brief, der sich, wenn nur selten gelesen, in seine Faltung zurückbiegt. Ebenso ephemer wirkt die Bereitschaft der jungen Dame, sich dem zu öffnen, was ihr in diesem Augenblick begegnet. Mit der linken Hand zieht sie die Enden des blauen Schleiers zusammen, ein Vorhang, der im nächsten Augenblick ihr Antlitz vollständig verbergen könnte. Mit der Geste der anderen Hand sagt sie, was ihre abwehrende Miene nicht ausspricht, denn die Lippen hält sie fest verschlossen. Doch Antonellos Komposition versagt ihr gleichzeitig jegliches Recht auf einen eigenen Willen. Diese beiden Hände, die ihn artikulieren könnten, hat er viel zu klein gemalt. Die Jungfrau ist eine „Magd des Herrn". Er allein entscheidet, was ihr geschehen wird.

Uta klagt über Schmerzen im rechten Arm; auch ich spüre ein wehes Drücken. Handelt es sich um Anzeichen von Synchronisierung, oder leiden wir beide an einem „Malerarm"? Eine Produktionspause erzwingt sich ihr Recht. In der Stadt der Gegensätze schreiten wir über die Museumsschwelle hinaus auf die Gasse und stolpern durch aufgebrochene Straßen, flankiert von Müllhalden auf der einen und Konsumpalästen auf der anderen Seite. Im Teatro Massimo suchen wir für eine Weile Zuflucht in einem anachronistischen Ambiente, das zum Kaffeetrinken und Lesen einlädt. Ein breiter Gürtel aus hässlichen Wohnblocks, Ruinen und Müll umschließt die historischen Stadtviertel, die man daran erkennt, dass prächtige Sehenswürdigkeiten eingemischt sind. Da wir in einer Großstadt wohnen, haben wir mit dieser Struktur gerechnet. Palermo hält aber auch angenehme Überraschungen bereit: die Stadt ist von Bäumen, Alleen und Parks durchsetzt – ein einziger botanischer Garten! Und - sie hat mit Leoluca Orlando einen couragierten Bürgermeister, der seit Jahrzehnten nicht nur erfolgreich gegen Mafia und Stadtentkernung kämpft, sondern sich auch mutig gegen den Rassismus der aktuellen italienischen Regierung stellt. Leoluca Orlando steht permanent unter Personenschutz. Ihm verdanken wir, dass das Teatro Massimo nach Jahrzehnten mafiöser Baupolitik 1997 wiedereröffnet wurde – pünktlich zum Jubiläum seines einhundertjährigen Bestehens. Frierend und auf dem Rückzug in unser Viertel, kaufen wir Uta einen Schal. Zuhause legt sie sich ins dunkle Schlafzimmer. Ich zeichne die Schlummernde im Zwielicht. Später am Abend, als ich mit Coco vom Spazierengehen zurückgekommen bin, vertilgen wir wieder köstliche Essensreste.

Im Morgenrot zeigt das Thermometer neun Grad – mittags werden es vierzehn sein. Die Sonne wird die Wärme noch verdoppeln, wir fühlen uns wie im Sommer. Langes Frühstück. Im Internet finden wir Quartiere in Spanien, dem übernächsten Land, das wir bereisen möchten. Dann locken uns wieder die Düfte und Blüten des Gartens der Villa Gaetano Costa mit seinen herrlichen Mandarinen- und Orangenbäumen! Nachdem wir bereits einige Male die Vorzüge dieses besonderen Ortes genossen haben, finden wir heute heraus, woher sein Name stammt. Gaetano Costa war ein italienischer Richter, der am sechsten August 1980 von der Mafia getötet wurde. Der Garten erstreckt sich über einen Hektar inmitten urbaner Bebauung, umgriffen von Häuserzeilen, Straßennetzen, Gassen und Plätzen. Offensichtlich wurde dieser feingliedrige Park explizit für die Bewohner dieses Stadtviertels gebaut: Wasserbecken, Spielräume für Kinder, ein gewundener zentraler Pfad, eskortiert von Sitzbänken. Eine Abfolge von hohen und schattenspendenden Bäumen führt in das hügelförmige südliche Segment, durch aromatische Essenzen begrenzt und von Sträuchern durchsetzt: Steineiche, Johannisbrotbaum, Granatapfel, Lorbeer. Nach Osten hin begleiten uns mannshohe Farne, Agaven, Wolfsmilchgewächse, die immergrüne Myrte und der Mastixstrauch. Zu seinem getrockneten Harz pflege ich eine besondere Beziehung. Es wird schon bei vierzig Grad Celsius weich, ist in Terpentinöl und Alkohol lösbar und bildet so ein nützliches Malmittel für die Öl- und Temperamalerei von hervorragenden Qualitäten. Dieses Harz eignet sich auch gut als ein Schlussfirnis. Wenn ich bei der Radiertechnik mit Säuren arbeite, verwende ich Mastix gelegentlich auch als Alternative zu Asphaltlack als Ätzgrund. Zudem schenkt Mastix der griechischen Spirituose Masticha ihr typisches Aroma. In Griechenland ziehe ich dieses Getränk zu jeder Zeit dem allgegenwärtigen Ouzo vor. Maskenbildner schätzen die klebenden Eigenschaften des Harzes, um glatten Gesichtern Bärte aufzupflanzen. Wieder zuhause wendet Uta ihre Not in eine Tugend. Den schmerzenden linken Arm lässt sie ruhen und wirft mit „links", bezaubernde Zeichnungen aufs Papier. Bald arbeiten wir glücklich nebeneinander den Nachmittag über. Von oben dringt beständig eine neue Musik zu uns herunter: das Getrappel von Kinderfüßen auf einem knarrenden Fußboden. Zwischendurch genehmigen wir uns Utas Cannelloni-Reste – ein Gedicht!

Der letzte Spaziergang des Tages führt durch die Abenddämmerung in den Westteil unseres Viertels bis zum weitläufigen Parco della Favorita mit seinen Tennis- und Fußballplätzen und der Reitsportanlage. Wir wandern vorüber an den verschlissenen Zeugnissen einer gut zweihundertjährigen Architekturgeschichte, trotz Verfalls und Verschmutzung nahtlos zu einem Ganzen ineinandergesteckt wie die Zacken eines Reißverschlusses. Am Abend stehen wir plaudernd um den wackeligen runden Tisch im zentralen Zimmer der Wohnung, der Küche, knabbern Nüsse und trinken des letzten Rest Rotwein. Uta möchte morgen früh losmarschieren – mit Coco in die Altstadt, dann wieder einmal wie „die Italiener" frühstücken, im Stehen in einer Bar. Ich bin in der Via Veneto sehr zufrieden. Die Eindrücke, die wir hier sammeln, sind keinen Deut weniger typisch oder kennzeichnend für Palermo wie ein Spaziergang über den Straßenmarkt von Ballarò oder den Vucciria-Markt am Hafen.

Montag, 07. Januar 2019

Sonnenstrahlen vertreiben eilig die Morgenkälte. Bei dreizehn Grad schmausen wir kurz in der Bar Lojacono in der Via Francesco Lojacono, so benannt nach dem sizilianischen Landschaftsmaler. Mit ihm verbindet mich die gemeinsame Leidenschaft zu Prinzipien, die ebenso von der Künstlerkolonie in Barbizon, der Malergruppe der Macchiaioli in Firenze und der Schule von Resina bei Napoli vertreten wurden. Lojaconos überaus realistische Kunst entstand nicht nur im Atelier, sondern zum großen Teil draußen in der Landschaft. Sie thematisiert im Frühwerk die detailliert ausgearbeitete Pflanzenwelt der Insel Sicilia, umhüllt von einer fast sinnlich wahrnehmbaren Sommerhitze. Er malte, was ihn umgab, was er sah, deshalb wirkt kaum ein Bild konstruiert. Wenn Menschen und Tiere in seinen Werken auftauchen, dann meist bei der Arbeit im Freien.

Um die Mittagsstunde sitze ich im Stadtzentrum beim Zeichnen auf dem Südmäuerchen, das sich um den Vorplatz der Kathedrale schmiegt, Coco zu meinen Füßen. Bald werden wir die Seite wechseln. Für den Hund, der ja immer einen Pelzmantel trägt, wird es an dieser Stelle langsam zu warm.

Uta besichtigt das Innere des normannischen Domes, während seine zinnenbewehrten Außenmauern meinen Augen als Kulisse für die vielen Menschen dienen, deren Bewegungen und Physiognomien meine Aufmerksamkeit binden, meine Neugierde wecken und schließlich gemischte Gefühle auslösen. Vor diesem prächtigen Vorhang aus romanischer Grundierung, bestückt mit orientalischen Stilelementen, scheinen sie einer eigenen, mir fremden Choreografie zu folgen, vollkommen unabhängig von den Klängen der Straßenkapelle, die temperamentvoll und schnell ihre Tarantella spielt. Für Musik, nicht computergestützt, sondern hergestellt mit Händen, Füßen, Mündern, Lungen, ja lebendigen Körpern, kann ich mich begeistern. Je länger ich aber dem Treiben der „Akteure" um mich herum folge, umso mehr stößt es mich ab. Sie kommen mir unselbständig vor wie Marionetten, gesteuert mithilfe einer Fernbedienung, die sie sinnfreie Tätigkeiten ausführen lässt. Ihre Bewegungsmuster dienen vorrangig dem Profit einiger weit Entfernter, die ihnen aufgeschwatzt haben, sie müssten Bedürfnisse befriedigen, die in Wahrheit nicht ihre eigenen sind. So sitzen Coco und ich wieder einmal umnebelt von waberndem Nebenstromrauch, der seine tumorbildenden und sonstigen krankheitserregenden Wirkungen auch auf diesem historischen Platz geltend macht. Aber auch die Ohren müssen leiden. Die Klänge der Tarantella vermögen nur fragmentiert die wabernden Schallwände zu durchbrechen, die sich aus den Ergüssen unzähliger winziger Lausprecher errichten. Von allen vier Himmelsrichtungen drängen sie heran und verteilen ihr kakofonisches Gemisch über das Terrain. Sekundenweise nur tragen Böen musikalische Frequenzbündel über die Isophone, dann wieder maskiert von Klingeltönen,

Alarmgeräuschen und anderen industriell angefertigten Schallereignissen. Menschenmengen versammeln sich auf diesem Domvorplatz, um miteinander in Schall und Rauch zu versinken. Die Mehrzahl von ihnen verspeist dabei Eiscreme und wird nicht müde, emsig Verpackungsmüll auf den tausendjährigen Bodenplatten zu verteilen. Wir verlassen die Arena. Auf der Piazza Vittoria, eingebettet zwischen dem Palazzo Sclafani und dem Erzbischöflichen Palais, wandern wir umher. Immer wieder lasse ich mich auf einer Bank zum Zeichnen nieder. Uta ist zum höchsten Punkt der alten Stadt hinaufgestiegen, den ein Schloss krönt. Sie verschwindet über den Grundmauern aus vorchristlichen Zeiten im Palazzo Reale, dem Sitz des sizilianischen Parlaments. Dort sucht sie Mosaike aus dem zwölften Jahrhundert, Abbilder von Fauna und Flora, meist in byzantinischer Ikonografie, gesetzt auf überbordend mit echtem Gold bedeckte Untergründe. Während sie fündig wird, investieren Coco und ich einige Mühe in den Versuch, einen hoch gewachsenen Straßenhund abzuschütteln, der im Park „Villa Bonanno" Patrouille läuft. Der gold-braune Rüde folgt uns unbeirrt durch den Palmengarten. An jeder Bank quittiert er meine Rufe und ausholenden Gesten mit einer gewissen Großzügigkeit sowie einer präzise gesetzten Urinmarkierung. Kurzzeitig entfernt er sich, bleibt aber stets in Sichtweite. Immerhin variiert er den Radius der Bögen, in denen er Coco unter dem Glanz der wärmenden Sonne umtanzt. Wie alles und jedes hier, erlangen auch wir bald den Rang einer Sehenswürdigkeit, fleißig registriert von den Handgeräten der vielen asiatischen Touristen. Als Uta uns wieder entgegentritt, leuchtet etwas Goldenes in ihren Augen. Natürlich hat auch sie die unermessliche materielle Kostbarkeit beeindruckt, mit der der Palazzo Reale auftrumpft. Emotional berührt aber wurde sie von der Malerei der Anna Maria Cariolato. Diese feinfühlende Künstlerin wirkte in den Jahrzehnten der vorletzten Jahrhundertwende. Mit zurückhaltender Palette ist ihr etwas gelungen, nach dem wir streben, auf das wir hinarbeiten. Anna Maria Cariolato vermochte es, starke Emotionen auszulösen. Uta, weit entfernt von Bigotterie und unempfänglich für jede Art religiöser Sentimentalität, beschreibt mir eines ihrer Ölgemälde. Es zeigt eine gewöhnliche Frau mittleren Alters, die leeren Blickes nach Innen lauscht. Das Haupt leicht nach links geneigt sitzt sie mit hängenden Schultern auf einem rundlehnigen Stuhl, während ihre beiden Hände an den Gelenken über das hellscheinende Rückenholz eines zweiten Stuhles pendeln. Die Malerin nannte dieses Portrait „Donna in preghiera", „Frau im Gebet". Uta zeigt mir eine Fotografie. Auch ich lasse mich berühren, habe eine weitere Person gefunden, von der ich gerne lernen würde.

Auf dem Rückweg in unser Wohnviertel genehmigen wir uns in der Bar Sanremo einen Imbiss. Der Lokalmatador der Piazza Vittoria hat an der Grenze des Parkes, markiert durch eine Straße, schließlich von unserem Labradorweibchen abgelassen. Später auf dem Weg begegne ich den größten Zitronen, die ich je gesehen habe. Ihr Volumen reicht an die mögliche Fülle menschlicher Brüste heran. Stark beeindruckt lasse ich sie dennoch in den geflochtenen Henkelkörben der Straßenhändler zurück, denn Zitronen, von denen ich ja an jedem Tag koste, haben wir zuhause noch genügend. Wolken ziehen auf, passend zum Giardino Inglese, in dessen grüner Dschungelpracht wir uns staunend zu verlieren drohen. Meine sehnsüchtigen Blicke hinauf durch die Scherenschnitte der

Baumkronen, von Erinnerungen an Gedichte begleitet, die Rudyard Kipling in seine Dschungelbücher einwebte, vereiteln bald jede Orientierung. Uta und Coco lenken unsere Schritte derweilen in eine gute Richtung entlang der Luftwurzeln, Lianen und Wurzelplastiken des Großblättrigen Feigenbaumes. Auf den Gartenstühlen des Café Inglese rastend, trinken wir ein Glas Wein, studieren Gesichter und Gesten der wenigen Gäste und diskutieren wieder Grundfragen unserer Malerei.

Dienstag, 08. Januar 2019

Heute geht mir alles langsamer von der Hand als sonst, noch langsamer. Soweit meine Erinnerung zurückreicht, erlebe ich mich als einen Reisenden, gefangen in einem unsichtbaren Fahrzeug, das sich von unbekannter Hand gezogen, zügig vorwärtsbewegt. Viele der unter zivilisierten Menschen üblichen Wahrnehmungsgeschwindigkeiten, vorgegeben durch eine Flut von technisch vervielfältigten Sinneseindrücken, stimmen mit meinen inneren Tempi nicht überein. Auch wenn ich mich kräftig und agil fühle, geht ein großer Anteil meiner Energiereserven auf das Konto von Selektion und Strukturierung. Seit gut vierzig Jahren beschäftigt mich diese Dissonanz. Ihren Ursprung verorte ich an manchen Tagen in einer Art Behinderung, die meine Wahrnehmungsfähigkeit lähmt und begrenzt. An anderen Tagen verdächtige ich die Menschen um mich herum. Sie erliegen der Macht eines kollektiven Geschwindigkeits-Wahns. Aus der Herde der heiligen Kühe unserer materialistischen Gesellschaftsformen ragen diejenigen besonders hervor, die ohne Beschleunigung nicht auskommen: Mobilität, Wirtschaftswachstum, Datenbeschleunigung. Oft schon und gewiss auch trickreich habe ich versucht, mich mit diesen Werten zu synchronisieren, vorwärtsstürzend, hinterherstolpernd. Umsonst, denn noch immer sehe ich mich bei eingehender Betrachtung doch weitaus öfter taumeln als laufen. Heute fühle ich mich müde, suche nach Bodenhaftung in dieser Stadt, die wie jedes andere gesellschaftliche Zentrum „niemals schläft". Während der vergangenen Nacht schoben sich die schweren Fahrzeuge der Müllabfuhr durch die vollgeparkten Straßen, hoben an allen Einfahrten die wuchtigen Container an ihre gefräßigen Schlünde, um sie geleert zurück auf den Asphalt zu werfen. Der Lärm einer Truppe von Wohltätern, denen zum Vollzug ihrer Verschleppungen aufgrund des hohen Verkehrsaufkommens nur die Dunkelheit bleibt. Wohin bringen die rufenden Männer den Müll? Ich las nach, denn als Coco, beunruhigt von dem nächtlichen Treiben, hinaus in den Garten drängte, blieb ich in der Bibliothek zurück. Im Internet fand ich zu Palermos Müllabfuhr immer die gleichen Schlagworte: Müllprobleme, Müllberge am Straßenrand, illegale Müllverbrennung, Mafia. Coco blieb unruhig; so entließ ich sie während dieser Nacht noch drei Male zu den Schildkröten.

Uta backt Pfannenkuchen zum Frühstück und bringt mit ihnen ein Stück Glückseligkeit in diese düsteren Morgenstunden. Später setze ich mich ins Treppenhaus, plaudere mit Cesare über dies und das; dann schlendere ich mit Coco zur Villa Sperlinga. Auf dem Rückweg umrunden wir einmal den Häuserblock und kaufen im Bio-Supermarkt ein. Der Rest des Tages verschwimmt in Malerei. Aus Platzgründen führen wir Bildträger der Masse vierzig mal vierzig Zentimeter mit uns. Die mit grundierter Leinwand kaschierten Kartons passen perfekt in eine stabile Kiste, die Malgründe und Gemälde gleichermaßen schützt, während wir uns auf Fahrt befinden. Auch in Palermo fertige ich ein Bild dieser Größe an, das die Beziehung zu unserer unmittelbaren Lebensumgebung dokumentiert. Der Ausblick vom Salonfenster hinaus auf das Reservat der Schildkröten. Vor architektonisch geordneten Linien im rot-gelben Farbspektrum, das Kolorit der Fassaden an den gegenüberliegenden Häuserzeilen diktierend, erhebt sich ein vitaler Wald. Bananenstauden heben ihre Arme über einem dichten grüntönigen Gewebe, fabriziert von einer wachsenden, ineinander wirkenden Pflanzenschar. Aber während ich die Gouachefarben in schnellen Hieben auf die Leinwand schleudere, befinde ich mich bereits in einem anderen, einem weitaus früher gemalten Bild. London im letzten Jahrhundert. In Sichtweite der glasüberwölbten Markthallen des Stadtviertels Covent Garden hat sich eine illustre Gesellschaft eingefunden. Nebeneinander sitzend formen ihre Mitglieder eine Reihe kataton erstarrter Pflanzenmenschen, allesamt die Arme reckend in anthropomorpher Gestalt. Der englische Sommer, in dem das Gemälde Anfang der neunziger Jahre entstand, unterschied sich klimatisch kaum von den Verhältnissen an dem süditalienischen Wintertag, zu dem ich bald zurückfinde. Träumen und Kochen. Ich liebe diesen kompakten und doch so opulent ausgestatteten Küchenraum – ein Ort der Quarantäne zwischen dem stinkenden Lärm der Großstadt, der über den verglasten Balkon hinwegsaust, und dem Rückzug ins Private, den ich heute bevorzuge. Je später der Abend, desto größer meine Lust an den sinnlichen Freuden, die mir Gemüse und Gewürze bieten! Am Ende kredenze ich Polenta mit Koriander, überbackene Zucchini, Knoblauch, Oliven und Fenchel, dazu einen schweren Rotwein. Nach diesem Fest fühle ich mich wach und erfrischt. So räume ich die Küche auf und mache mich ans Packen, denn morgen werden wir das Haus der Schildkröten verlassen und unsere Reise fortsetzen.

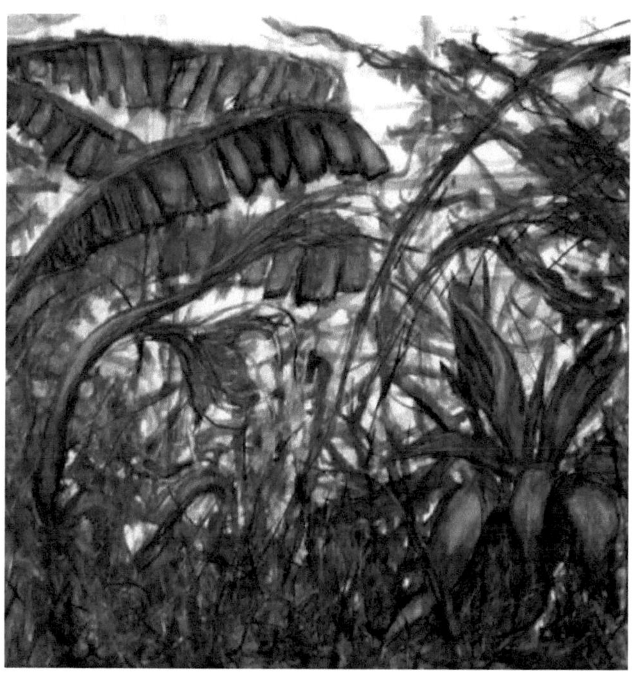

Von Palermo, Sicilia nach Ercolano, Campania - die achte Station der Italienischen Reise.

Coco weckt mich kurz nach ein Uhr. Im Salon leiste ich ihr Gesellschaft, bis der Morgen anbricht. Während dieser Nachstunden umflutet uns das grünliche Licht einer Installation, die von den Gardinen dieses Wohnzimmers ausgerichtet wird. Aus dem elektromagnetischen Wellenspektrum der Straßen-Laternen filtern sie zielsicher diejenigen Strahlenbündel heraus, die uns ohne Umschweife direkt in die Fluten eines dicht von Algen besiedelten Aquariums versenken. In diesem traumgleichen Ambiente lese ich mich diagonal durch die Bücher dieser feinen altmodischen Bibliothek. Das gelingt tatsächlich, denn nicht wenige der deponierten Schriften liegen in französischer und englischer Sprache vor. Kurzes Frühstück, dann fühle ich mich kräftig genug, alle Gepäckstücke aus der Wohnung zu befördern, die schmale Außentreppe hinunter zum Auto. Das Ein- und Ausladen ist meine Aufgabe. Sie erfordert Planung und Sorgfalt. Angesichts all der Malutensilien werden wir nun wieder Zeugen eines Packwunders, denn wir müssen nichts zurücklassen. Mit Engelsgeduld und sehr langsam manövriert Uta dann den Wagen im Rückwärtsgang durch das Nadelöhr des geöffneten Gartentors hindurch auf das Trottoir. Hier wartet bereits die nächste zeitraubende Herausforderung: ein dynamischer Spalt. Seine Begrenzungen setzen sich aus drei Pkw zusammen, die die Ausfahrt zur Straße parkend blockieren. Zudem variiert der Hiatus seine Ausmaße unaufhörlich durch den Verkehrsfluss, der nur seltene Gelegenheiten zum Einfädeln bietet. Uta löst diese Aufgabe souverän, laut fluchend und hupend. Endlich auf den Straßen angekommen, schwimmen wir die nächste Stunde lang mit den Strömungen des morgendlichen Berufsverkehrs, bis wir schließlich zum Ostrand der Stadt gelangen. Über die Stadtautobahnen rollen wir hinaus, der Sonne entgegen ins Conca d'oro, das goldene Becken, wo seit Menschengedenken aromatische Zitronen wachsen. Einige Stunden lang folgen wir der Küstenlinie entlang des Tyrrhenischen Meeres. Trotz des allgegenwärtigen paradiesischen Funkelns und Strahlens schlafe ich bald ein. Erst im Städtchen Milazzo erwache ich. Von hier aus ist es nicht mehr weit bis Messina, wo wir die Fähre besteigen werden. Jetzt tanken wir und genießen einen caffè an der Bar. Hier, in Milazzo lebt der Zeichner, Kupferstecher und Aquarellmaler Salvo Curro, ein Freund von Francesca di Ponzio und Francesco Rizzo aus Taranto. Die beiden haben uns sehr ans Herz gelegt, Salvo zu besuchen – das wird uns heute nicht mehr gelingen. Ich bin mir aber sicher, dass wir uns eines Tages kennenlernen werden, möglicherweise als Mitglieder einer europaübergreifenden Künstler-Gruppe, die ich begründen möchte. Ich bin neugierig auf ihn, denn Salvo Curro beschäftigt sich mit den Themen Umweltdesign, zeitgenössische Landschaft und sizilianische Kultur, Sujets, die mich seit Granelli auch umtreiben. Eine weitere Verbindung besteht über das Zeichnen, Salvos bevorzugte Technik. Nach dem Durchstreifen arkadischer Landschaften erreichen wir bald Messina. Aus dem Hafenbecken heraus richtet sich die Jungfrau Maria schriftlich mit den Zeilen eines heiligen Briefes an die Stadt und möglicherweise auch uns. Sie schreibt: „Wir segnen euch und die Stadt" (VOS ET IPSAM CIVITATEM BENEDICIMUS). Bald stehen wir auf dem Heckplateau des Dampfers umgeben von den Farben, die es trägt: Blau, Weiß und Gelb. Wehmütig sichten wir nun ein letztes Mal die bunten Uferstreifen, deren Blüten und Blätter sich binnen weniger Viertelstunden in etwas Abstraktes auflösen. Wir setzen uns in die Lounge, wo ich wieder einschlafe. Noch träumend wanke ich später an Utas Arm hinunter zum Auto. Erst als wir den Zipfel der Basilicata durchquert haben, der sich in unsere Reiseroute beugt, und Campania erreichen, wache ich richtig auf – zurück auf dem europäischen Festland.

Riesenhafte Starenschwärme zeichnen plastische Bilder in den roten Abendhimmel als wir den Golfo di Salerno erreichen. Unter diesen dramatischen Darbietungen hinwegrollend durchdringen wir die virtuellen Membranen einer gigantischen Ansammlung von Häusern. Weitläufig und ins Land hineinwuchernd legt sie sich um das Massiv des Vesuvio herum, bis weit in den Norden der großflächigen Stadt Napoli hinein. In der Stunde der Abenddämmerung erreichen wir einen Bauernhof aus dem Jahre 1927 in Resina, einem Städtchen, das seit 1969 Ercolano heißt. Hier erhoben sich bis zum verheerenden Ausbruch des Vulkans Vesuvio im Jahr neunundsiebzig nach Christus die Mauern der römischen Stadt Herculaneum, die von griechischen Siedlern gegründet wurde. Die gut viertausend Einwohner ereilte an diesem Tag das gleiche tödliche Schicksal wie die Menschen in den benachbarten Orten Pompeii, Stabiae und Oplontis. Heute präsentiert sich der gesamte Golf von Napoli urban überbaut, ausgenommen die berühmten Ausgrabungsstätten und einige wenige Garten-Grundstücke. In einem dieser Refugien, die umzingelt von Bauruinen, modernen Betonsünden und leise verfallenden alten Häusern, dem neuen Schrecken einer alles ergreifenden Umweltzerstörung trotzen, werden wir wohnen. Im deliziosa casa di Donna Maria erwarten uns Elisa und Antonio mit ofenfrischen, duftenden Pizzette! Acht flauschige Teigkissen, rotwangig und mit Parmesanspänen bedeckt, senden uns, kredenzt auf einer silbernen Platte, aus ihrem Serviettenbett heraus Wohlgerüche entgegen.

Donnerstag, 10. Januar 2019

Wir erwachen in einem Bauerngarten, bewachsen von alten Bäumen: süße Orange, Olive, Zitrone, Nuss, Lorbeer und Feige. Einige der Pfade und Wiesen dieser so seltsam deplatzierten Oase habe ich bereits im Mondlicht erkundet. Viertel vor fünf Uhr hat eine Böe an den losen Balken der baufälligen Haustüre gerüttelt und anschließend krachend unbekannte Gegenstände über die Steinfliesen vor der Gartenstiege geschleudert. Coco stand zitternd und keuchend vor unserem Bett. Wir blieben beide wach. Um Sieben dann führe ich sie hinaus vor die Türe, über felsenbegrenzte Pfade hinunter ins Grüne. Hier lasse ich sie von der Leine, denn das Gelände ist von hohen Mauern umschlossen. Cocos Schatten huscht hin und her, rast durch das Buschwerk, verharrt abrupt und verrät mir, wie interessant unser Hund dieses Stück künstliche Natur findet. Am unteren Ende des schließlich nur noch von Gräsern bewachsenen Hanges stoße ich auf eine alte Mauer. Auf der anderen Seite erkenne ich die Umrisse eines stattlichen Gebäudes mit Hof, das ich als Schule interpretiere. Gelber Ocker hängt noch erkennbar an den Verputz-Fetzen, die Wind und Wetter noch nicht mitgenommen haben. Jenseits dieser Schule und dem ihr diametral gegenüberliegenden Sportplatz mit Flutlicht und Zuschauertribünen umringen Betongehäuse mit flachen Dächern den Garten. Dahinter aber, im Süden, lockt das glitzernde, weite Meer. Als ich mich zum Rückweg umwende, meinen Kopf hebe, mache ich nach Norden hin in Umrissen die mächtige Doppelwelle des Vesuvio aus. Es regnet nicht mehr, ist aber mit sieben Grad über Null recht frisch. Die Fenster des haushohen großräumigen Zimmers, an dessen westlicher Wand ein monumentales Doppelbett thront, schließen nicht. Man kann die Fensterflügel nur gegeneinander lehnen. Winde und Temperaturen lassen sich auf diese Weise nicht aufhalten. Dennoch verfallen wir sofort dem altmodischen Charme dieser besonderen Wohnung. Das Bett, einer Festung gleich auf einem Podest errichtet, das auch ein uneinnehmbarer Fels sein könnte, begrenzt an der Kopfseite ein modernistisches Gitter aus gestrahltem Chrom. Die vielfältigen Strukturen und diverse Volumina, kunstvoll eingearbeitet, sagen mir nichts. Am Fußende haben Antonio und Elisa eine schwere Holzkiste positioniert, die ich leider nicht aufbrechen kann. Ein lieblich darüber gebreitetes Leinentuch bietet einigen Artefakten den schlecht verhohlenen Vorwand, sich anzubiedern, die aus Holz geschnitzte Miniatur eines Schaukelpferdes, die Fernbedienung der Klimaanlage und ein Sammelsurium von Hygieneartikeln. Ansonsten beherbergt das Zimmer ausschließlich authentische alte Gegenstände mit deutlichen Gebrauchsspuren. Umgeben von seltsamen Dingen, deren Funktion wir oft nicht einmal kennen, wähnen wir uns in einer Art Wunderkammer. Uta okkupiert einen Frisiertisch, hinter dessen dünnen Stelzen ein gusseiserner Heizofen hervorlugt, reserviert für eine kalte Jahreszeit. Das einzige aber, das Uta in diesem Ambiente effektiv Nutzen verspricht, ist das Spiegelglas. Um die Projektionsfläche herum hat Elisa stilsicher Accessoires drapiert: ein geflochtenes Schminkköfferchen, dessen Vorzüge die Dame von Welt besonders auf Reisen zu schätzen weiß, eine in Chamois gehaltene Konfekt-Dose (leer), ein aus dunklem Holz gefertigter Tresor für Schmuck und eines dieser Lederetuis, die mir stets Rätsel aufgeben. Was könnten sie verbergen? Wofür sind sie bestimmt? Künstliche Fingernägel? Vielleicht. In direkter Nachbarschaft zum Frisiertisch drängen sich die eindeutigen Formen einer hochgewachsenen Schneiderpuppe auf. Ihr schwarzes Gerippe stützt ein luftiges Sommerkleid, ganz in Weiß, übersät von schwarzen Pünktchen. Ein durchsichtiger Tüllschal umspielt schwarz durchbrochen das angedeutete Dekolleté, das umkränzt von einem Band aus künstlicher Rosen Volumen vortäuscht. Ganz oben dann, kurz vor dem Bereich, in dem der Hals abgeschnitten in die Leere ragt, umspielt ein zweiter Rosenkranz die Amputation. Man kann sich diesem Anblick nur schwer entziehen. Die Morgenroutine will nicht so recht anlaufen. Während Uta das winzige Badezimmer flutet, springe ich zwischen dem bescheidenen Flur, der als Küche dient, und dem Schlafsaal hin und her. Mit jedem neuen Schritt über die krumme Schwelle tausche ich Stift und Zeichenblock erneut gegen Teller, Tassen und andere Frühstücksutensilien aus. Schließlich sitzen wir auf wackeligen Stühlen vor dem gebrechlichen Tischlein und lassen den Kamin nicht aus den

Augen. Trotz der Kälte fühlen wir uns hier wohl. Der Kaffee duftet köstlich! Schritte nähern sich von draußen. Elisa klopft an und erscheint im Türrahmen als Inkarnation einer italienischen Mama, wie ich sie mir aus all meinen Vorurteilen nicht perfekter hätte zusammenreimen können. Mit einer Mischung aus Güte und Dominanz drückt ihre Miene unmissverständlich aus, was wir als nächstes zu tun haben: fleißig essen. Um dieser Anweisung Nachdruck zu verleihen, stellt sie einen Korb frisch gepflückter Mandarinen auf den Boden, denn das Tischlein bordet bereits über vor anderen Nahrungsmitteln, überwiegend Gastgeschenke, die Elisa bereits in der Küche für dieses Frühstück bereitgelegt hatte. Übergangslos mündet unser Wohlgefühl in Glückseligkeit. Nachdem sich Elisa diskret zurückgezogen hat, sitzen wir noch lange im Stübchen, Coco auf dem Läufer zu unseren Füßen, und lauschen „Radio Mozart". Nach einem erneuten Abstecher in den üppigen Bauerngarten (Coco wird heute die Wohnung bewachen) bietet sich Antonio an, uns in die Stadt zu begleiten und helfend zu instruieren, wie wir am schnellsten zu den Ausgrabungsstätten, den scavi di Ercolano gelangen. Rein äußerlich imponiert er als das gerade Gegenteil seiner Frau: hochgewachsen, sehr schlank und jede Sekunde in Bewegung. Während der geviertelten Stunde, die wir gemeinsam über Gassen, Straßen und Plätze hasten, wird er nicht müde, Elisas Kochkünste zu loben. Wie gelingt es ihm, so schlank zu bleiben? An jeder Ecke scheint Antonio jemanden zu kennen. Rufe und Schulterklopfen werden ausgetauscht. Schließlich führt er uns in eine kleine Bar, wo wir mit ihm – quasi im Vorbeilaufen - einen vero caffè napoletano hinunterkippen. Kurze Zeit später finden wir uns in den scavi wieder und durchforschen für die Dauer einiger Stunden die Ausgrabungen des einst verschütteten Herculaneum. Umfriedet von einer steinernen Mauer breitete sich dieser Ort einst innerhalb eines regelmäßigen Rechteckes aus. Die Einwohner lebten vorrangig als Handwerker, Fischer und Landwirte. Einige zeitgenössische Schriftsteller beschrieben die besondere Schönheit dieser Stadt, die reiche Römer anzog und zu einer regen Bautätigkeit führte. Unmittelbar nach dem Betreten der scavi, sehen wir uns den Überresten zahlloser menschlicher Skelette gegenüber. Sie finden sich im Inneren von zwölf Bootshäusern. Wie immer, setze ich mich mit meinen Entdeckungen zeichnend auseinander. Diese Technik gibt mir Zeit, Eindrücke zu sammeln, sie zu beschreiben und zu ordnen. Es handelt sich um einen rein wissenschaftlichen Weg, der auf Distanzierung und sachlicher Betrachtung beruht. Erst an seinem Ende sehe ich mich dazu in der Lage, zu interpretieren. Vermutlich konnten diese Menschen nicht mit dem Rest der Einwohnerschaft fliehen. Als die Bootshäuser einstürzten, starben sie an der schlagartig über sie hereinbrechenden Hitzebelastung. Uta und ich gehen langsam, bleiben oft stehen, um Skizzen anzufertigen, Schilder zu lesen. Nur wenige Menschen sind hier unterwegs; später kommen einige Schulklassen hinzu. Vom Strand, dem antiken Hafen mit den Bootshäusern ausgehend, durchwandern wir die streng geometrisch angelegten Straßen und Plätze. Zeichnend erforsche ich die Gesichtszüge einiger Plastiken, am Grabaltar des Marcus Nonius Balbus oder in der Area Sacra, wo sich das Kollegium der Venerii einst um die Riten kümmerte, die zu Ehren der Göttin Venus abgehalten wurden. Im Inneren vieler Häuser gewinnen wir ein Raumgefühl für das beengte Leben in einer anderen Zeit. Beim Zeichnen vor einem Nymphaeum erinnere ich wieder, dass ich ein solches Brunnenhaus in meinem Garten errichten möchte. Überhaupt haben es mir die Brunnenfiguren angetan, auch solche, die sich an vielen öffentlichen Plätzen der antiken Stadt finden. Im Inneren der Casa dei Cervi stehe ich verzaubert vor vielgliedrigen Ornamenten, die fließend in naturalistische Darstellungen übergehen: Blätter, Blüten, Vögel. Mit jedem Mal, in dem wir eines der antiken Schnellimbiss-Restaurants durchschreiten, wächst in uns der Wunsch, nach einer kleinen Mahlzeit. Als wir lesen, dass in einigen der Küchen sogar verkohlte Reste von Brot und weiterer Nahrungsmittel gefunden wurden, begeben wir uns auf den Weg zu Museumscafé. Der Ausschilderung folgend gelangen wir nach zehn Minuten in die Nähe eines Aussichtsbalkons, auf dem ein Dutzend rauchender Menschen aus Aluminiumdosen trinkt. Nach kurzzeitig noch ungläubigem Herumirren entpuppt sich dieses offizielle Museumscafé als ein Abstellraum für Selbstbedienungs-automaten. Immerhin haben wir es von hier aus nicht mehr weit bis zur Toilette. Es zieht uns wieder den Hang hinunter zu den römischen Privathäusern und ihren oft gut erhaltenen Interieurs. In den Ruinen der Villa dei Papiri versinke ich schließlich in Tagträumen. Aus den Hundertschaften der Papyrusrollen, die in diesem Tabernakel aufbewahrt wurden, wähle ich mit Bedacht einige Abschriften aus Werken altgriechischer Philosophen aus. Ich entscheide mich für Epikur, denn eine der an diesem Ort gefundenen Schriftrollen enthielt ein Werk des epikureischen griechischen Philosophen Philodemus.

Bis weit nach sechzehn Uhr verweilen wir in den scavi. Uta friert es gewaltig an den Fingern. Auch das beständige

Zeichnen hilft nicht mehr weiter. Schließlich muss Coco aus der Wohnung befreit werden. So wandern wir eilenden Schrittes zurück zu Elisa und Antonio. Hier genießen wir in Begleitung unseres tapferen Wachhundes wieder das weite Grün des Gartens – ein starker und wohltuender Kontrast zu all den Steinen, denen unsere Aufmerksamkeit den Tag über galt. Nach einer kurzen Einkaufstour zum Gemüsehändler erwartet uns Elisa. Nun zeigt sie Uta genau, wie man ihre köstlichen Pizzette zubereitet. Unmittelbar wird uns klar, wie die deliziosa casa zu ihrem Namen kam.

Pizzette alla Elisa

Zutaten:
ein Pfund Mehl
sieben Gramm frische Hefe
ein Viertel Liter Wasser
ein Teelöffel Zucker
etwas Olivenöl
ein halber Liter Sonnenblumen- oder Erdnussöl
Pecorino-Käse
Sugo

Der klassische Tomatensugo (sugo di pomodoro) ist die Basis für fast jede Sugo-Variante. Sugo ist flüssiger als Pesto und fester als normale Tomatensauce. Ein echter Sugo ist ausgesprochen sämig. Jede Region und Familie haben wahrscheinlich ihr eigenes Sugo-Rezept.

Hefe und Zucker im Wasser zusammenrühren, in die Mitte des Mehlberges schütten und unterrühren, bis das Mehl eingearbeitet ist.

Alle Zutaten auf eine Marmorplatte legen und sehr kurz verkneten. Einen ordentlichen Schwupps Olivenöl dazugeben und zart mit den Händen in den Teig einarbeiten.

Den Teig ausrollen, viermal falten und in eine Schüssel legen. Mit einem Handtuch abdecken und drei Stunden gehen lassen.

Nach drei Stunden aus dem Teig eine Wurst formen und davon sechzehn gleichgroße Kugeln abquetschen. Jede Kugel wird jetzt „nach Innen verschlossen" (Dies ist der wichtigste Teil des Rezeptes. Man kann diesen Handgriff nur unter Elisas direkter Anleitung erlernen.).

Teigkugeln auf ein Holzbrett legen und dreißig Minuten lang unter einem Handtuch gehen lassen.

Sonnenblumenöl erhitzen. Die Kugeln zu kleinen Pizzette ausziehen und zu zweit oder zu dritt in das Öl legen. Während des Frittierens immer wieder flach drücken, dann umdrehen und kurz weitergaren.

Die Pizzette aus dem Öl nehmen und mit der Kuhle nach unten abtropfen lassen.

Umdrehen und mit Sugo und Pecorino füllen.

Den Rücken zum Vesuvio gewandt stehe ich bei vier Grad im frühen Morgen über einem Meer aus orangenen und gelben Perlen. Durch kleine Fenster von vieleckigen Formen gewährt das Astgewirr unzähliger Obstbäume ausschnitthaft Einblicke über fein verzierten Häute, die aus dunkelgrünen Verstecken hervorspitzen. Von der Höhe meiner Warte aus erstreckt sich der Bauerngarten entlang der Linien eines unregelmäßig gezogenen Dichte- und Größengradienten, den die mit zunehmender Ferne immer zierlicher erscheinenden Zitrusfrüchte abstecken, den weiten Hang hinunter. Gestern habe ich abends im Internet nach Möglichkeiten gesucht, anständige Schuhe zu bekommen. Mein einziges Paar steht kurz davor, sich aufzulösen. Noch ist es aber nicht so weit. Trotzdem orientiere ich mich, denn meine Ansprüche an die wenigen Kleidungsstücke, die ich besitze, sind hoch und schwer zu befriedigen. Sie sollen fair und nachhaltig produziert sein und allen Anforderungen dieser Reise standhalten. Vier Adressen ermutigender Anbieter in der Region habe ich gefunden, alle in Napoli. Heute aber haben wir beim Frühstücken getrödelt – aus gutem Grund. Auf dem Hocker in der Zimmerecke kauernd, die, markiert durch ein senkrecht aufgestelltes Abwasserrohr von zwei Holztüren begrenzt wird, sitze ich vor frisch gesottenen Spiegeleiern. Brot, Käse, Knoblauchtomaten, Butter, Kaffee, ein Glas Marmelade und ein Stapel Bücher tragen dazu bei, die beglückende Atmosphäre weiter mit Genussfreude aufzuladen. Letztendlich entscheiden wir, nicht in die große Stadt zu fahren. Stattdessen spazieren wir durch Ercolano, entlang der „goldenen Meile" in Richtung

Westen, auf den Spuren der europäischen Künstlerkolonie Scuola di Resina. Auch "Republik von Portici" genannt, bestand sie hier elf Jahre lang, von 1863 bis 1874. Zwischen Resina und Portici hatten die Maler ihren Treffpunkt, Männer, deren Namen mir ad hoc überhaupt nichts sagen. Marco de Gregorio, Federigo Rossano, Giuseppe de Nittis und Adriano Cecioni gelten als die Begründer dieser Gruppe. Neben den Sujets ihrer Kunst, weitgehend identisch mit den realistischen Ansprüchen der anderen europäischen Künstlerkolonien, sowie einer besonderen Ausführungsweise in Öl, imponiert mir ganz besonders die Praxis ihrer Entscheidungsfindung. Die Scuola di Resina wurde von einer Vorstandsgruppe geführt, die zu jedem Thema, das zur Disposition stand, neu als Mehrheit gewählt wurde. Auch in der Übernahme zwischenmenschlicher Verantwortung ging diese Künstlerkolonie weit über das Übliche hinaus - frei nach ihrer Devise: „Schutz des Gefährten der Kunst immer, im Leben oder im Tod, wo immer er sich aufhält". In der Literatur werden an vielen Stellen die besondere Darstellung der warmen, erdigen Farbtöne und des Lichts als Charakteristika der Scoula di Resina erwähnt. Leider habe ich hier, am Ort ihres Wirkens, noch keines ihrer Bilder zu sehen bekommen; die Werke sind weit verstreut, einige hängen in Napolis Museen. Auch ist nicht mehr viel übrig von der damals gemalten Realität. Elisa erinnert sich wehmütig an ihre Kindheit, in der Resina noch aus Wiesen, Feldern, Gärten und einigen wenigen Häusern bestand. Einen Eindruck von Teilen der Umgebung, in der sich die Künstler bewegten, bekommt man dennoch auf der miglia d'ora, einer kilometerlangen Reihe alter Häuser und Palazzi aus dem siebzehnten und achtzehnten Jahrhundert, die noch immer die

Straßen von Resina hinunter nach Portici säumen. Es lohnen sich auch verstohlene Blicke durch Zaunritzen und Hinterhöfe in die wenigen noch verbliebenen Gärten. Mit einigen Ausnahmen befinden sich die alten Häuser, oft Palazzi, in einem schlechten Zustand, baufällig, vermüllt, mitunter unbewohnt. Eine zum Korridor hin aufgestoßene Türe, gelb angestrichen vor der rostroten Tünche der Hauswand, öffnet die Sicht auf graue Granitplatten. Auf den ersten Metern liegen ihre Rechtecke Spitze an Spitze, dann, einer Zäsur der aufgerissenen Wandmauer folgend, wurden sie in strengen Waagrechten angeordnet. Von beiden Seiten des Ganges mit Sonnenlicht übergossen, werfen sie Helligkeit gegen weiß gekalkte gotische Bögen. Die Türe am Ende des Ganges bleibt verschlossen. Nur das mit schwarzen Eisenstangen ausgespreizte Oberlicht erlaubt den Einblick in ein „Dahinter", gefüllt mit tiefem Grün und Baumkronen vor Hecken und Büschen. Gartenanlagen finden sich auch auf Terrassen und Balkonen. Von den meist flachen Dächern ergießen sich nicht selten grüne Kaskaden, Palmenspitzen beugen sich der Straße entgegen. Mit dem Durchschreiten des Corso di Resina treffen wir immer öfter auf junge Menschen, wahrscheinlich Studierende. Bald stoßen wir auf immer mehr gut erhaltene repräsentative Gebäude; Teile werden heute von der Universität Napoli genutzt. Wir kaufen uns zwei Eiswaffeln, gelangen zum Bahnhof Ercolano/Portici und lösen kurzentschlossen drei Tickets nach Salerno. Coco rollt sich vor den mit grellem Blau gefärbten Kunstlederbänken zusammen und los geht die Fahrt. Auf der gesamten Strecke durch den Golf von Napoli präsentiert sich die urbane Bebauung dicht und zweckmäßig, auf der Meeresseite regelmäßig durchbrochen für

Hafenanlagen. Die Fahrt nach Süden mutet durchgehend innerstädtisch an, Gebäude und ihre Ruinen aus vier Jahrhunderten. Bei Torre del Greco kommen wir dem Vesuvio sehr nahe; sein letzter Ausbruch ereignete sich im Jahr 1944. Am Bahnhof Torre Annunziata fühle ich mich eingezwängt wie in einen Wagon der Stuttgarter S-Bahn während des morgendlichen Berufsverkehrs. Das Bewusstsein der unmittelbaren Nähe zu Pompei schwebt in meinem Kopf herum, losgelöst jedoch von jeder sichtbaren Realität. Der Zug durchschneidet die Engen eines Gebirgsstockes bevor wir kurz hinter Cava de Tirreni wieder das offene Meer erblicken. In Salerno steigen wir aus, wandern durch Fußgängerzonen, ausstaffiert mit austauschbarer Konsumanimation, wie es sie in den meisten großen Städten gibt. Seit den Sechziger-Jahren wurde die Stadt kontinuierlich und vermutlich hemmungslos mit Betonbauten überzogen und erweitert - für touristische Zwecke und zum Ausbau der Universität an deren Fakultäten heute gut vierzigtausend Studierende lernen. In der Nähe des Hafens besetzen wir die weiß gestrichenen Eisenstühle eines unscheinbaren Restaurants und erfreuen uns an einem einfach und gut zubereiteten Oktopus. Später, im Zentrum der historischen Altstadt, sammeln wir weitere authentische Eindrücke. In den Fußgängerzonen wachsen Zitrusbäume, dicht an dicht, behangen mit kostbaren Früchten. Wir bestaunen die reich verzierten Fassaden der Handwerkshäuser, durchwandern gepflasterte Gassen, überspannt von bunt behangenen Wäscheleinen und mehrstöckig überbauten Steinbogen. Noch in den engsten Passagen parken Autos, freilich die platzsparenden Modelle. Salerno hat sich auf ein internationales Publikum eingestellt.

Überall finden wir noch die Restbestände von weihnachtlichen Artikeln, die sich wohl überall in Europa einer gewissen Beliebtheit erfreuen. Daneben gibt es aber auch originelle Angebote, feilgeboten in winzigen Geschäften, Metzgereien, Bäckereien, Weinhandlungen. Wir ziehen an zahlreichen imposanten Palazzi vorüber und verweilen vor dem tausendjährigen Castello di Arechi. Der ebenso alte Duomo, die Kathedrale San Matteo, soll die Gebeine des Apostels Matthias beherbergen. Leider haben wir zeitlich betrachtet die leere Nische zwischen zwei interessanten Veranstaltungen erwischt. Das Projekt Licht der Künstler (Luci d'artista), in dessen Rahmen zahlreiche Kunstwerke aus aller Welt ausgestellt und illuminiert werden, ist gerade abgebaut worden. Die Nacht des Feuers (Notte del fuoco), verbunden mit einem großen kampanischen Töpfermarkt, soll kommenden Donnerstag stattfinden – dann werden wir bereits in Frankreich sein. Ganz ohne Spektakel begnügen wir uns also mit dem Ambiente dieser schönen historischen Viertel inmitten der Großstadt. Später, während der Rückfahrt, „wenn bei Capri die rote Sonne im Meer versinkt", schmieden wir neue Pläne, denn die historischen Künstlerkolonien auf Capri und Ischia würden wir eines Tages gerne besuchen. Im Klang des Sehnsuchtswortes „Capri" schwingen die Namen zweier Maler mit, die an diese Ort gewirkt haben und deren Werke mich beeindrucken - Oskar Kokoschka und Francis Bacon.

Circumvesuviana, so wird die Metro genannt, die wir heute in der Morgenkälte besteigen. Sie transportiert uns kurvend und zuckelnd, eingewoben in anonyme Menschenmassen, nach Norden, hinein in den Bauch der Stadt Napoli. Ein wenig angeschlagen von arthrotischen Beschwerden fühle ich mich heute wahrscheinlich älter als ich bin. Schon an der Station Ercolano Miglia d'Oro verweile ich neben anderen betagten Damen und Herren auf der Wartebank. Angekommen in Napoli Piazza Garibaldi, stolpere ich an Utas Arm und gezogen von Cocos Hundeleine aus der Tiefe der Metrolinien hinauf in einen frischen, lauten Tag. Zwischen hochaufragenden Zinnen aus Stahl und Beton gliedern wir uns ein in einen der Ströme ameisenhaft emsig wimmelnder Menschen. Entlang des imposanten Rechteckes, mit dem sich der steinerne Teppich der Piazza Giuseppe Garibaldi zwischen die Stadtteile legt, schwemmt er uns direkt ins historische Stadtzentrum. Auf der Suche nach den im Internet gefundenen Adressen guter Schuhmacher verfolgen wir hier einen präzise geplanten Parcours. Er beginnt auf dem Vorplatz des klassizistisch umgestalteten Gebäudekomplexes der Basilica della Santissima Annunziata Maggiore. Hier, im tosenden Verkehr stehen wir in einem dicht besiedelten Wohngebiet, offensichtlich die bescheidene Adresse von weniger wohlhabenden Menschen. Bald biegen wir in die Via Duomo ein, die sich über die Länge eines guten Kilometers durch ein originelles Stadtviertel hinzieht, geprägt von Palästen und Kirchen ebenso wie von traditionellen kleinen Geschäften und Handwerksbetrieben, von denen sich leider keiner auf die

Herstellung von Schuhbekleidung spezialisiert hat. Die Straße verläuft über den Rudimenten eines bedeutenden antiken Weges, die längste Zeit schmal wie eine Gasse, durch das griechische Neapolis, die neue Stadt. Anhand der zahlreichen historischen Bezüge ihres Verlaufes und der sie säumenden Bauwerke erzählt die Via Duomo eine lange zurückgreifende Geschichte der Traditionen dieser Stadt. Wir passieren den Palazzo Como, das nach dem philosophischen Juristen Gaetano Filangieri benannte Stadtmuseum, und erreichen bald die Basilika San Giorgio Maggiore. Hinter ihrer barocken Fassade verstecken sich erlesene Bauelemente aus frühchristlicher Zeit. Weiter bergauf gelingen uns die ersten Einblicke in die schmalen gewundenen Gassen des historischen Stadtteils Forcella. Noch weiter oben, im antiken griechisch-römischen Zentrum, stehen wir plötzlich vor dem Duomo di Santa Maria Assunta. Mit Coco beziehe ich meinen Posten vor der hellen Fassade aus dem neunzehnten Jahrhundert. In meinem Skizzenbuch erscheinen bald die Umrisse einiger der sie säulenhaft schmückenden Skulpturen – akrobatisch aufeinandergetürmte Heiligenbildnisse, die noch aus dem Mittelalter stammen. Auf dem Pflaster der Via Duomo wenden wir uns der antiken Ost-West-Verbindung von Neapolis zu, der Via dei Tribunali. Von hier aus ziehen wir einen Kreis über die Piazza del Gesù Nuovo, und die Via Monteoliveto bis zum Neptunbrunnen auf der weitläufigen Piazza del Municipio in der Nähe des Fährhafens. Noch immer auf der Suche nach gutem Schuhwerk, lassen wir das Castel Nuovo buchstäblich links liegen und streben der Einkaufsstraße Via Toledo zu. Wie schon Salerno beschert uns auch Napoli gemischte Eindrücke. Vielerorts regiert der Kommerz mit mondänen Konsumpalästen unter schwindelerregenden Glaskuppelkonstruktionen. Kilometerlang erstrecken sich ausgedehnten Einkaufsmeilen wie in anderen europäischen Großstädten auch. Ebenso umfangreich präsentiert sich das modische Schuh-Angebot. Keines der angepriesenen Lederobjekte entspricht aber meinen drei angesetzten Qualitätskriterien, denn es geht hier ausschließlich darum, zu verkaufen, was gerade Mode ist. Immer öfter verliert sich mein Blick nun entlang der oberen Stockwerke der Häuserfassaden. Gebäude aus unterschiedlichen Architektur-Epochen, die trotz des fortschreitenden Verfalls und der überall sichtbaren Vermüllung bewohnt sind oder auch für andere Zwecke genutzt werden, und so bislang dem Verfall entgehen. Müde begeben wir uns auf den Rückweg. In der Via Monteoliveto trinken wir in der winzigen Bar O'Murzill ein Glas Weißwein. Gegen Halb Vier landen wir schließlich in einem Restaurant an der Via Giuvanni Paladino in Sichtweite der Basilica Santuario del Gesù Vecchio. Im Inneren der Spaghetteria Francesco e Maria Sofia, eng und dunkel, lassen wir uns von zwei Herren und einer Dame gebratenen Fisch servieren. Während der Stunde unserer Gaumenfreuden gehen immer wieder Männer ein und aus, setzen sich für kurze Gespräche neben die beiden Herren des Hauses, in losen Intervallen den heißeren Zurufen der Dame ausgesetzt, die in der Küche steht. In unseren Gläsern schimmern die Tränen Christi. Sie stammen aus Ottaviano, einem Dorf an der Ostflanke des Vesuvio (lacrima christi vesuvio bianco onna rosa dei cerri fiore romano'). Erschöpft erreichen wir am Abend wieder die Piazza Giuseppe Garibaldi, wo wir den Itinerario circolare delle scarpe introvabile (Parcours der nicht auffindbaren Schuhe) verlassen.

Hier erfahren wir schließlich, dass der Aufenthalt von Hunden auf dem Bahnhofsgelände verboten ist. Folglich darf die Circumvesuviana Coco nicht zurück nach Ercolano transportieren. Freundlich und geduldig von einem älteren Herrn beraten, der auf dem Bahnsteig neben uns wartet, besteigen wir dennoch zu dritt einen Metrozug, der uns sicher und unbehelligt von Kontrollen aus dem Herzen der Millionenstadt hinaus befördert. Schaukelnd zwischen Dunkelheit und grellen Scheinwerferlichtern sehe ich mich unvermittelt in das Paris der 80ger Jahre zurückversetzt. Besonders die Gerüche, die Lärmkulisse und schemenhafte Umrisse der Vorstädte erinnern mich an zahllose Fahrten mit dem RER (Réseau express régional) hinaus nach Vitry-sur-Seine. Zuhause in Ercolano machen mich Elisa und Antonio mit dem Künstler Nello D'Antonio bekannt. Gemeinsam mit seiner gelähmten Frau, Elisas Schwester, um die sie sich seit ihrem Schlaganfall kümmert, wohnt auch er auf dem Bauernhof. Früher hat Nello als Architekt gearbeitet. Seit Jahren schon widmet er sich aber fast ausschließlich seiner künstlerischen Berufung; sein Thema ist eine neapolitanische Variante der christlichen Krippendarstellung. Um sie realisieren zu können, beherrscht er alle grundlegenden Techniken der Bildenden Künste und betreibt hier im Bauernhof eine Werkstatt für Restaurierung und religiöse Statuen. Alle seine Aktivitäten (Grafik, Plastik, Skulptur, Malerei) machen aus diesem wundersamen Ort einen echten Kunstplatz.

Von Ercolano, Campania nach San Vincenzo, Toscana - die neunte Station der Italienischen Reise.

Coco weckt mich kurz nach halb Eins. Ich rolle aus dem riesigen Bett hinaus in die Kälte der Nacht, steige in Hosen und Schuhe, werfe mir eine Decke über und begleite den Hund in den Orangenhain. Dort lasse ich ihn frei laufen, warte still unter schwarzen Blätterkronen. Coco braucht nicht lange, um sich zu entleeren, schnürt bald zurück durch taunasse Wiesen, um sich wieder zwischen den hoch aufragenden Wänden der deliziosa casa zu einem pelzigen Schneckenhaus zusammenzurollen. Viele Bilder schieben einander an, fügen sich zu schier endlosen Karawanen, die in diesen Stunden durch meinen Kopf ziehen. Mit heißerer Stimme ruft eine Frau von einem Balkon herab, Kinder spielen zwischen den Marktständen. Über den Gassen schweben bunte Wäschestücke, ein Fensterspalt schließt sich mit knappem Klacken, während ein Trupp Spatzen die Ritzen des Kopfsteinpflasters plündert. Gesichter und Gesten von Wesen wohl, denen ich gestern in Napoli begegnet sein muss. Oder haben sie sich aus Nello D'Antonios Weihnachtspanoramen gelöst, um sich in meine Wachträume zu verirren? Beides wäre lebendig genug, um echte Erinnerungen zu speisen. Auch die von den immer wiederkehrenden Winterstürmen zerfurchte Türe, gehalten nur noch von einem angerosteten Scharnier, könnte ein Werk von Nellos Händen sein. Finger, mit denen er solide, gut funktionierende Türen im Miniaturformat fertigt, um sie anschließend so lange zu malträtieren, bis sie aussehen, als hingen sie schon hundert Jahre lang an der alten Scheune. Oder handelt es sich gar um ein Gebäude aus der antiken Stadt, den scavi? Als das Sonnenlicht an der westlichen Wand des Schlafsaales emporkriecht, weiß ich nicht, ob ich gewacht oder geschlafen habe. Sicher aber ist, dass ein Teil der Stadt Napoli in mich eingedrungen ist. Nach dem Packen aller Sieben Sachen und einem luxuriösen Frühstück (Tomaten mit Mozzarella, Spiegelei, …) komme ich nicht an Antonios Haustüre vorbei. Er bietet mir frisch gepflückte Orangen an, von einer sehr süßen kampanischen Sorte. Auf den Wegen zwischen der Wohnung und dem Auto, das unten im Hof steht, passt er mich immer wieder ab, sobald ich Gepäckstücke eingebaut habe und mit leeren Armen zurückkomme. Schließlich werden auch die letzten Zwischenräume mit Orangen ausgefüllt, dazu noch Nüsse und Mandarinen. Ich verabschiede mich von Nello D'Antonio, der nicht mehr zwischen Spiritualität und dem sinnlichen Leben unterscheidet, von seiner Frau, Elisa und Antonio, für die das gleiche gilt. Antonio manövriert unser schwer bepacktes Fahrzeug aus der schmalen Hofeinfahrt hinaus in die Via Deglia, die Kurven einer von hohen Mauern umstandenen Gasse, deren schattige Enge nur Einbahnverkehr zulässt. Uta übernimmt das Steuer und Elisa schiebt frisch zubereitete, duftende Pizzette durch das geöffnete Beifahrerfenster. Bald fügen wir uns wieder in meist flüssig gleitende Verkehrsströme ein, die für die Dauer einer guten Stunde Betongebirge durchziehen wie Blutgefäße einen monströsen Organismus. Diese Fahrt geht weitgehend ohne bewusste Navigation vor sich. Wir schweigen lange, tauschen erst später Gedanken aus und versuchen, das Erlebte in die Muster unserer Erfahrungswelten einzuweben. Bald lassen wir

Campania hinter uns und fahren hinein in die Region Lazio in Mittelitalien. Hier kommen wir nahe an der Stadt Frascati vorüber, den Ort, von dem man zum historischen Tusculum hinausblicken kann. Das Wort Tusculum kommt vermutlich vom lateinischen Wort für das Volk der Etrusker, Tusci, die insbesondere in der Zeit vor der römischen Vorherrschaft in zahlreichen Regionen des heutigen Italien ansässig waren. Auf dem Hügel von Frascati, heute Monte Tuscolo genannt, siedelten in den Blütejahren des Römischen Imperiums wohlhabende römische Bürger. Seit gut einhundert Jahren wird der Begriff Tusculum vermehrt auch außerhalb Italiens verwendet, wahrscheinlich um Assoziationen von Wohlstand und Behaglichkeit auszulösen. Auch die Künstlervereinigung, zu der ich zuhause in Deutschland gehöre, nennt sich so. Aus Lazio kommend stoßen wir bald in die südliche Toscana vor, wo wieder Reisen in unsere persönlichen Vergangenheiten beginnen. Im Land zwischen den etruskischen Höhlengängen und Grabmälern um Pitigliano und Sovana haben wir im vergangenen Jahr drei Wochen lang gewohnt. Nahezu jeden Tag war ich damals mit einem Ölgemälde beschäftigt, um dessen Wiedererwerb ich mich nach dem Verkauf erfolglos bemüht hatte. Auf einem Bauernhof bei Sovana habe ich das Bild schließlich auf der Grundlage einiger guter Fotografien noch einmal gemalt. Für diese Arbeit hatte ich zwanzig Nachmittage eingesetzt. Am frühen Abend erreichen wir in der Nähe von Livorno das Ferienstädtchen San Vincenzo. Hier beginnen Utas Kindheitserinnerungen an ein Häuschen am sandigen Strand und das weite, blaue Meer.

Die erste weite Reise in den Süden, die meine Eltern mit uns drei Kindern unternahmen, war in den Sommerferien 1971, wir fuhren nach Italien. Die Toskana war unser Urlaubsziel, über den Brenner nach San Vincenzo, an das Tyrrhenische Meer. Meine Mutter hatte ein winziges Ferienhäuschen auf Stelzen gebucht, das durch eine Sanddüne getrennt vom Meer in einer Ferienanlage lag. Inmitten eines wunderschönen Pinienwäldchens. Ich erinnere mich genau an den Duft der Bäume in der Hitze. Unter den Füßen nur Sand und Pinnennadeln, die einem regelmäßig in die Füße piekten. Als wir nach gefühlt unendlich langer Fahrt endlich dort ankamen, gingen wir natürlich zuerst zum Meer. Meine Eltern hatten vorher erzählt, wie schön das Meer aussieht und wie wunderbar man dort baden kann. Ich war vier Jahre alt und der Anblick war für mich so überwältigend, so überzeugend und so einladend, dass ich es sofort versuchen wollte. Ich rannte mit allem was ich anhatte ins Meer zum Baden, es war so herrlich. Meine Eltern hatten damit nicht gerechnet, so konnten sie mir nicht mehr zuvorkommen und mich aufhalten. Mein erstes Bad im Meer nahm ich also voll bekleidet.

Wir gehen getrennte Wege, denn Hunden ist der Zutritt zum Strand-Resort nicht gestattet. Später fabrizieren wir gemeinsam eines unserer Lieblingsgerichte: Spaghetti aglio e olio.

Montag, 14. Januar 2019

Kälte breitet sich aus in dem Dachzimmerchen, das wir in der weißen Strandvilla ergattert haben; außerhalb der Saison ist das hier gar nicht so einfach. Im Monat Januar wird nicht geheizt. Wir suchen nach einer Bar und dann schnell das Weite. Nach siebzig Tagen werden wir heute Italien verlassen – ein Auge auf lange zurückliegende Eindrücke gerichtet und ein Auge auf das Ungewisse, die Fortsetzung dieser Reise in Frankreich. Mit „San Vincenzo" trägt Uta ein buntfarbiges Bild in ihrem Herzen, den Inbegriff von Unbeschwertheit und Kinderglück. Mit der zunehmenden räumlichen Distanz vom physischen Ort verblasst jetzt auch schrittweise die Unmittelbarkeit dieses Erinnerungsschatzes. Uta weint. Diese Juwelen aber werden ihr für immer bleiben, eingebaut in die unergründlichen Tiefen einer Höhle, deren Ausschmückungen selbst Ali Baba erblassen ließen. Wir nähern uns der Hafenstadt Livorno, passieren La Spezia, fahren an der Riviera entlang. Hier versinke dann auch ich in emotionale Erinnerungen an bedeutsame Zeitabschnitte meiner Jugendjahre. In Ventimiglia stehen wir kurz am Grenzübergang, um uns dann entlang der Corniche der Stadt Nizza (französisch: Nice) anzunähern. Hier wohnte ich 1983 erstmals für einige Wochen und sechs Jahre später dann für ein dreiviertel Jahr.

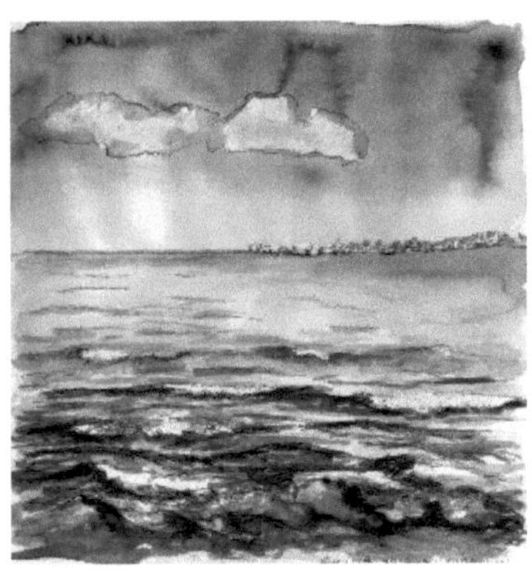

Teil II

Von Oberhausen, Oberbayern nach Bologna, Emilia-Romagna - die zehnte Station der Italienischen Reise.

Alle Wäsche ist gewaschen und getrocknet. Gestern sind wir kurz in Oberhausen zwischengelandet und haben über Nacht alles Notwendige erledigt. Wir kamen direkt aus Frankreich angereist, nach zwei Ausstellungen unserer Arbeiten und einem fulminanten Clowns-Spektakel. Uta, ausgebildete Clownin und seit vielen Jahren auf der Bühne, hatte gemeinsam mit dem Musiker Christophe Formery und der Kuratorin Joëlle Kuhne eine Show entwickelt, die mehrmals im Centre d'Interprétation du Patrimoine im elsässischen Marmoutier aufgeführt wurde. Ein großer Erfolg! In einer Nebenrolle habe ich mich in dieser Show auch wieder auf die „Bretter, die die Welt bedeuten" gewagt – sechs Jahre nach meinem letzten Bühnenengagement und wenige Monate nach Utas Auftritten in London, bei denen ich sie auch musikalisch begleiten durfte. Während der Probenzeiten hatte ich Gelegenheit, kreative Workshops durchzuführen, im Rahmen des pädagogischen Programmes des Museums. Nach fast einem Jahr auf Reisen liegt nun eine Nacht im „Zuhause" hinter uns. Wir haben unser Haus für zwei Jahre vermietet. Die Zwischenlandung in Oberhausen verdanken wir der Großzügigkeit unserer Mieter, die zu Freunden wurden und uns ein Gästezimmer anboten. Um elf Uhr haben wir den Hundespaziergang erledigt und ein Glas Joghurt gekauft – eine symbolische Entschädigung für den Frühstücksraubzug durch den gleichwohl vermieteten Kühlschrank. Jetzt fahren wir wieder los – prendre le large. Wie immer auf dieser Reise steuert Uta das Auto. Nicht nur, weil noch immer ohne Vorwarnung Schwindelattacken über mich herfallen, sondern auch, weil sie es besser kann als ich. Mit der linken Hand umfasse ich eines meiner Lieblingsbücher, das ich im Vorübergehen aus dem Regal gekapert habe: Anita Albus' „Die Kunst der Künste", und lese daraus vor. Anita Albus, die schreibende und malende Wissenschaftlerin, lädt darin zu einer Schule des Sehens ein, die sich jenseits aller Moden und Zeitströmungen entfaltet. Als gebe es sie nicht mehr, erinnert sie an die Malerei, genauer, die der Landschaften des fünfzehnten bis siebzehnten Jahrhunderts. In diesem so überaus sinnlichen Buch, das zum Ordnen und allgemein zum systematischen Sehen und Malen anregt, herrscht Ruhe und Zeitlosigkeit. Anita Albus erleichtert mir, dem eilenden Passanten im Nebel, die Orientierung, indem sie den Blick auf das Detail lenkt, auf die dramaturgisch wirksamen Elemente, unnachgiebig und sehr genau. Mit dieser Methode öffnet sie die schmale Türe, durch die man schlupfen muss, um Komplexität bewältigen zu können, Allegorien, philosophische Zusammenhänge, Deutungsvorschläge ohne Rückgriff auf den Zeitgeist. Das Zuhören und Vorlesen während der Autofahrten ist uns zu einem Ritual geworden, Einstieg und Konsolidierung für eine respektvolle Haltung der Auseinandersetzung mit Gedanken, die andere Menschen bewusst geformt und versprachlicht haben. Beseelt von diesem Bemühen gelangen wir zunächst bis nach Garmisch-Partenkirchen, dort jäh konfrontiert mit einer weiteren Realität: Coco hat Hunger. Uta stoppt sofort das Auto und kauft große Mengen Hundefutters. Dann geht es durch Tirol und das Trentino. Traditionell genießen wir hier Caffè und Brötchen. Den Lago di Garda und Verona lassen wir bald hinter uns, gelangen in dichtem Berufsverkehr ins Innere der Stadt Bologna. Dieses kulturelle Zentrum, wohl von den Etruskern auf weitaus älterem Siedlungsgebiet begründet, ist ein Sehnsuchtsort schon seit vielen Jahren. Als Jugendlicher habe ich mich für die kontemplativen Stillleben des Malers Giorgio Morandi begeistert, der zwei Jahre nach meiner Geburt in Bologna starb. Einige Jahre lang hatte ich bei der Darstellung von Gegenständen geübt, mich auf das Wenige zu beschränken, das zur präzisen räumlichen Wahrnehmung unerlässlich ist: Reduktion auf wenige klare Linien, Perspektive und Textur. Morandi war mein Meister. Ich hoffe, die Zeit zu finden, sein Museum in der Via Don Minzoni zu besuchen. Diese Straße trägt den Namen des katholischen Geistlichen Giovanni Minzoni, dem zwei faschistische Schläger im Jahr 1923 den Schädel zertrümmerten. Die Angeklagten wurden erst nach dem Ende des zweiten Weltkrieges verurteilt. Die Katholische Kirche hat ihren Märtyrer bislang weder selig noch heiliggesprochen. Der dritte Name, den ich mit Bologna verbinde, ist der des Musikers Lucio Dalla. Auch er ist schon gestorben. Ich glaube, es war mein Bruder, der mich in den siebziger Jahren mit seiner Musik bekanntmachte, mit seiner so unvergleichlich modulierfähigen Stimme und dem Klavier- und Klarinettenspiel, das ich besonders gerne in den Jazzaufnahmen höre. Zuerst aber erkennen Uta und ich die Stadt Bologna als eine Etappe auf dem Weg nach Albanien. Dort werden wir uns mit zwei Mitarbeitern des Vereins „Clowns ohne Grenzen Deutschland" treffen, um Menschen in Krisensituationen zum Lachen zu bringen: vor allen anderen die Kinder der Roma und von Menschenhandel betroffene Personen, denen die spontane Freude aus vielerlei Gründen vergangen ist. In herbstlicher Dunkelheit kurven wir die Hügel hinauf zum Gästehaus Il Villino, wo es mit jeder Kurve ländlicher und stiller wird. Es regnet. Mit triefenden Rockschößen beugt sich der Herbst über die Stadt. Für eine Nacht beherbergt uns die Unterkunft der Cooperative Sociale Nazareno, die in Not geratene Menschen unterstützt. Ihr Ziel ist Rehabilitation im eigentlichen Sinne: Wiederherstellung von Respekt, Wertschätzung, Wiedereingliederung in eine Funktion, in eine soziale Rolle, Wiederherstellung der Würde. Auf ihrem Internet-Auftritt zitiert die Cooperative den Vers eines meiner liebsten Dichter, Leonard Cohen, in dem er davon spricht, alles habe einen Riss. Dieser Riss erst ermöglicht es dem Licht, einzutreten. Für ihre heilenden Zwecke bedient sich die Cooperative Sociale Nazareno neben Therapieangeboten auch eines breiten Spektrums an kulturellen Aktivitäten: Bildende Kunst, Theater, Tanz, Musik. Man kann die künstlerischen und handwerklichen Werkstätten der Cooperativa Sociale Arti e Mestieri besuchen, die sich der Herstellung von Keramiken und bedruckten Stoffen widmen. Uta hält in einer unübersichtlichen Kurve, gebogen aus mannshohen Mauern und üppigem Buschwerk, graublau und kilometerlang. Ich springe aus dem Fahrzeug in den Regen hinaus, presse mein Ohr an die Gegensprechanlage. Bald öffnet sich wie von Geisterhand geführt das schmiedeeiserne Tor zu einer märchenhaften Parklandschaft. Nach kurzem Gespräch geleitet uns eine blütenjunge Dame im Businessdress durch die Villa. Der Weg führt zunächst entlang der Galerie einer Gemäldeausstellung, die Werke psychisch kranker

KünstlerInnen zeigt, deren Grandezza sich im Zwielicht bereits erahnen lässt. Dann verlassen wir das Gebäude, um durch den Nebeneingang wieder einzutreten. Hier steigen wir steinerne Stufen hinauf und finden uns umringt von Kunststoffpuppen und Kleiderständern. Die Präsentation von Brautkleidern – eine Inszenierung, die wir nach ähnlichen Erfahrungen in vielen italienischen Städten fast schon erwartet haben. Gut, im Treppenhaus eines Gästehauses ist uns diese unbeirrbare Beschwörung der weiblichen Jungfräulichkeit bisher noch nicht begegnet. Zwischen weißen Rüschen finden wir unsere Zimmertüre. Der bescheidene Raum öffnet sich zweckmäßig zu einer Terrasse über der winkeligen Kurve vor dem Eisengitter. Während ich die Gepäckstücke heraufbringe, exploriert Coco bereits das Terrain. Für die Dauer einer Nacht nisten wir uns ein und recherchieren, holen Informationen ein, die wir für die Weiterreise nach Albanien benötigen.

Wir werden unruhig. Von Stunde zu Stunde lernen wir mehr über die zunächst unkompliziert scheinende Ausreise und die für später anvisierte Wieder-Einreise in die Europäische Union. Gegen zwanzig Uhr ist klar: um Coco legal wieder einreisen lassen zu dürfen, fehlt uns eine Blutuntersuchung - ein Beleg für die Immunität ihres Körpers gegen die Tollwut nach der Impfung, die sie vor einigen Monaten erhalten hat. Eine Titer-Bestimmung ist aufwendig, teuer und nicht über Nacht zu bekommen. Wir aber brauchen binnen eines Tages eine Antikörperbestimmung, dazu ein frisches amtstierärztliches Attest. Wir diskutieren, zerbrechen uns den Kopf, marschieren durch den Nieselregen, der die Terrasse besprüht, um klare Köpfe zu bekommen. Aus diversen Blog-Beiträgen erfahren wir von Menschen, deren Papiere beim

Überschreiten der albanisch-griechischen Grenze wider Erwarten nicht kontrolliert wurden. Wir können uns nicht darauf verlassen, dass es uns genauso ergehen wird. Uta telefoniert mit Carlo Tarani in Firenze. Könnten wir Coco bei ihm lassen, während wir in Albanien sind? Gewohnt großherzig sagt Carlo zu. Wenig später relativiert er. Wir sind auf der Suche nach einer zuverlässigeren Lösung.

Donnerstag, 31. Oktober 2019

Von Bologna, Emilia-Romagna nach Guglionesi, Molise - die elfte Station der Italienischen Reise.

Um neun Uhr stehen wir in einer Reihe mit weiteren vier- und zweibeinigen Kunden vor der Türe der Veterinärklinik an den Giardini Margherita. Umgehend werden wir angehört, das Blut wird abgenommen, bleibt aber für unsere Zwecke wertlos, denn unbedacht hatten wir Coco am Morgen noch gefüttert. Eine zweite Blutentnahme wird für fünfzehn Uhr vereinbart. Bis dahin erkunden wir Bologna – zuerst Cocos Interessen folgend in den weiten Wiesenlandschaften der Giardini Margherita. Hier tanken wir Ruhe, Sauerstoff und Zuversicht. Dann geht es hinunter in die alte schöne Stadt. Bald erreichen wir die berühmten Arkaden, die sich über die sagenhafte Länge von mehr als dreißig Kilometern über weite Teile der Innenstadt erstrecken. Durch Autoverkehr und Menschenmengen bahnen wir uns einen Weg zu den köstlichen Säften und Patisserien im Palazzo Fava, Via Manzoni. Hier sitzen wir eine ganze Weile vor den wechselnden

Ausstellungen zeitgenössischer Malerei, großformatige Werke wohl namhafter Künstler, von deren Ausstrahlung aber weder Uta noch ich etwas bemerken. Wir geben uns Mühe. Aus acht ungerahmten Bildträgern, alle jeweils größer als drei mal zwei Meter, treten uns grimmig blickende Männer entgegen, bärtig, in schwarzem Rock und weißen Hosen. Tragen sie Waffen? Hinter diesen mit kräftiger Farbe markierten Gestalten zeichnet sich die blumig-geometrische Tapete ab, auf die gemalt oder gedruckt wurde. Ihre in Bordeaux-Rot changierenden Noten bilden durchaus verstörende Kontraste zu den Farben der Turbane dieser dysphorisch gestimmten Soldaten. Dick aufgetragene Monumentalität, die rätselhaft bleibt. Unmittelbar und eindeutig erschließen sich dagegen die Vorzüge der kulinarischen Künste. Bald ein zweites Mal serviert von der eloquenten englischsprachigen Italienerin, umschürzt mit gestärktem Weiß. Wir fragen nach dem Namen des Künstlers oder der Künstlerin. Sie kann ihn nicht nennen, wolle sich erkundigen, kommt entschuldigend zurück – niemand im Raum kennt ihn. Natürlich zieht es uns auch in das historische Stadtzentrum, die Piazza Maggiore mit dem opulent ausgestatteten Neptunbrunnen und der Basilika San Petronio aus dem Ende des vierzehnten Jahrhunderts. Von hier aus wandern wir über Nebenstraßen bis zur Trattoria Mariposa in die Via Bertiera 12 – ein Restaurant, das alle unsere Wünsche erfüllt. Das Raumangebot ist begrenzt, um nicht zu sagen, gering. Also warten wir, bis ein Tischlein frei wird, platzieren Coco in den Zwischenraum zu zwei jungen und offensichtlich hundebegeisterten Damen. Serviert wird das, was er heute gibt. Perfekt. Natürlich auf der Basis von frischem Gemüse, Fisch und Oliven. Alle Gäste sind aufgefordert, während ihres

Aufenthaltes im Mariposa ein Bild anzufertigen. Auf dem Tischset lese ich: „un vostro disegno", darunter fordert auch ein schematisch angedeuteter Bilderrahmen zum Zeichnen auf. Buntstifte liegen bereit. Diese Praxis erinnert uns an Da Povero, das Bistro in der apulischen Universitätsstadt Lecce, dessen Wände mit den Zeichnungen der Gäste bedeckt waren. Um halb Vier schließlich verlassen wir Bologna mit einem tierärztlichen Attest in der Tasche und dem Versprechen der Veterinärin, uns die ersehnte Antikörperbestimmung so bald wie nur möglich per E-Mail zu schicken. Für den Besuch des Morandi-Museums hat die Zeit heute nicht gereicht. Zum Trost haben wir ein paar Musikstücke von Lucio Dalla dabei. Sie halten uns wach und spenden ein wenig Zuversicht, denn auf allen Straßen stauen sich die Fahrzeuge. Gefangen in den sich schier endlos dahinstockenden Blechkarawanen realisieren wir schließlich, dass morgen ein Feiertag ist. Obwohl wir die Autostrada Adriatica in Richtung Süden bereits vor sechzehn Uhr erreichen, kommen wir erst gegen Mitternacht an unserem Etappenziel in der Region Molise an. Wir haben tatsächlich übersehen, dass Allerheiligen selbstverständlich auch in Italien als Feiertag begangen wird und sich somit viele Menschen auf den Weg nach Süden in ein verlängertes Wochenende begeben würden. Uta hält durch. Es dauert noch eine ganze Weile, bis wir in der Dunkelheit der Berge Haus und Garten unserer Gastgeber Claudio und Antonio finden – beide sind noch wach und erwarten uns mit frisch bezogenen Betten!

Freitag, 01. November 2019

Von Guglionesi in Molise nach Brindisi, Puglia - die zwölfte Station der Italienischen Reise.

Um Neun erwache ich in einem ummauerten hohen Zimmer, die Kemenate einer mittelalterlichen Burg. Vom winzigen Fensterloch aus überblicke ich weitgeschwungene Hügelketten, besetzt von ausgedehnten Olivenhainen, umlegt mit Teppichen aus braunen Feldern vielerlei Tönung. Nur wenige Häuser lassen sich in den hochbewachsenen Gärten ausmachen, Bauernhöfe meist mit Betonanbauten. Aus allen Himmelsrichtungen erschallt das Gebell von Hunden, kein Mensch lässt sich blicken. Im Aufstehen nehme ich Coco mit. Wir tapsen zur Türe, die auf der anderen Seite des Raumes ebenerdig zum Garten hinausführt. Auch hier Oliven, lose umstellt von noch jungen Feigen-, Orangen- und Zitronenbäumen. Über gemauerte Stufen erklimmen wir die Dachterrasse der winzigen Burg, von wo aus sich der Blick in alle Richtungen weitet. Hier verweilen wir. Coco schnuppert vom Turm hinaus in die Winde. Ich beginne, die Hunde zu zählen, die freilaufend die umliegenden Gärten und Felder durchstreifen; kein Terrain für ausgedehnte Spaziergänge mit Coco. Wir begnügen uns mit dem Erkunden des Grundstückes, auf dem unser Quartier errichtet wurde, wohl auf den Ruinen eines verfallenen Stalles. Antonio, früher Sozialarbeiter in den Städten Roma und Venezia, hat das Anwesen vor sieben Jahren von seinem Vater geerbt. Gemeinsam mit Claudio, der zuvor als Psychologe gearbeitet hat, wurde ihm der Erhalt der Landwirtschaft, des Gartens, des Hauses zur Aufgabe und

Passion. Als uns die ersten Hunde schließlich entdecken, fliehe ich mit Coco zurück in unser Gästezimmer. Uta erwacht. Bald sitzen wir im Salon unserer Gastgeber zum Frühstück. Aus dem Hintergrund dringen parallel zum Kaffeeduft musikunterlegte Stimmen zu uns, wahrscheinlich aus Rundfunkgeräten, während Claudio und Antonio mit großer Ruhe abwechselnd Köstlichkeiten herbeitragen – Früchte aus dem Garten, Eier, Gebäck und Filella, eine Caprese-Variante der Region Molise. Wir sitzen im Wohnzimmer der beiden Männer, das mit Artefakten ausstaffiert ist, die auf weitschweifende Reisen in alle Ecken dieses Planeten hinweisen. Mit den Augen wandern wir über die Kontinente, chinesischen Tee und italienische Zitronen auf der Zunge. Alle Sinne werden hier gefordert und sofort belohnt. Wie es in einem Tempel Sitte ist, unterhalten uns mit gedämpften Stimmen. Vor dem Fenster zerlegen Bianca, Nieve und Nerone eine rotplanige Sommerliege. Die drei Hunde bewohnen den Garten und bewachen das Anwesen. Vor dem Frühstücken hatte ich mir auf dem Hügel Olivenbäume ausgesucht, die ich malen würde, wenn wir hier einmal für längere Zeit bleiben würden; am liebsten in Öl, pastos und flächig. Heute aber reisen wir wieder ab; kurz vor elf Uhr nimmt Uta die Kurven hinunter zur Autobahn. Auf diesem kurzen Wegstück erkennen wir unmittelbar, dass wir ein Refugium verlassen haben, wieder einmal ein unwirklich schönes Stückchen Land inmitten trostlos heruntergekommener Dörfer, die nahezu vollständig aus zerbrechendem Beton bestehen. Wir haben einen besonderen Ort gefunden, umzingelt von unansehnlicher Bebauung, meist lieblos hingeworfenen Strukturen, oft in ruinösen oder unfertigen Zuständen. Zusätzlich garniert mit den vielgestaltigen Abfällen unserer Konsumgesellschaft befördert diese verstörte Umgebung wieder mein Abstraktionsvermögen. Schließlich blende ich die „Zivilisation" aus und sehe bald nur noch das Schöne: die süditalienischen Hügelketten, Berge und das Meer. Kurz vor Bari halten wir an einer Raststätte, telefonieren mit zwei Kontaktfrauen in Albanien, vereinbaren Termine und trinken einen Cappuccino.

Drei Stunden nach unserem so stimmungsvollen Frühstück erreichen wir Brindisi, die alte Hafenstadt. Für die architektonischen Schönheiten fehlt uns leider jegliche Konzentration, wir sehen sie schlichtweg nicht. Stattdessen orientieren wir uns im komplexen Straßengewirr, das sich abwechselnd durch die verfallenden Reste ehemaliger Gewerbegebiete und eng gestellte Ansammlungen grauer Betonquader zieht, in denen viele tausend Menschen leben. Millionen Wäschestücke hängen von den Balkonagen der Hochhäuser, bunte Fahnen zwischen Antennenspießen und Satellitenschüsseln. Zuerst erkunden wir im Fährhafen das Terrain, an dem heute Nacht das Schiff nach Albanien ablegen wird, später ergründen wir einige Straßenzüge in Brindisis Innenstadt. Am Corso Roma lassen wir uns dann in der Bar Manhattan nieder und behalten vom Fenster aus das Auto im Blick. Alles, was wir auf dieser Reise brauchen, befindet sich dicht geschichtet zwischen diesen roten Blechwänden. Wir bereiten uns mental auf Albanien vor, lesen und schreiben, trinken Kaffee. Später am Abend speisen wir nebenan im Restaurant Il Trullo, umschwirrt von fünf weiß uniformierten Kellnern. Trotz des klinischen Ambientes, das sie erzeugen, schmeckt uns das Essen vorzüglich. Am Nebentisch sitzt schon seit längerer Zeit eine elegant gekleidete Dame, die sich abwechselnd ihrem Handtelefon und kurzen Gesprächen mit den weißen Männern hingibt. Später leistet ihr ein dunkelhäutiger Herr beim Essen Gesellschaft. Hinter meinem Rücken nimmt eine Familie Platz. Die Spiegelwände, in die ich bei jedem Heben des Kopfes unwillkürlich blicke, reflektieren ihre bewegten Gestalten. Auch hier scheint das Telefon im Zentrum der Aktivitäten zu stehen – ein kleines Mädchen gibt sich spannenden Computer-Spielen hin, wird zahllose Male fotografiert und schließlich darf es auch jemanden anrufen. Das Essen schmeckt auserlesen gut. Dennoch verlassen wir bald Il Trullo; der Hafen ruft. Wir kennen den Weg. Direkt hinter dem in weiten Teilen zerstörten und mithilfe brachialer Mittel abgedeckten Industriegeländes wissen wir das Adriatische Meer. Dieser Ort wirft Fragen auf. Sieht so das „Ende der Welt" aus – nach einem ausgiebigen Bombardement? Nach halb Zehn melden wir uns im Büro der Firma Direct Ferries an und warten dann bis kurz vor Mitternacht. Im Laufe dieser zwei Stunden füllen sich die Straßenränder vor dem Zollgebäude mit Frauen, die auf Koffern und Bündeln kauern und überschaubaren Gruppen zusammenstehender rauchender Männern. Viele dieser Menschen sind aus Fahrzeugen ausgestiegen, die ohne sie zurückfahren in die Dunkelheit dieses Abbruchviertels. Irgendwann beginnen teiluniformierte Männer damit, vor der verschlossenen Schranke eine Autokolonne zusammen zu winken, in die sich auch Uta einreiht. Uns dabei abwechselnd, führen wir Coco innerhalb dieser Blech-Prozession ein halbes Dutzend Male spazieren, vor der gespenstisch anmutenden Kulisse der verlassenen Gebäude, die in früheren Zeiten wahrscheinlich einmal einige der zahlreichen Annehmlichkeiten boten, die man landläufig an einem Fährhafen erwartet. Stockend schiebt sich die Autoreihe in Richtung Schranke. Lastwagen nehmen einen separaten Weg, einige Wagen werden heraus gebeten und ausgiebig inspiziert. Schließlich passieren wir den italienischen Zoll ohne Komplikationen. Nun stehen wir in Sichtweite des Schiffes. Wieder führen wir Coco umher, denn die Überfahrt wird viele Stunden dauern. Eine dunkelhäutige Dame mit langer offener Haartracht steht lachend zwischen drei Uniformierten. Hin und wieder deutet sie auf einen alten Mercedes, an dessen Heck ein noch betagterer Wohnwagen hängt. Die Vier scheinen sich gut zu unterhalten, stoßen freudige Rufe aus und klatschen sich gegenseitig auf die Schultern. Dann ruckelt der nächtliche Zug einen Wagen weiter. Mittlerweile sitzen wir wieder in unserem Auto. Im Scheinwerferlicht tauchen vor uns drei Männer auf. Mit finsterer Miene leuchtet der Älteste unter ihnen mit einer Taschenlampe durch die Fensterscheiben der wartenden Autos. Eine ruppige Geste befiehlt auch uns, die Fahrerscheibe herunterzufahren. In englischer Sprache werden wir nach den Bargeldbeständen befragt, die wir mit uns führen. Wir deklarieren eine winzige Summe, gerade genug für zwei Tassen Kaffee. Nachdem Fenster und Karosserie ausgiebig beleuchtet sind, zieht das derbe Trio weiter. Die Kolonne setzt sich wieder in Bewegung. Nun werden wir Zeugen der Einfahrt großer Lastkraftwagen. Manche Fahrer ziehen die enge Kurve, die ihnen zwischen der Spitze unserer Reihe und dem sperrangelweit geöffneten Maul der Fähre bleibt, sehr sportlich. Hin und wieder schmuggelt sich ein kleineres Fahrzeug zwischen die brüllenden Motoren, sodass auch wir bald an vorderster Stelle ankommen. Uta saust über die Rampe und rumpelt hinein in die verschlungenen Gedärme der F/B St. Damian. Kurze Zeit später folgen wir den wenigen Fußgängern und erreichen die Rezeption. Wir haben eine Außenkabine gebucht, beim Eintauschen der Buchungsbestätigung am Hafen von Brindisi aber eine Fahrkarte mit dem für Reisende nicht lesbaren Code für eine Innenkabine erhalten. Die gewissenhafte Dame an der Rezeption überreicht uns folgerichtig gegen Vorlage unseres Fahrscheines den Schlüssel zu einer Kabine im Bauch des Schiffes, wo wir die Nacht verbringen. In der Enge der stickigen Zelle, für die Dauer von sieben Stunden kräftig geschüttelt und gewiegt, speise ich meine Zuversicht mit Rätseln und Gedankenspielen: „Wie mag sich der Jona des Alten Testamentes gefühlt haben, nachdem ihn der große Fisch wieder ausgespuckt hat?" – „Über welche Zeiträume hinweg mag sich sein Befreiungsakt hingezogen haben?". Die St. Damian erreichte Vlorë glücklich am Samstag gegen sieben Uhr morgens. Noch zwei Stunden, dann haben wir die Grenzkontrollen hinter uns gebracht und dürfen albanischen Boden betreten.

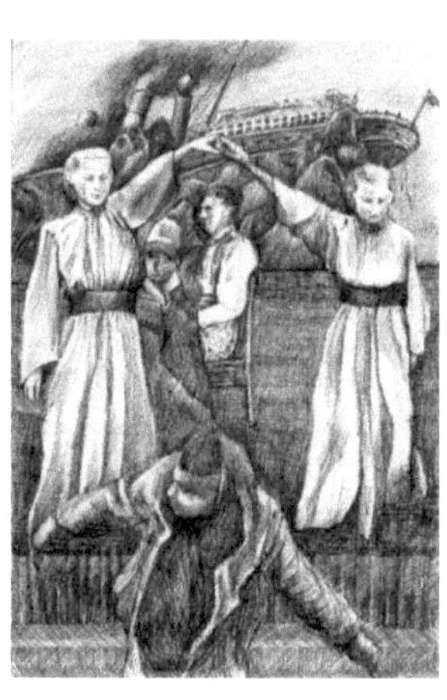

Teil III

Santa Maria di Leuca, Puglia

Von Brindisi, Puglia nach Santa Maria di Leuca - die dreizehnte Station der Italienischen Reise.

Gestern hielten wir uns noch in Archea Olymbia, Griechenland, auf, natürlich neugierig auf das Archäologische Museum und die Ausgrabungsstätten. Beide waren leider bis auf Weiteres geschlossen, da die Administration sich durch diese Maßnahme ein Eindämmen der Corona-Virus Pandemie versprach. Wir trösteten uns mit einem Besuch in der vorzüglichen Bücherei der Galerie Orphée und zogen uns, ausgerüstet mit neuem Lesestoff, in unsere Unterkunft zurück. Nach einer belesenen Nacht setzten wir unsere Tour-de-Grèce fort, vorbei an Patras und Nafpaktos (Lepanto), durchmaßen Westgriechenland und Epirus und erreichten am Abend im äußersten Nordwesten des Landes die Hafenstadt Igoumenitsa. Hier bestiegen wir die Fähre nach Brindisi in Puglia. Das mit Lastwagen gut befüllte Schiff erreicht Italien nach einer mehr als achtstündigen, teilweise stürmisch-turbulenten, Fahrt. Gegen acht Uhr laufen wir in Brindisi ein, dürfen uns aber erst eine halbe Stunde später dem Auto nähern. Die Ausfahrt aus der „Florence" und die sich anschließenden Grenzformalitäten lassen wir zügig hinter uns; kurze Zeit später kommt die tapfere Coco frei, darf ihren Käfig endlich wieder verlassen. Anstrengende und ebenso bereichernde Erlebnisse in Albanien liegen hinter uns. Ohne Schwierigkeiten – und ohne Fragen nach gültigen Papieren für unseren Hund - sind wir später nach Griechenland eingereist und haben dort unser intensives Leben fortgeführt: angefüllt mit Zeichnen, Malen, Schreiben, Clown-Shows, Kunstausstellungen und den Begegnungen mit vielen Menschen, von denen einige zu Freunden wurden. Nun sind wir nach Italien zurückgekommen, dem Sehnsuchtsland, das wir bereits einige Monate lang bereist und in dem wir Abenteuer erlebt haben. Im Salento, dem Absatz des italienischen Stiefels, finden wir tatsächlich Küstenabschnitte, an denen die Natur hemmungslos dominiert. Zu ihr gehört auch das Bakterium Xylella Fastidiosa. Es tötet in großem Stil Olivenbäume. Während des Trinkens übertragen Zikaden dieses Bakterium, das später die Wasserkanäle des Baumes blockiert. Während der Fahrt durch das südliche Puglia werden wir Zeugen eines gewaltigen Sterbens. Über weite Strecken säumen tote Bäume die Straßen. Noch existiert kein wirksameres Mittel gegen Xylella, als künstlich Distanzen zu schaffen zwischen befallenen und noch gesunden Bäumen. Hoffentlich muss dieses Prinzip nicht auch auf uns Menschen angewendet werden, damit das sich gerade weltweit ausbreitende neuartige Corona-Virus noch zu stoppen ist. Mit Schrecken sehen wir, wie eine Epidemie hier im Süden Italiens grassiert. Die betroffenen Pflanzen verdursten. Das große Sterben trifft Bäume jeden Alters. Auch mehrhundertjährige dicke Stämme mit gewaltigen Kronen werden kahl und kalt. Im Unterschied zu den Olivenbäumen können wir Menschen versuchen, den Kontakt mit Überträgern zu vermeiden. Eines ist klar: unsere selbstgewählte Isolation könnte uns vor einer Ansteckung durch das Corona-Virus schützen; ob wir das Virus bereits in uns tragen, wissen wir natürlich nicht. Am südlichsten Punkt der apulischen Halbinsel lassen wir uns schließlich nieder, auf der Punta Meliso, wo seit Jahrtausenden schon Tempel standen – zu Ehren von Athena, Minerva und Maria, nahe der Scheidelinie zwischen der Adria und der Ionischen See. Das Häuschen, eine gelungene Mischung aus Alt und Neu, schmiegt sich entlang der letzten Felsenbalkone vor der Weite des Adriatischen Meeres. Von ihm getrennt nur durch Macchia und verfallende Reste alter Trulli, den typischen Rundbauten hier in Puglia. Auf der westlichen Seite der Felsenspitze, jenseits des dominanten Leuchtturmes, strömen bereits die Fluten des Ionischen Meeres. Es ist zwei Uhr mittags. Wir sind müde. Trotzdem räume ich alles Gepäck aus dem Wagen. Wir benötigen Nahrungsmittel, müssen zum Einkaufen ins Städtchen fahren. Verwöhnt von griechischen Verhältnissen vergessen wir, dass es in Italien eine Siesta gibt; alle Geschäfte sind geschlossen. Kurzerhand setzen wir uns in den überschirmten Außenbereich eines Ristorantes und genießen frisch zubereiteten Fisch, der gestern noch die Fluten durchschwamm, an denen wir uns noch immer nicht satt sehen können. Später, nachdem die Einkäufe erledigt sind, legen sich Uta und Coco zum Schlafen in die Betten. Ich werde nachkommen. Zunächst aber möchte ich zeichnen, schreiben, lesen. Aus Griechenland haben wie einiges mitgebracht, das noch nicht „verdaut" ist. Das betrifft neben Büchern die Skizze eines Pentaptychons über die Baumnymphen der griechischen Mythologie, die ich auf der Peloponnes angelegt habe. Die begonnenen Bilder möchte ich hier in Leuca fertigstellen – Eindrücke ordnend und zurückblickend auf die bewegten Monate im Süden Griechenlands. Auch kulinarisch sorgten wir vor. Die von mir seit Monaten sorgsam gewässerten Oliven, eines der ungezählten Geschenke von Wassilios, dem Jäger aus Efpalio, habe ich gewürzt und in Gläsern eingemacht. In den kommenden Wochen werden wir sie verspeisen – und damit unmittelbar wertvolle Erinnerungen an Begegnungen mit Menschen und Orten wachrufen.

Sonntag, 08. März 2020

Ich habe gut geschlafen in dem Zimmer dessen große Scheiben sich nach Osten zum Meer hin öffnen lassen. Während der Nacht drangen nur Naturgeräusche bis zu uns vor und am Morgen das zarte Licht der aufgehenden Sonne. Hier steht ein zierlicher Schreibtisch, ihn habe ich bereits gestern Abend mit Büchern beschwert. Jetzt trage ich ihn ins Freie, positioniere das hilfreiche Möbelstück direkt vor der Eingangstüre, die unser Séparée mit dem Garten verbindet. Das ist genau die Stelle auf diesem Grundstück, die von der Sonne als erste erwärmt wird. Noch vor dem Duschen schiebe ich einen Stuhl dahinter und setze mich, um in Homers Ilias zu lesen. Die deutsche Übersetzung von Johann Heinrich Voß habe ich in Archea Olympia erworben. Zum Kaffeetrinken ziehen wir das Service mit dem Gockelhahn-Motiv aus Gallipoli aus dem Schrank. Dann erkunden wir den subtroischen Garten, prächtig bestückt mit immergrünen und bunt blühenden Pflanzen. In der südwestlichen Ecke dieses Kleinodes stoßen wir auf eine unscheinbare Gittertüre. Sie führt durch eine enge Gasse direkt in den Hof des katholischen Klosters hinein, das heute Athenas Heiligtum überdeckt und der Göttin einen neuen Namen verpasst hat. Nur eine Ecke weiter und wir stehen auf dem weiten Platz vor der Klosterkirche Santa Maria de Finibus Terrae, am Ende der

Welten. Von hier führt uns ein Stufenweg entlang der künstlichen Kaskade hinunter ins Hafenviertel des schmucken Städtchens. Mit Ausnahme der Apotheke halten sonntags alle Geschäfte Ruhepause … wieder ein Unterschied zu unseren griechischen Erfahrungen. Wir gehen auf Nummer Sicher und überprüfen alle Läden. Dieser Rundgang führt auf natürlichem Weg zurück zum Hafen, wo wir auf malerischen Holzstegen am Meer entlangwandern. Dann klettern wir wieder den Felsen hinauf zu der Stelle, an der vor fast zweitausend Jahren Maria inthronisiert wurde und bestellen ein kleines Frühstück; in der Nähe der eines Klosters findet sich meist auch Gastronomie. Vom korinthischen Kapitell aus wirft uns eine Göttin entrückte Blicke zu, in Fels geschlagene Tauben, weiß, wie die Erdenkugel, die sie mit beiden Händen gegen ihr Kinn presst. Einen Steinwurf entfernt, im blühenden Garten unseres mediterranen Anwesens, sitzen wir dann den ganzen langen Tag über Büchern und Bildern bis uns Hunger und Müdigkeit wieder zum Essen rufen. So fahren wir noch einmal hinunter zum Meer und beschließen diesen erlebnisreichen Tag mit einem bodenständigen und vorzüglichen Abendessen im Caffè dò Mar, Ristorante del Pesce.

Montag, 09. März 2020

Mit den ersten Sonnenstrahlen installiere ich meinen keinen Schreibtisch wieder auf den wärmespeichernden Steinplatten, die hinaus in den Garten führen. Ich schreibe einen Brief an meine Mutter; bald wird sich ihr Geburtstag zum zweiundachtzigsten Male jähren. Ein zweites Schreiben richte ich an meinen Sohn. Zuhause in Oberbayern hat er in meinem Namen ein Auto verkauft. Wurde das Kennzeichen in der Zulassungsstelle abgegeben? Um acht Uhr werde ich mit Weilheim in Oberbayern telefonieren. Später am Vormittag besetzen wir zwei Korbstühle direkt auf dem schmalen Landungssteg vor dem Caffè Lupo di Mare (il lupo i dollero). Ein freundlich brummender Herr mit weißem Bart klettert neben uns aus einem hölzernen Fischerboot an Land, trägt dann Kaffee und Cornetti herbei. Sein Gesicht begegnet uns im Inneren des bunt bemalten Holzhäuschens dann mehrmals auf Gemälden und Fotografien – daneben Devotionalien, die unmissverständlich seine Sympathie für Wladimir Putin ausdrücken. Gewärmt von der Sonne treten wir den Rückweg an, nehmen wieder den Bohlenweg und die Kaskaden-Treppen. Dann lassen wir Coco im Häuschen zurück. Wir fahren zum Einkaufen nach Castrignano, denn in diesem Dorf konzentrieren sich die nächstgelegenen Geschäfte. Wieder zuhause beginnt der Arbeitstag, ohne Unterbrechung vor dem maßlosen doppelten Blau, das Himmel und Meer gemeinsam entfalten. Uta schreibt wieder an ihren Blog-Einträgen – meinen Teil werde ich heute Abend erledigen. Jetzt aber möchte ich die mitreißende Helligkeit des Tages zum Malen nutzen. Im Zwischenzimmer, einem geräumigen Durchgang vom Schlafraum zur Hauptwohnung, haben wir das Material-Depot eingerichtet. Hier stelle ich die Acrylfarben zusammen, die meine Palette begründen. Als solide Basis, auch zum Abtönen verwende ich Titanweiß und einen Elfenbeinton. Hinzu gesellt sich ein warmes Neapelgelb, dann lichter Ocker, ein wenig Karminrot und zwei Blaunoten: Preußisch und Ultramarin. Die Flaschen und Tuben schaffe ich in den Garten hinaus, deponiere sie im Schattenwurf eines Olivenbaumes, der sich zentral in der Mitte des Grundstückes erhebt. Später werde ich mit den empfindlichen Farben dem Lauf der Sonne folgen, stets darauf bedacht, dass meine Haut warm und die Tuben kühl bleiben. Im Depot finde ich auch Pinsel – heute wähle ich flache Acrylpinsel aus Synthetik-Fasern der Borstenbreiten von zehn und sieben Millimetern. Zum Ausarbeiten von Details bevorzuge ich noch feinere Instrumente, runde Ölmalpinsel, ebenfalls bestückt mit künstlichen Fasern. Diese Werkzeuge stecke ich in den Sockel eines schicken Damenschuhs, den ich am Ufer des Golfes von Korinthos gefunden habe. Die Wellen habe ihn von überflüssigen Belägen befreit und im Bereich des Fußbettes gut vierzig relativ gleichmäßige Löcher freigelegt – ein idealer Pinselhalter. Ebenfalls in den Schattenbereich hinein befördere ich noch zwei Gläser Wasser und das Fläschchen mit dem Trocknungsverzögerer - für alle Fälle. Auf der Mani, im Süden der Peloponnes, habe ich Zeichnungen von fünf Hamadryaden begonnen, weibliche Baumgeister, eng mit dem Schicksal desjenigen Baumes verknüpft, den sie beschützen. Sie leiden an seinen Krankheiten und Verletzungen und gehen mit ihm gemeinsam zugrunde, wenn er stirbt. Jeder Zeichnung entspricht ein Holzbrett, nebeneinander gelegt ergeben die Bilder ein fünfteiliges Panorama, ein Pentaptychon. In dieser Anordnung erheben sich die Dryaden entlang einer Horizontalen. Hinter ihnen erstreckt sich eine archaisch anmutende Landschaft, die ich ebenfalls bereits in Griechenland entworfen habe. Jetzt male ich den Hintergrund, lege eine erste Lasur für den Himmel an. Unter dem Einfluss der Sonne trocknet der dünne Farbauftrag zügig. Ich muss schnell arbeiten. Anderseits ermöglicht diese Technik das Auftragen mehrerer Lasuren innerhalb weniger Stunden. Das Fernglas griffbereit warte ich nebenbei auf die Ankunft der ersten Frühlingsvögel. Uta besucht mich im Garten. Die Regierung hat die verordneten Vorsichtsmaßnahmen hinsichtlich der Coronapandemie auf ganz Italien ausgeweitet – bis heute galten sie nur für einige Gebiete im Norden des Landes. Es gibt keine Ausgangssperre, aber die Empfehlung, das Haus nur in dringenden Fällen zu verlassen, beispielsweise zum Einkaufen, wenn man zur Arbeit gehen muss, Arztbesuche erledigen oder alten oder kranken Menschen helfen möchte. Wer unterwegs ist, wird verpflichtet, eine vom Innenministerium ausgegebene Selbsterklärung mit sich führen und muss damit rechnen, von der Polizei kontrolliert zu werden. Das Besuchen von Freunden oder auch Spaziergänge sind untersagt. Kinos, Theater und Museen wurden landesweit geschlossen, mittlerweile auch einige Bars und Restaurants. Lebensmittelgeschäfte und Apotheken haben eingeschränkt geöffnet. Auch zuhause in Deutschland verschärfen sich die Lebensbedingungen. Heute, eine Woche nach dem Schulbeginn in Bayern, verbietet die Staatsregierung Rückkehren aus Risikogebieten für vierzehn Tage den Schulbesuch. Für die Abschlussprüfungen muss eine kreative Lösung gefunden werden.

Dienstag, 10. März 2020

Trotzdem sind wir heute losgefahren, um Utas Freundin gegen halb zwölf Uhr am zweihundertfünfzig

Kilometer entfernten Flughafen in Bari abzuholen. Sie hat diesen Flug vor Monaten gebucht, als Corona noch nicht viel mehr als „Krone" bedeutete. Dort, wo sie abflog, sind ab heute alle Großveranstaltungen verboten. Hier in Puglia präsentieren sich die Terminals menschenleer. Einen Pulk Reisender ausspuckend, mutet das Flughafengebäude an wie frisch errichtet, neu erbaut, damit betraut, einen Jungfernflug abzuwickeln. Ute, die ausgeruht den frisch desinfizierten Boden im Ankunftsbereich überschreitet, hat die Hygieneroutine erfolgreich hinter sich gelassen: Fieber messen und Fragebogen ausfüllen. Wir empfangen sie glücklich und gleichzeitig distanziert, denn ob wir Träger des heimtückischen Virus' sind, kann niemand wissen.

Im roten Auto starten wir in Richtung Leuca. Auf halber Strecke legen wir in der uralten Città bianca (weiße Stadt) Ostuni eine Rast ein. Schockiert registrieren wir, dass Bedienungen in den Bars Schutzhandschuhe und Mundschutz tragen und in den Restaurants die Tische einen Meter auseinandergerückt werden. Betroffen tritt der Wirt vor die Türe, um eine amtliche Verlautbarung zu verlesen, die ihm diese Manöver seit heute vorschreibt. Am Nachbartisch bestellte ein italienischer Gast demonstrativ eine Flasche Corona-Bier. Ich denke an meine Tochter Teresa. In diesen Stunden schreibt sie ihre letzte Mathematik-Klausur vor den Abiturprüfungen. Habe ich helfen können, ihr Zutrauen in die eigenen Fähigkeiten zu stärken? Aus der Distanz heraus bin ich mir nicht mehr sicher. Der Patron des Ristorante notiert auf eine Schiefertafel: „Si avuisa la gentile Clienteli di avere il buonsenso di entrare 3 persone alla volta e mantenere la distanza di almeno 1 metro grazie". Mehr als drei Personen dürfen die Gasträume des Restaurants ab jetzt nicht mehr betreten. Der Abstand von mindestens einem Meter ist einzuhalten, danke. Auf dem Rückweg zur Autobahn finde ich zurück zum rechten Blick auf die mich umgebende Welt, die Landschaft. Überall stehen hier Olivenbäume. Gesund, oft alt und dickstämmig. Nur noch aus wichtigen Gründen heraus dürfen wir uns vom Haus entfernen. Eine Vorgabe, der ich sowieso schon seit Jahrzehnten folge. In Lecce sind bereits zehn Infektionen mit dem neuartigen Coronavirus bekannt geworden. Was soll das bedeuten? Bekannt kann nur werden, was untersucht wurde. Getestet wurde bisher nur ein verschwindend kleiner Anteil der leccenischen Bevölkerung. Sind mehr als zehn Personen infiziert? Niemand kann es wissen.

Am Abend lese ich in Giovanni Boccaccios Decamerone. In einhundert Novellen über zehn Tage hinweg erzählt er in Anspielung an die Gliederung der hundert Gesänge des Dante Alighieri von frisch erfundenen Geschichten während der Zeit einer Pest-Epidemie im Jahr 1348. Geflüchtet in ein Landhaus nahe Firenze zerstreuen sich sieben Frauen und drei Männer in Ablenkung und Unterhaltung. Mit Geschichten, geboren aus ihrem unmittelbaren Erfahrungsraum, der Renaissance. An jedem Tag bestimmt eine andere Person den Themenkreis, von den Freunden in Anbetracht der fragilen existentiellen Lage nur noch „König" oder „Königin" genannt. Nach zehn Tagen der Abgeschiedenheit kehren die jungen Leute zurück in die Stadt Firenze.

Und wieder hat mich Coco zur Zeit des Sonnenaufgangs geweckt. Eine orangenfarbige Kugel durchbricht die blauen Zonen zu beiden Seiten des Horizontes. Ich sitze in der geöffneten Doppeltüre, Licht überflutet meine Gesichtszüge. Zunächst spürbar auf der Stirn, bald auch auf Nasenrücken und Wangenknochen. Kleine graue Vögel stecken singend ihr Terrain ab. Hinter meinem Rücken, der sich an die hölzerne Lehne eines altersschwachen Stuhles schmiegt, wölbt sich unser Badezimmer in die Höhle des bukolischen Baues, mittlerweile durchsonnt von der wärmenden Kraft, die an nordische Sommer erinnert. Ich übersetze eine Vita für den dreisprachigen Katalog. Zu meinen Füßen verharren Eidechsen, wärmen sich auf. Kaum geduscht, schwitze ich schon und bin ganz ein Kind des Südens. Im Anschluss an das morgendliche Schreiben verweilen wir einige Stunden lang am hölzernen Gartentisch beim Frühstück, Utes Lebenslage beleuchtend, erratend, beratend. Die Beiden Frauen steigen hinunter ins Städtchen, von Coco begleitet. Allein in Klausur über dem Meer bleibe ich zurück, zufrieden. Ich arbeite weiter an dem Katalog, schreibe Briefe an Versicherungsgesellschaften und verabrede mich über WhatsApp mit Teresa. Dann koche ich Polenta, finde keinen Parmesankäse im Haus und verwende deshalb Pecorino.

Europaweit sind in Italien bisher die meisten Menschen auf das neuartige Coronavirus getestet worden – auch post mortem. Die Infektionsraten unterschiedlicher Länder lassen sich miteinander nicht in Beziehung setzen. Mehr als zwei Drittel der in Italien in Zusammenhang mit dem Virus

Verstorbenen haben gleichzeitig an zwei oder mehr lebensbedrohlichen Erkrankungen gelitten. In Deutschland werden solche Todesfälle nicht dem Coronavirus zugerechnet – bzw. Verstorbene werden nicht darauf getestet, ob sie das Virus in sich tragen. Heute meldet Bayern den ersten „Corona-Toten". Die Situation ist unüberschaubar. Konservativ wie ich bin, möchte ich bewahren, was ich an Gutem besitze: zuerst meine fragile Gesundheit. Deshalb bin ich dazu bereit, alles dazu zu tun, sie zu schützen. Unser Teil der Erdkugel hat sich mittlerweile der Nacht zugewandt. Die Polenta ist fest geworden. Jetzt erst bemerke ich, dass ich mit dem Pecorino eine geräucherte Variante verarbeitet habe … eine unerwartete Geschmacksnuance. Mittlerweile sind alle ins Haus zurückgekehrt. Versammelt um den kurzen Küchentisch, genießen wir zum gebackenen Maisbrei Doradenfilet, Rucola und Tomaten. Auch Rulas Oliven kommen auf den Tisch, erstmals seitdem uns die fidele Nachbarin den kostbaren Schatz am Golf von Konrinthos geschenkt hat; mit mahnenden Worten: „nicht vor März öffnen!".

Donnerstag, 12. März 2020

Wieder weckt mich Coco zum Sonnenaufgang. Wie an jedem vorangegangenen Tag sitze ich staunend vor dem doppelten Blau. In der östlichen Ferne zeigen sich heute erstmals die undeutlichen Umrisse hoher Gebirge: Albanien, Epirus, Korfu? Während ich schreibe und dabei auf die Zugvögel warte, rutschen Erinnerungsbilder zu Giovanni Boccaccios Texten zwischen die noch angedachten Satzfolgen.

Konzentrierter als bisher an unseren Buchvorhaben zu arbeiten, einige Kapitel abzuschließen – unter dieser Prämisse haben wir unsere Reise fortgesetzt. Santa Maria di Leuca, ist ein Ort, von dem wir wussten, dass es sich hier ungestört arbeiten lässt. Auch Uta findet hier Muße zum Schreiben. Oft sitzt sie für Stunden im geflochtenen Korbstuhl vor dem gusseisernen Gestell, das wir mit einer soliden Glasplatte beschwert haben, den Rücken zur Toreinfahrt, das Gesicht dem Leuchtturm zugewandt. Sie schreibt am Computer, während Coco neben ihr auf dem Kissen schnarcht.

Freitag, 13. März 2020

Der Tag beginnt in gewohnten Rhythmen. Die Morgenstille, dazu leuchtende Wärme, tut mir gut. Das sind optimale Bedingungen zum konzentrierten Schreiben und Lesen. Später tragen wir Geschirr, Brot und Kaffee in den Garten, mischen uns zum gemeinsamen Frühstück unter Bäume und Büsche und reden. Bald aber sehne ich mich wieder nach Ruhe, verlasse den Tisch, wandere hinunter zu der niedrigen Mauer, die den Garten nach Süden hin zum Abhang abschließt. Eine Böschung, die nach hundert Metern jäh ins Steilufer abbricht. Genau an dieser Stelle zeigen sich einige zerfurchte Felsenkanten, Barrieren, von Wind und Wetter erschaffen, oder Reste früherer Zivilisationen? Ich steige hinein ins Gestrüpp, scheuche fliegende Heuschrecken, einige Finken und Scharen von Schmetterlingen auf. Auf der Rückseite der Ruinenreste zweier Trulli balanciere ich entlang einer schmalen Felsenschlucht und stehe plötzlich wieder vor dem doppelten Blau, dieses Mal näher als zuvor und unverstellt. Hinter mir weiß ich die italienischen Stiefelform, vor mir nichts als Wasser und Himmel. Lange Zeit verweile ich zwischen Kakteen und Gräsern, dem unablässig hauchenden Winden ausgesetzt, die meinen Leib umspielen, mild und wärmend. Ähnlich wie beim Malen und Zeichnen verliere ich auch jetzt jeden Bezug zu Zeit und Raum. Ich bemerke die Parallelen, erkenne aber ebenso schnell auch Unterschiede. Wenn das Malen wie von selbst vor sich geht, gerate ich oft in eine Art Rauschzustand. Dann erlebe ich mich weniger als einen bewusst handelnden Menschen, vielmehr als einen Teil der Aktivität. Ich höre weitgehend damit auf, die Außenwelt wahrzunehmen, blende Reize aus, mein Zeitgefühl verändert sich. Manchmal gelingt es, diesen Prozess mehr oder weniger intensiv mental zu begleiten, in eine Beobachterrolle zu schlüpfen. Besonders häufig geschieht das, wenn ich surrealistische Techniken anwende. Meistens aber beschränke ich mich auf sensomotorische und bildhaft-perzeptive Regulationsebenen, wie sie im kindlichen Spiel überwiegen. Im Malen und Zeichnen gehe ich völlig auf, erlebe meine Person und die Tätigkeit fast als Einheit. Aus Untersuchungen des Psychologen Siegbert A. Warwitz weiß ich, dass es zwischen diesen Erfahrungen und dem wissenschaftlichen Begriff des Flow-Erlebens Gemeinsamkeiten gibt. Die Wahrscheinlichkeit für derartige positive Erlebnisse steigt, wenn ich mir selbst eine Aufgabe stelle, der ich gewachsen bin – und, wenn ich beim Ausführen der Tätigkeit beständig Rückmeldungen über den Erfolg der Aufgabenbewältigung erhalte. Darüber denke ich nach, wie ich hier im Wind stehe. Rufe erwecken mich schließlich aus diesem Zustand der Vertiefung. Aus der

Schlucht des Steilufers dringen die Stimmen von Möwen und Tauben zu mir empor. Ich wende mich dem Land zu, klettere den Hang hinauf, über das Mäuerchen zurück in den Garten. Dort durchsteife ich die lichten Wege, signiert mit den Schattenschriften der Äste und Zweige, die permanent ihre Formen ändern. Bedingt durch den langsamen Lauf der Sonne und den heute eher ruhigen Wind entzieht sich diese Bewegung aber weitgehend meiner Wahrnehmung.

Am Haus angelangt, beginne ich damit, den uralten Backofen auszuräumen, ein aus Bruchstein aufgeschichtetes Haus. Wir möchten sehen, ob es gelingt, ihn wieder in Stand zu setzen, um Brot und Pizza darin zu backen. Nachdem ich dorniges Gestrüpp herausgezogen habe, krieche ich durch die enge Öffnung hinter dem kurzen, spitz übergiebelten Vorraum. Dieser, dem Garten zugewandte Steinkasten, sorgt für die notwendige Distanz zwischen der brandgefährdeten Trockenheit der Bepflanzungen und der Glutkammer mit ihrer provisorischen Türe, einer verrosteten Eisenplatte. Mithilfe einer stiellosen Besenbürste kehre ich den Innenraum des Steingewölbes aus. Es dauert eine gute Stunde, bis Boden und Wände soweit freigelegt sind, dass darin Risse sichtbar werden. Die enthüllte Innenverkleidung der Brennkammer offenbart Beschädigungen und einige Lücken. Vorsichtshalber telefonieren wir mit dem Vermieter – und erhalten grünes Licht. Ich denke, wir können es riskieren, den Ofen anzuschüren. Aus dem struppigen Hang vor der Gartenmauer und aus allen Winkeln des Gartens haben wir Äste und Zweige herbeigeschafft. Bald erhitzt und trocknet ein mächtiges Feuer das Ofengewölbe. Es dauert einige Stunden, bis sich darin backtaugliche Temperaturen entwickeln. Ich installiere mich vor dem lodernden Feuer. Wenn wir keinen Besuch hätten, wäre ich jetzt sicher nackt, denn der Ofen verströmt eine starke Hitze. Aber auch in der Badehose fühle ich mich wohl, habe meinen Schreibtisch in Sichtweite des Feuer-Schlundes gestellt, behalte das nun aus zahllosen Ritzen dampfende Gebäude im Blick.

Schleudergeräusche entweichen der Waschmaschine, mischen sich in der angrenzenden Außenküche mit Utes Muzak. Diese Bezeichnung für musikähnliche Geräusche hat mir mein Freund Christophe erläutert. Sie steht für die Berieselung mit akustischen Ereignissen, denen wir, ohne darum gebeten zu haben, mitunter in öffentlichen und kommerziellen Umgebungen ausgesetzt werden. Benannt ist diese Form der akustischen Umweltverschmutzung nach einer amerikanischen Firma, die seit den dreißiger Jahren des letzten Jahrhunderts u.a. durch das Herstellen und Verkaufen von sogenannter Gebrauchsmusik bekannt wurde. Vor einigen Jahren wurde Muzak von dem Unternehmen Food Media aufgekauft. In Intervallen wechselnder Länge entströmt nun diese „Gebrauchsmusik" Utes tragbarem Telefon. Seit Stunden schon versucht sie vergeblich, Informationen zu ihrem gebuchten Rückflug nach Deutschland zu ergattern. Am frühen Abend trägt Uta die frisch gekneteten Teigleiber der Brote, Pizze und Kuchen herbei, um sie in den viel zu großen Ofen zu schieben. Alles gelingt! Das Brot, in dem wir auch Maismehl verarbeitet haben, gerät ein wenig kompakt und zeichnet sich durch ungewöhnliche Geschmacksnuancen aus. Direkt vor dem wärmenden Ofen finden wir die Muße, sofort einige der frisch gebackenen Schätze zu verspeisen und öffnen dazu eine gute Flasche apulischen Weines. Aus den Tischgesprächen ziehe ich mich nach einigen Stunden zurück, nehme meinen kleinen Schreibtisch mit ins Schlafzimmer. Dort übersetze ich noch die Bildunterschriften für den Katalog.

Samstag, 14. März 2020

Kaum sichtbare dünne Wolkenschleier haben den Himmel überzogen, jedoch dicht genug gewoben, um die Wintersonne daran zu hindern, ihre Wärme zu entfalten. Ein kühler Wind erhebt sich. Ich überspringe meine Morgenroutine und begebe mich sofort in die Küche, bereite das Frühstück zu. Später möchte ich mich erneut der Ilias Übersetzung von Johann Heinrich Voß und dem Malen am Pentaptychon zuwenden.

Während ich in der Küche zugange bin, versucht Ute bereits wieder telefonisch herauszufinden, ob ihr für Dienstag gebuchter Flug noch angeboten wird, oder ob sie umbuchen muss. Der Reiseveranstalter aber bleibt unerreichbar. Immer, wenn sie glaubt, ihr Anliegen endlich mit einem Menschen besprechen zu können, bemerkt sie irgendwann, dass es sich um eine Art Anrufbeantworter handelt. Leider entpuppen sich diese Mensch-Maschine-Kopplungen bei jedem neuen Versuch als bar jeglicher KI (Künstliche Intelligenz). Uta und ich raten zu einem möglichst zeitnahen Rückflug. In Roma wurden gestern zwei Flughäfen geschlossen, wir befürchten, dass Bari bald nachziehen wird. Dann bringen wir Erhellendes in Erfahrung: Utes vor Monaten gebuchter Rückflug nach Deutschland ist bereits vom Reiseveranstalter gestrichen worden, ohne einen Anspruch auf Kostenrückerstattung. Ute kann nicht einschätzen, ob sie ihr Rückflugticket für einen späteren Transport verwenden kann. Unter einer der Telefonnummern des erfolgreichen Fluganbieters „Lufthansa" meldet sich dann unerwartet doch noch die Stimme eines lebenden Menschen. Er zeichnet sich durch verkäuferische Qualitäten aus. Entnervt und verunsichert erwirbt Ute schließlich für teures Geld einen weiteren Fahrschein. Das Flugzeug soll morgen zurück nach Deutschland fliegen, eine der wenigen noch verkehrenden Maschinen. Ute telefoniert den ganzen Tag über, immer wieder extensiven Muzak-Darbietungen ausgesetzt. Im Bestreben, dem akustischen Müll auszuweichen, wandere ich mit der Staffelei im Garten umher. Zum Malen und Schreiben benötige ich keine Zerstreuungs-Muzak. Auch auf Besuche von Strandcafés und Restaurants, in denen Muzak meist zwangsverordnet wird, lege ich keinen Wert, jede Ablenkung stört. Deshalb nehme ich die von staatlicher Seite verordneten Kontaktbeschränkungen gar nicht wahr. Uta erzählt davon, wenn sie vom Einkaufen zurückkommt – schließlich brauchen wir ein paar Lebensmittel. Davon abgesehen, ist auch sie zufrieden. Bewusst und mit Absicht sind wir genau an diesen Fleck der Erde gereist, um konzentriert arbeiten zu können.

Sonntag, 15. März 2020

Während der Nachtstunden beschäftigte uns Coco wieder einmal. Sie schlief unruhig, bellte, weckte mich einige Male. Ich ließ sie ins Freie. In den frühen Morgenstunden übernahm Uta diese Aufgabe. Ich durchlebte wirre Träume, in denen sich das Studentenleben meines Sohnes mit meiner eigenen Universitätszeit mischte. Kurz vor dem Aufwachen betrat ein dadaistischer Freund aus dieser Zeit die Szene, mittlerweile ergraut. Während er im Begriff stand, das Haus zu verlassen, in dem mein Sohn gerade eine Seminararbeit präsentierte, spannte er einen Regenschirm auf. Ich sprach ihn an – er aber erkannte mich nicht. Erst als ich ihn singend an unsere gemeinsame Zeit als Straßenmusiker erinnerte, identifizierte er mich. „Things we said today". In diesem Augenblick stand auch mein Bruder vor mir, jung und voller Tatendrang, wie damals im Jahr 1984. Wir lagen uns weinend in den Armen, bis mich das Trommeln des Weckers weckte.

Sechs Uhr. Alle stürzen wir aus den Betten, damit sich die Abfahrt um Sieben nicht verzögert. Zu dritt starten wir zur diagonalen Durchquerung des Salento nach Bari; Coco bleibt zuhause. Unsere mehr als siebenstündige Fahrt durch Puglia unterscheidet sich in einigen Details von der „Normalität", die hier noch bis vor wenigen Tagen herrschte: an den Tankstellen sind die meisten Restaurants geschlossen und der Flughafen gleicht einer Geisterstadt. Kaum ein Mensch lässt sich in den weiten Hallen blicken. Allein die Bar ist geöffnet – hier läuft der Betrieb wie eh und je, allerdings mit sehr wenigen Gästen. Nach einem Caffè verabschieden wir Ute und treten schleunigst den Rückweg an.

Von der Polizei, der wir hin und wieder begegnen, werden wir kein einziges Mal angehalten oder gar nach den Papieren gefragt, die wir mit uns führen müssen, sobald wir das Haus verlassen.

Die Bayerische Regierung ruft den Katastrophenfall aus – unter anderem werden auch bürgerliche Grundrechte eingeschränkt. Alle Kindergärten, Spielplätze und Schulen sind nun geschlossen. Unsere eigenständig gewählte Selbstisolation läuft synchron zu den staatlichen Vorgaben in Italien und Bayern. Und wieder bläst uns der Wind eine weite Sicht in die Welt. Zwischen meinen Malereien denke ich aus heiterem Himmel an die kostbare Eichenallee, die vor eineinhalb Jahrhunderten in Murnau am Staffelsee auf Betreiben des Reichstags-Abgeordneten und Brauereibesitzers Emmeran Kottmüller gepflanzt wurde. Kinder springen über Kies und Sand, verstecken sich hinter den mächtigen Baumstämmen. Wenn wir wieder zuhause sind, werde ich zu diesem Thema zeichnen. Werden wir nach Bayern zurückfahren können? Deutschland hat heute seine Grenzen zu Dänemark, Frankreich, die Schweiz und Österreich geschlossen. Einreisende müssen einen „triftigen" Grund vorweisen. Ich ziehe mich in die Küche zurück, um den wöchentlichen Blog-Eintrag zu schreiben.

Dienstag, 17. März 2020

Wenige Minuten vor sechs Uhr schob sich die Sonne über den Horizont, noch rot, bald orange. Elstern und Tauben riefen aus den Bäumen. Jetzt, um sieben Uhr steht sie weiß über dem Meer. Um meinen Tisch herum summt es und brummt es. Heute schmurgelt Uta wieder ein

Pfannenkuchenfrühstück – ich schneide Käse in Partikel und trage die Marmelade in den Garten. Dort bleibe ich den ganzen Vormittag über sitzen, wärme mich unter der Märzsonne und entwerfe die Konzeption für ein Murnauer Kinderbuch. Erst am frühen Nachmittag kehre ich ins Haus zurück, dusche und putze meine Zähne. Ich nehme die frischgewaschenen Laken von der Wäscheleine und lege mich ins Bett. Später entrollt Uta den riesenhaften Gartenschlauch und gibt den durstenden Pflanzen Wasser – das dauert Stunden. Dann, gegen fünf Uhr, stehe ich in den letzten Sonnenstrahlen, schaue weit hinaus in sich ins Endlose aufweitendes Grau und Blau. Vereinzelt zeigen sich dünne Streifen weißer Gischtwellen auf der Oberfläche des Meeres, in den schiefergrauen Segmenten fast unsichtbar. Noch zirpen Grillen zwischen Finkengesang.

Mittwoch, 18. März 2020

Wie an jedem Tag sitze ich schon früh vor dem Meer. Zuerst habe ich Stefan Zweigs Reisebericht über die Stadt Brügge aus dem Jahr 1905 gelesen – graue Herbst- und Winterbilder, an die auch ich mich einigermaßen deutlich erinnere. Hier und heute aber dominieren Farbe, Klarheit, Wärme. Einige dieser Eindrücke spiegeln sich wider in der Ilias, die ich jetzt zur Hand nehme – trotz der Langatmigkeit des fünften Gesangs, den ich mir heute vornehme. Während ich unter der Sonne sitze, bleibt Uta im Haus, rechnet, erledigt wichtige Finanzangelegenheiten im Schutz der Klimaanlage, denn in den Innenräumen herrschen kühle Temperaturen. Mit dem Lauf der Sonne wechsele ich hinüber zu den blühenden

Kronen der Kiefern. Dort decke ich den kompakten Glastisch zum Frühstück, inmitten eines Teppichs von feinstem gelbem Staub. Während des Tages verharre ich vor dem Küchenfenster am mächtig-groben Holztisch. Hier wird den fünf Hamadryaden Licht und Schatten auf die Nymphenhaut modelliert. Unterdessen legt sich Uta zum Schlafen, bis gegen vier Uhr ein Hubschrauber über das Kap rattert. Am Abend koche ich Nudeln, stelle Salat und Käse dazu. Der letzte Tropfen meines griechischen Lieblingsgetränkes Mastikha (μαστίχα) wird vom Glasboden geleckt. Ich lese von Hamsterkäufen in Deutschland, viele Menschen befürchten einen Konsumnotstand. Auch die kulturelle Produktion gerät in Gefahr. Die Abstands-Regelungen führen zwangsweise zu Einschränkungen und Absagen zahlloser Veranstaltungen. Es wird über Ausgangssperren diskutiert – und schließlich auch über das völlige Verbot der Durchführung bestimmter kultureller Veranstaltungen. Nach Einbruch der Dunkelheit übersetze ich einen kurzen biografischen Text ins Französische und schicke ihn an meine Freundin Jo zum Gegenlesen und Korrigieren. Bei dieser Gelegenheit bitte ich sie darum, mir endlich ihre Dissertation zum Lesen zu geben, eine ethnologische Untersuchung über die Erscheinungsformen mythologischer Wasserfrauen in den unterschiedlichen Kulturen dieser Welt.

Donnerstag, 19. März 2020

Heute erhält Syke, die Hamadryade des Feigenbaumes ihre endgültige Gestalt. Die Frage ihrer äußeren

Form beschäftigt mich über den Tag hinweg, denn in unserem Garten finde ich zunächst keinen Baum, der mir als Modell dienen könnte. Letztendlich erfinde ich ihr Aussehen komplett selbst. An die Formen der drei- bis fünf-fingerigen Blätter der Feige kann ich mich deutlich erinnern, ebenso an Farbe und Textur. Der Stamm aber bereitet mir große Schwierigkeiten. Grau und aus der Entfernung glatt, dabei doch mit Millionen von Falten vollständig durchgestaltet wie Elefantenhaut, so ähnlich sah der alte Feigenbaum im Garten von Elisa und Antonio aus, den ich dort vor vierzehn Monaten lange und eingehend betrachtet habe. Die Feigenbäume bei Antonio und Claudio, die wir im letzten November sahen, waren dagegen jung, klein von Wuchs und überhaupt nicht runzelig. Am Ende des Tages reckt Syke schließlich Kopf und Arme aus einem langen Kleid, gewoben mit den Holzfasern verschieden alter Bäume. Dieser Kompromiss veranschaulicht einen wichtigen Wesenszug der Baumnymphe: sie beschützt den Baum von dessen Jugend bis zum Tod und bleibt dabei selbst alterslos. Zufrieden mit meiner Arbeit belohne ich mich mit einer Tätigkeit, die ich fast so gerne ausübe wie Malen. Ich koche ein Risotto.

Freitag, 20. März 2020

Gegen fünf Uhr entlasse ich Coco in den Garten, der unter einer türkischen Mondsichel vor uns liegt wie ein farbloser Traum. Ich hatte mir vorgenommen, ab heute zu fasten. Ein Blick in den Kühlschrank vereitelt diesen Plan schlagartig. Wir besitzen noch viele Lebensmittel, die verderben würden, wenn sie noch weiter darin lagern. Mit der Aufgabe, Reste zu vertilgen, möchte ich Uta nicht allein lassen. Außerdem könnte es sein, dass wir Italien bald verlassen müssen. Trotz allem blinkt die Lampe am Eingangstor: beseelt von grenzenlosem Optimismus hat Uta die Stahlkonstruktion mithilfe der Fernbedienung geöffnet und fährt nun los zum Einkaufen. Später schläft sie im Garten. Danach kommt ihr eine gute Idee: wir werden ein „Glücksbuch" fabrizieren, zum achtzehnten Geburtstag meiner Tochter! Sofort schnappen wir uns Papier und Stift, starten eine Ideensammlung; „Kinderglück", „Glück ist Freiheit", „Glücksspiele", „Glückwünsche", „Glücksbringer"; für die Dauer einiger Stunden sammeln wir Begriffe, suchen nach Bildern, Texten und Gedichten. Jäh reißen uns dann Berichte aus unseren Glücksgefühlen, nach denen ab morgen in Bayern eine Allgemeinverfügung zum Vollzug des Infektionsschutzgesetzes (IFSG) in Kraft treten soll: eine vorläufige Ausgangsbeschränkung anlässlich der Corona-Pandemie. Was mag das bedeuten? Ab sofort darf das Haus nicht mehr ohne Grund verlassen werden. Sport, Spaziergänge, beispielsweise, um Hunde ins Grüne zu führen, bleiben aber erlaubt.

Samstag, 21. März 2020

Aller Einschränkung zum Trotz spuken Definitionen von Glückskonzepten durch unsere Köpfe. Ich vertiefe mich in Ausdeutungen des antiken Eudaemonia-Begriffes, frage nach dem Wesen des Glücksempfindens, des menschlichen Wohlergehens und den Aspekten einer gelungenen

Lebensführung. Letztlich glaube ich, Glück entsteht aus dem Zusammenspiel von objektivem und subjektivem Wohlergehen, den mehr oder weniger günstigen Lebensumständen und einer Art seelischer Tüchtigkeit, die uns hilft, sie rational zu bewerten.

Sonntag, 22. März 2020

Wolken am Himmel bei fünfzehn Grad. Wir frühstücken im Haus, schmieden Pläne, wann und auf welchen Wegen wir am besten nach Oberhausen zurückfahren werden. Trotzdem sehen wir den Frühling kommen, denn heute ist uns im Garten der erste Wiedehopf begegnet - orange-braun-schwarz-weiß mit gebogenem Schnabel und aufgerichteter Federhaube! In diesen Tagen verlassen die Vögel ihre Winterquartiere und kommen nach Europa zurück. In vielen Regionen ist der Wiedehopf selten geworden. Speziell in Mitteleuropa leidet er unter der feuchtkühlen Witterung, der intensiven Landwirtschaft mit ihrem Pestizideinsatz und dem Verlust von natürlich belassenen Wiesen. Im Unterschied zu den Menschen, die sich ja im großen Stil gegenseitig an Flucht und Migration hindern, vermag der Wiedehopf aber seiner Not zu entfliehen und darf in für ihn geeignete Lebensräume ausweichen.

Bei pandemischen Gefährdungen jedoch existiert keine Fluchtmöglichkeit – weder für Vögel noch für Menschen. Die Zahl der durch das Corona-Virus in Italien bekannt gewordenen Todesfälle ist bis gestern auf über fünftausend angestiegen – die höchste Sterberate auf der weiten Welt.

Angesichts dieser dramatischen Entwicklung hat die italienische Regierung ab heute ihre Maßnahmen gegen die Pandemie weiter verschärft. Zusätzlich zu den landesweiten Einschränkungen, beispielsweise der Ausgangssperre, die schon seit dem neunten März gilt, sollen nun bis zum dritten April auch alle Firmen und Fabriken schließen, deren Betrieb für das tägliche Leben nicht essenziell wichtig sind. Noch sitzen wir fleißig vor unseren Bildern und Texten. Wie die Zugvögel werden wir aber auch bald aufbrechen zur Weiterreise in Richtung Norden.

Montag, 23. März 2020

Leichter Regen fiel zur Nacht. Am Morgen fühle ich mich müde, schlafe immer wieder ein. In den letzten Tagen überfielen mich wieder vermehrt Schwindelattacken. Im Haus lese ich die letzten Seiten der Ilias-Übersetzung. Der Tag vergeht über der Arbeit an meinem Kinderbuch: Das Murnauer Aus- und Dazumalheft. Zwölf Seiten sind erdacht, schriftlich und in schnell dahingeworfenen Skizzen fixiert. Auf unseren Reisen wurden uns an nahezu jedem Ort von kultureller Provenienz Reise- und Kulturführer, Broschüren zu jeglichen Sehenswürdigkeiten und Museen angeboten, in mannigfaltiger Art – aber alle waren ausschließlich für Erwachsene bestimmt. Den Kindern dagegen blieb nur die Wahl zwischen Langeweile und ihrer Schwester, der stupiden Konsumlust. Diese wurde freilich intensiv bedient – auch oder gerade an Orten mit beachtlichem kulturellem Profil. Einer Ausnahme waren wir am Stadtrand von Dresden begegnet. Die Nachfahren eines bedeutenden, leider schon verstorbenen, Konservators bestellen dort kunstfertig einen Weinberg, eine Schatzkammer für Erwachsene. Während die Eltern, Großeltern, ältere Verwandte und Freunde dem köstlichen Wein zusprechen, werden dort Kindern ein Heftchen und Stifte überreicht. Ausgestattet mit diesen grundlegenden Werkzeugen dürfen sie sich nun mit dem beschäftigen, was sie umgibt. Nicht das Kolorieren, mit dem die sogenannten „Malbücher" bestenfalls in die Meditation einführen (wenn es schlecht läuft, begünstigt es Prozesse der Verdummung), sondern das Dazu-Zeichnen, Verändern, Ergänzen, Zerschneiden, Bekleben, Beschreiben – kurz, ein aktives Sich-Auseinandersetzen wird hier gefördert. Ein Büchlein dieser Art fehlt in Murnau, dem Städtchen, in dem wir künstlerisch zuhause sind. Deshalb habe ich mir vorgenommen, es zu gestalten. Und es gibt dort – weiß Gott – genügend zu entdecken: das Rathaus mit neugotischen Fenstern und Fresken, die einen bayerischen Kaiser zeigen! – die Marktstraße, vormals ein Römerweg und seit gut einhundert Jahren mit Häusern aller Farben bestellt, die Eisdiele, in deren Tiefen sich Aromen-Kombinationen bilden, die die Welt noch nicht gekostet hat! Um die Ecke, vom Hügel herab blickt die tausendjährige Fassade des Schlosses, das heute ein Museum beherbergt, eine Institution, die ihre Angebote durchaus auch auf die Interessen von Kindern zugeschnitten hat. Am gegenüberliegenden Hang klebt das bunte Holzhaus, in dem viele Jahre lang die Malerin Gabriele Münter gelebt hat. Man kann dort hin wandern, es besichtigen und danach zurückgehen zum Schloss, nur hundert Meter entfernt vom Grab der großen Künstlerin. Wann immer ein Kind nach Murnau kommt, wird es auch Zeuge von unvergesslichen Naturschauspielen werden. Mindestens vier Jahreszeiten beschäftigen die Himmel über der Marktgemeinde, um im Dreimonatsrhythmus (oder schneller) ihre Farben über Häuser und Land zu werfen. Bäume, wie sie die Kottmüller-Allee schmücken, Wiesen, Felder, der inselreiche Staffelsee und das riesenhaft dahingestreckte Hochmoor „Murnauer Moos" bezaubern alle Sinne. Heute empfinde ich zum ersten Mal etwas, das manche „Heimweh" nennen würden.

Dienstag, 24. März 2020

Ich schreibe einen Brief an einen lieben Bekannten. Ein Historiker, der an der unergründlich wilden Nordküste der Grafschaft Caithness an der Nordostspitze Schottlands wohnt. Mit ihm verbindet mich der Wunsch, ein Schaf zu retten, das sich im vergangenen Sommer an den felsigen Strand verirrt und dort verletzt hat. Gemeinsam haben wir versucht, sein Leben zu erhalten, leider vergeblich. Im Internet lese ich von einer deutschen Journalistin, die auf der Insel Sicilia „festsitzt". Sie kommt nicht weg. Von Catania fahren weder Schiffe noch Flugzeuge ab. Am Fuße des Etna-Massivs geriet sie mit zwei Freundinnen in eine Polizeikontrolle. Ein saftiges Bußgeld war fällig, denn im Innenraum eines Pkw sind in diesen Zeiten nur maximal zwei Passagiere erlaubt, die zudem hintereinander sitzen müssen. Schlagartig wird mir klar, dass wir diese Choreografie nicht befolgen können. Wir werden unser Fahrzeug für die Rückfahrt nach Deutschland so dicht beladen müssen, dass auf der Rückbank kein Sitzplatz zur Verfügung steht. Aus Stabilitätsgründen werden wir die Gepäckstücke auch nicht vom Fonds auf den Beifahrersitz verfrachten können – oder vielleicht doch? Ich begebe mich mental auf unbekanntes Terrain. Im Internet finde ich zu derartigen Vorgaben nichts Verbindliches. Trotzdem werde ich versuchen, so zu packen, dass wir hintereinander sitzen. Je länger ich nachdenke, desto sinnvoller erscheint dieses Szenario. Unter diesen veränderten Bedingungen wäre Uta im Stande, ihre Sitzposition zu verändern, beispielsweise um bequemer zu liegen, wenn sie eine Schlafpause braucht. Wenn ich fit genug bin, könnte auch ich einen Streckenabschnitt übernehmen, denn der Fahrersitz wäre ja verstellbar. Gut. Die Vorteile drängen sich auf. Jetzt fehlt nur noch der Startschuss zur Abfahrt. Prompt schreibt unsere Freundin Bernadette. Ihre Schwester, die in Südtirol lebt, berichtet, dass in Italien ab morgen die Tankstellen entlang der Autobahnen schließen werden. Wenn wir nicht sofort losfahren, werden wir möglicherweise für unbestimmte Zeit bleiben müssen. Unverzüglich überprüfen wir die Glaubwürdigkeit dieser Information und finden sie bestätigt. Die Betreiber der Tankstellen fürchten um die Gesundheit ihrer MitarbeiterInnen. Um kein Risiko einzugehen, werden sie die Betriebe ab morgen sukzessive schließen. Kurzerhand entscheiden wir uns für die Abfahrt. Die nächsten Stunden fülle ich mit Aufräumen, Packen und dem Säubern der Wohnung.

Um sechs Uhr schließen sich hinter uns die Flügelstäbe des Gartentores. Wir rollen hinaus in den Morgen, auf die nahezu autofreien apulischen Straßen. Kurz vor Foggia finden wir uns umzingelt von blühenden Bäumen! Es ist halb Elf. Dann ein dramatischer Kulissenwechsel – Schneefall in Abruzzo. Zwischen Pescara und Ancona lassen wir den Süden endgültig hinter uns zurück. Bis zur österreichischen Grenze halten wir dreimal an – zum Tanken neben Rasenflächen, auf denen sich Coco erleichtern darf. Ungewohnt leer spannen sich die Autobahnen über das weite Land. Einzig im Ballungsgebiet um Bologna gesellen sich Pkw zu den schweren Lastern. Zusätzlich zu den Auslagen für Benzin kostet uns die Strecke vom Süd- bis zum Nordende Italiens fünfzehn Stunden Fahrtzeit und fünfundsiebzig Euro Autobahngebühr. Uta steuert den Wagen zwölf Stunden lang, ich übernehme das Steuer für drei weiter. Wir leisten uns Gesellschaft, halten uns wach, erzählen uns Geschichten und hören Musik. Unter den vielen Liedern, deren Texte wir uns im Laufe der Reise eroberten, entwickelte sich „Un Senso" von Savero Grandi, Vasco Rossi, und Gaetano Curreri zu einem vertrauten Begleiter. Ich habe versucht, Teile dieses Gedichtes zu erfassen und mit meinen eigenen Worten wiederzugeben.

Ich möchte einen Sinn für diesen Abend finden - auch wenn dieser Abend gar keinen Sinn hat.
Ich möchte einen Sinn für dieses Leben finden - auch wenn dieses Leben keinen Sinn hat.

Ich möchte einen Sinn für diese Geschichte finden - auch wenn diese Geschichte keinen Sinn ergibt.
Ich möchte einen Sinn in der Lust finden - auch wenn diese Lust keinen Sinn macht.

Weißt du, was ich denke, wenn es keinen Sinn gibt?
Der nächste Morgen wird trotzdem kommen, das Morgen kommt immer.
Hörst du den schönen Wind?
Die Zeit reicht nie aus.
Morgen aber wird ein neuer Tag kommen.

In der Nacht erreichen wir unser Quartier in Murnau. Um es beziehen zu dürfen, müssen wir der Vermieterin, die in der Schweiz festsitzt, schriftlich bestätigen, dass wir nicht aus touristischen Gründen gekommen sind.

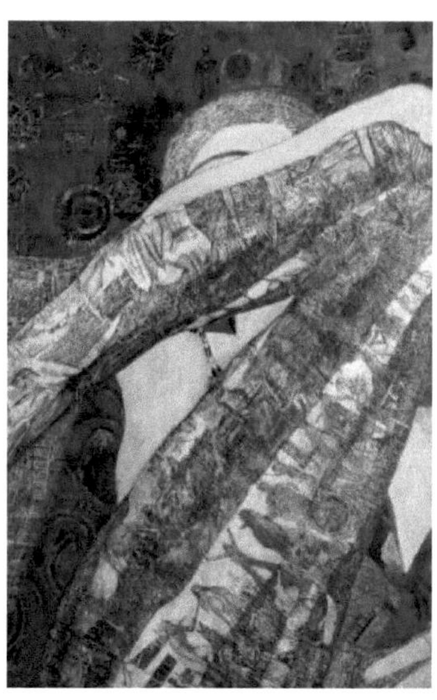

Epilog

Donnerstag, 26. März 2020

Als mich Coco vergangene Nacht mit lautem Bellen weckte, lag frisch gefallener Schnee im Garten. Ihr empfindsames Gehör hatte wohl die Geräusche von Katzen oder Mardern geortet. Winterliche Kälte mit Eis und Schnee hatte ich zuletzt in Abruzzo erlebt. Noch vorgestern saßen wir unter der Frühlingssonne in Santa Maria di Leuca zwischen Olivenbäumen. Auch ohne die Corona-Pandemie hätten wir dort kaum anders gelebt, Tag um Tag froh, dass wir uns still auf unsere Arbeiten konzentrieren dürfen. Auf dem Weg durch Italien wurden wir nicht kontrolliert, zu offensichtlich war wohl die Absicht, die Heimat zu erreichen, als dass die Polizisten die Selbsterklärung hätten sehen wollen. Erst beim Grenzübertritt nach Österreich wurden wir angehalten – von einer Gruppe junger Uniformierter, die ohne Schutzmasken Ausweispapiere kontrollierten und uns fröhlich gestimmt ein Formular zu Unterschrift reichten, das uns dazu verpflichtete, Österreich ohne Halt zu durchreisen. Wenig später landeten wir an der deutschen Grenze, wo uns zuerst ein Schild dazu aufforderte, nach der Einreise zwei Wochen lang in Selbstisolation zu gehen. Eine Vorschrift, auf die uns der vermummte Grenzpolizist wenig später nach der Ausweiskontrolle noch einmal eindringlich hinwies.

Nun setzen wir die in Italien begonnenen Arbeiten in Deutschland fort. Uta schreibt fleißig Texte für das „Glücksbuch" und ihren Blog. Die Druckvorlage für das

„Murnauer Aus- und Dazumalheft" für Kinder, an der ich seit unserer Ankunft in Murnau schreibe und zeichne, wird in wenigen Tagen und Nächten fertig werden. Natürlich werkeln wir hier unter veränderten Außenbedingungen. Deutlich kälter als im Süden bietet das Haus auch andere Aussichten. Statt über die weiten Blauzonen des Meeres streift der Blick nun Hügel und Berge, den nahen Heimgarten, das Estergebirge und das Wettersteinmassiv. Außerdem sind wir in der Selbstisolation auf helfende Hände angewiesen, die es uns erst ermöglichen, konsequent in der Wohnung zu bleiben. Glücklicherweise haben wir in Murnau treue Freundinnen, die uns mit Lebensmitteln versorgen und täglich mit Coco einen Spaziergang unternehmen.

Im November 2018 waren wir aufgebrochen, um europäische Künstlerkolonien zu besuchen, und haben bis heute viele unserer Ziele erreichen können. Unsere Reisen führten uns durch Italien, Frankreich, Spanien, Portugal, Belgien, die Niederlande, Deutschland, Polen, Tschechien, die Länder Großbritanniens, Albanien und Griechenland. Zahlreiche der historischen Künstler-Kolonien, an deren Stelle heute oft Museen stehen, haben wir kennengelernt und ebenso viele Orte, an denen aktuell künstlerisch gearbeitet wird. In jedem Land haben wir interessante und liebenswürdige Menschen getroffen. Überall wurden wir gastfreundlich empfangen und mit dem kulturellen Erbe der Regionen vertraut gemacht. Nicht wenige Menschen luden uns ein zum gemeinsamen Arbeiten und zum Ausstellen unserer Bilder – mit vielen haben wir gefeiert und Abenteuer bestanden. Auch, wenn wir uns heute physisch nicht begegnen dürften, leben wir nach diesen intensiven Erlebnissen doch im Bewusstsein eines nahezu paneuropäischen Netzwerkes, gewachsen aus vielen wertvollen persönlichen Begegnungen. So stehen wir miteinander in einer ununterbrochenen Verbindung, kollegial und freundschaftlich. Murnau, der Künstlerort, eine aus frostigen Nächten erwachende Frühlingsblume ist wieder zum Mittelpunkt unseres Lebens und Wirkens geworden. Bald klopft der April mit sonnigen Wärmefingern zaghaft gegen das Blaue Land. Schon kurz nach sechs Uhr am Morgen lockt der klare Himmel mit Orange- und Magentafarben zum schnellen Aufstehen, um ja nichts von den hellen Stunden zu verpassen, die sich zeitlich zwar zusehends länger ausbreiten, aber Gelegenheiten bieten, die sich nicht wiederholen werden. Ein Tag, der seine Kristallglocke über das Städtchen wölbt, als wolle er ein kleines Universum schützen: die von Gabriele Münter gemalten Häuser, Auen und Berge, darin die bunten Tiere von Franz Marc, deren Färbungen wir wohl gesehen haben und die noch in den Ställen stehen. Geschützt durch den schneebefleckten Werdenfelser Bogen, der das weitaufscheinende Hochmoor im Süden wie ein gewaltiges, felsiges Amphitheater umschließt.

Bedingt durch die Selbstisolation befinden wir uns trotz der Nähe zu unserem Wohnort Oberhausen nicht zuhause, noch immer auf großer Fahrt. Wie setzen die bisherige Lebensweise fort. Als Gäste in fremden Häusern verarbeiten wir die Eindrücke zeichnend, malend und schreibend. Auch die erklärten Ziele dieser Reise verfolgen wir unverändert: zu europäischen Künstlerkolonien und Künstlerorten zu fahren, dort die historischen Bezüge kennenzulernen und gemeinsam mit zeitgenössischen KünstlerInnen zu arbeiten, um das Gefühl der

Zusammengehörigkeit der Menschen in Europa zu fördern. Freilich findet das alles hier nur bedingt statt, jedoch rudimentär im eigentlichen Sinne, denn in Murnau können wir an gewachsene, verwurzelte Beziehungen anknüpfen – zum Künstlerort und seinen KünstlerInnen. Leider funktioniert das in den Zeiten der Pandemie nur telefonisch und durch das Fenster: wir sehen den übrig gebliebenen Rest des Parkes, den Emanuel von Seidl anlegen ließ, Fassadenwinkel des alten Schlosses, das Weiß der Nikolauskirche, einige der gotischen Giebel an der Marktstraße und den Eingang zur Produzentengalerie von Luna Sonnemann und Marc Völker. Wie soll es weitergehen?

Vor der Verbreitung des Corona Virus, hatten wir konkrete und weitreichende Pläne. Im Anschluss an unsere Schreibwerkstatt in Süditalien wollten wir über Matera, Capri und den historischen Ort Tusculum zu unserem Malerfreund Carlo Tarani nach Firenze vorstoßen. Von seinem Atelier aus beabsichtigten wir, nach Bayern zurückzukehren, um uns medizinisch versorgen zu lassen und den Geburtstag meiner Tochter zu feiern. Für die darauffolgenden Wochen hatten wir unsere Teilnahme an einer Ausstellung in Môret-sur-Loing, Frankreich, angemeldet. Anschließend stand, schon von langer Hand geplant, eine Reise mit Clowns-Ohne-Grenzen nach Rumänien auf dem Programm. Von dort aus wollten wir die Künstlerkolonien in Baia Mare und in Ungarn Szentendre, Gödöllö, Újkér sowie die zeitgenössische Künstlergruppe in Szolnok ansteuern. Vorbereitend standen wir diesbezüglich schon seit Monaten mit Dagmar und Imre Szakács, Vesö Agoston, Tibor Bráda und Ilona Deák in Kontakt, die wir vom Internationalen Künstlertreffen 2016 in Murnau kennen. Für die Sommermonate war eine Reise nach Norddeutschland und weiter zu skandinavischen Künstlerkolonien vorbereitet. Auch hierzu hatten wir im Vorfeld bereits alle Reiseetappen geplant, Unterkünfte organisiert, Freunde und Bekannte angeschrieben, die wir besuchen wollten: Jochen Semken und Carla Frese in Worpswede und Bremen, Gertrud Hvilberg Hansen in Faaborg/Dänemark, Marianne Hoff und Björg Biöberg in Balestrand/Norwegen, Kjell Ekström auf den Åland-Inseln, Hans Götze und Désirée Holzerland in Ahrenshoop, Sabine Drasen in Potsdam und Carola Pauly von der Havelländischen Malerkolonie Ferch.

Auch wenn uns die Corona-Pandemie momentan daran hindert, die Reise wie geplant fortzusetzen, haben wir doch schon eine Menge erreicht: über ein ausgedehntes Teilgebiet Europas hinweg sind Verbindungen zwischen Menschen entstanden, die es zuvor nicht gab; positive, kreative Bezüge, in deren Pflege und Weiterentwicklung wir unsere Aufgabe sehen. Und auch die übrigen auf der paneuropäischen Landkarte anvisierten Ziele bleiben auf unserer Agenda – für einen späteren zweiten Teil unserer Reise zu den europäischen Künstlerorten.

Montag, 13. April 2020

Heute starte ich im Internet das Paneuropäische Kunstprojekt „MASKS, das Bild der Maske in Corona-Zeiten". Ich lade einige KünstlerInnen dazu ein, sich zu beteiligen – Menschen, die ich auf Reisen persönlich kennengelernt habe. Alle, die mitmachen möchten, sollen mir Fotografien zur Verfügung stellen, die sie mit einer Maske zeigen. Der Gesichtsschutz kann künstlerisch gestaltet oder ein ready-made sein. Sukzessive, je nach Eingang, präsentiere ich die Bilder auf meiner Website. Alle Teilnehmenden verfahren genauso, in kurzer Zeit werden die Bilder dann auf allen unseren Internet-Auftritten europaweit zu sehen sein. Bei der Präsentation sollen zu jedem Foto Informationen über den/die Urheber/in der Abbildung mitgeliefert werden, sodass alle Interessierten auf die Internet-Präsentationen aufmerksam werden und Kontakt aufnehmen können: Name, Wohnort, Land, Hinweis auf die Internet-Präsentation. Sobald wieder öffentliche Versammlungen erlaubt sind, werden wir die Bilder realiter zeigen, in Galerien, Museen, Ausstellungsräumen. Die Kunstaktion wird dreisprachig im Internet beworben – im Newsletter der Europäischen Vereinigung der Künstlerkolonien (euroArt), über Social Media und Websites der Teilnehmenden. Für morgen habe ich mit einer Reporterin vom Münchner Merkur ein Interviewtermin vereinbart.

Kunst besitzt das Potenzial zur Erforschung der Verhältnisse zwischen Menschen und nichtmenschlicher

Materie. In der Zeit der Corona-Krise benötigen wir insbesondere eine Kunst, die die Verschränkung materieller Organismen verhandelt, denn die Welt wird nicht allein vom Menschen geformt, sondern auch von anderen Organismen. Unsere Körper sind keine geschlossenen Systeme, abgegrenzt von unserer Umgebung, sondern offenporig. Die Durchmischung nichtmenschlicher, menschlicher, synthetischer und natürlicher Materie ist Realität.

MASKS hinterfragt den Begriff und die Bilder, die wir mit dem Wort „Maske" verbinden. Covid-19 hat die Funktionen der Maske auf den Schutzaspekt reduziert. Eine medizinische Schutzmaske kann vor Ansteckung schützen, sie ist dadurch lebenswichtig geworden. Ob bald alle Menschen weltweit ihr Gesicht bedecken sollen, ist heute noch unklar, genauso wie die Frage, inwieweit filterlose Mund-Nase-Masken vor Tröpfcheninfektion schützen. Sie lassen Viren hinein, aber weniger heraus. Wie viele Menschen fasse auch ich mir jeden Tag unzählige Male unbemerkt ins Gesicht. Die Maske erinnert mich daran, das zu unterlassen. Über die Gewalt der Pandemie gerät das breite Bedeutungsspektrum der Maske jedoch aus dem Blick. Eine Maske ist weit mehr als ein Instrument, das uns schützt, hinter dem wir uns verstecken können. Nicht alle Masken verweisen auf Krankenhaus und Atemnot. Die Maske kann genauso als religiöses Statement oder als Verkleidung fungieren; mitunter rückt sie die Träger der Maskierung in den Mittelpunkt der Aufmerksamkeit. Dadurch macht sie sichtbar, zeigt, dass wir lebendig und aktiv sind.

MASKS demonstriert paneuropäische Solidarität. Mit einer gemeinschaftlichen Aktion können alle beteiligten KünstlerInnen zeigen, dass sie miteinander in Verbindung bleiben und sich gegenseitig beistehen – auch, wenn wir uns physisch nicht begegnen dürfen. Die Solidarität unter uns KünstlerInnen setzt sich über Landesgrenzen hinweg, die weitestgehend verschlossen wurden. Gleichermaßen fühlen wir uns solidarisch mit den von der Krankheit betroffenen Menschen, mit den Infizierten in Quarantäne, den Erkrankten und den Helfenden, die für uns alle an den Rand ihrer Belastbarkeit gehen.

MASKS beweist, dass wir leben und uns weiterhin auseinandersetzen. Auch in den Zeiten der Krise geht das Leben weiter. Kunstwerke, die jetzt entstehen und publiziert werden, sind wie Postkarten, die wir aus der Isolation an die Außenwelt schicken. MASKS dokumentiert diese schwierige Zeit. Das Coronavirus führt uns die Fragilität der vom Menschen erdachten Ordnung deutlich vor Augen. Wir KünstlerInnen schaffen mit unseren Werken ein Zeugnis dieser schwierigen Monate. Diese Zeit wird in die Geschichtsbücher eingehen.

Mit MASKS bieten wir alternative Formen der Krisenbewältigung an, denn Kunst ist auch ein Akt des sozialen Engagements. Das Unsichtbare ist mit seiner ganzen Materialität über uns gekommen. Mit unseren Aktionen können wir Menschen dazu ermutigen, sich konstruktiv mit ihren Ängsten und Traumata auseinanderzusetzen, denn wir selbst tun es auch.

MASKS bietet die Möglichkeit, auch ohne live-Ausstellungen ein Publikum zu finden. Ohne Publikum können wir unsere Kunst und die meisten der mit ihr verknüpften Dienstleistungen nicht verkaufen. Indem wir uns vernetzen und Kunstprojekte gemeinsam an die Öffentlichkeit bringen, steigt die Chance, ein Publikum zu erreichen. Lassen sich die reale und die virtuelle Kunstwelt miteinander verlinken? z.B. … in einem Film, der zeigt, wie ein Guide durch eine Ausstellung führt? … mit einer Vernissage, die auf Instagram live mitverfolgt werden kann? … mit einer virtuellen Ausstellung?

Meinem Aufruf folgt ein starkes und positives Echo. Allen voran melden sich begeistert Salvo Maria Ruta und Salvo Curro aus Sicilia sowie Francesca di Ponzio, Piero Nardelli, Schiro und Enzo Ruggiero.

Freitag, 03. Oktober 2020

Auszug aus der deutschen Übersetzung einer Rede, vorgetragen von meinem französischen Freund Eric Schaftlein aus Cernay-la-Ville auf der General-Versammlung der Europäischen Vereinigung der Künstlerkolonien (euroArt) in Grötzingen:

Die Orientierung vieler Grötzinger KünstlerInnen hin nach anderen europäischen Regionen steht exemplarisch für die Bewegung der Künstlerkolonien. Ihre vielfältigen Gründe sind bekannt, allem voran die Suche nach
- außergewöhnlichen Motiven, Landschaften, einer besonderen
  Atmosphäre oder speziellen Lichtverhältnissen,
- Ursprünglichkeit und romantische Sehnsüchte nach Idylle
  und einfachem, naturnahem Leben in „Freiheit",
- besseren Bedingungen zum Malen in der „freien Natur",
- billigeren Lebensbedingungen, die vorzugsweise auf dem
  Lande gefunden wurden.

Die Befriedigung dieser Bedürfnisse, gewachsen aus existenziellen Notwendigkeiten und dem Selbstbewusstsein der KünstlerInnen, führte mancherorts zu einem nachhaltigen Kunstschaffen. In ganz Europa profitieren wir heute von den Kulturschätzen und der besonderen Atmosphäre, die diejenigen Orte auszeichnen, an denen sich Künstlerkolonien entwickeln konnten – als Kunstliebende, als TouristInnen, als Gewerbetreibende, GemeindevertreterInnen und in der Politik. In ihrem gemeinsamen Leben und Arbeiten als eine Kolonie bestellten die KünstlerInnen den Boden aber für etwas Weitreichenderes. Das gemeinsame Auftreten in einer Kolonie förderte den Kontakt der KünstlerInnen zu den Bewohnern – also zwischen Fremden, die oft Ausländer waren, und Einheimischen. Und: Das Arbeiten in der Kolonie begünstigte den Austausch neuer Ideen, fremder Traditionen und unbekannter Techniken. Diese Auswirkungen sind Grund-Bedingungen, die das Erreichen unserer Ziele erst ermöglichen, denn unser zentrales Anliegen ist die Achtung und Förderung der Vielfalt der europäischen Kultur. Gleichzeitig arbeiten wir dafür, dass das kulturelle und humanistische Erbe genauso wie die aktuellen kulturellen Produktionen in Europa zum Zusammenhalt, zur Inklusion und zum Wohlergehen in unseren Gesellschaften beiträgt.

Mit der Künstlergruppe ARTISTS IN MASKS haben wir im zurückliegenden Sommer eine neue Vereinigung von Europa arbeitenden KünstlerInnen gegründet, die diese Ziele in konkrete Aktionen übersetzen möchte. Die Künstlergruppe ARTISTS IN MASKS entstand aus einer europaübergreifenden Kunstaktion, die wir unter dem Titel MASKS im April 2020 im Internet gestartet haben. Wie Sie wissen, war ein physisches

Zusammenkommen nicht mehr möglich, gemeinsames Arbeiten und Kunstausstellungen untersagt. MASKS war ein gemeinschaftliches Projekt kreativer Menschen aus den Bereichen Malerei, Grafik, Fotografie, Musik und Literatur. Im Zentrum der Aktion stand eine kritische Untersuchung des Bildes der Maske in den Zeiten der weltweiten Corona-Pandemie. An MASKS beteiligten sich mehr als 40 KünstlerInnen aus sieben europäischen Ländern. Aus dieser Aktion formte sich schließlich ein informellen Künstlerkollektiv. Unter seinem Namen öffnen wir den Weg von einer zeitlich und inhaltlich begrenzten Aktion hin zu einer nachhaltigen Zusammenarbeit: europaübergreifend, im kritischen Diskurs über Themen von europaübergreifender Bedeutung und interdisziplinär. In Europa existiert eine Vielzahl wichtiger Themen, die künstlerisch verarbeitet werden sollten – ein Blick auf die internet-Auftritte der ARTISTS IN MASKS-Mitglieder zeigt, dass sich einzelne KünstlerInnen bereits gut darum kümmern. ARTISTS IN MASKS bringt europäische KünstlerInnen zusammen. Indem wir uns gegenseitig einladen, uns besuchen, uns kennenlernen und in konkreter Weise zusammenarbeiten, füllen wir den Europäischen Gedanken mit Leben. Heute freuen wir uns sehr, die ersten Projekte unserer trans-europäischen KünstlerInnen-Gruppe vorstellen zu dürfen. Zwei Kunst-Ausstellungen in Italien und Deutschland stehen kurz vor ihrer Realisierung: vom 02. bis 23.01.2021 in der Galerie von C.L.A.M. International - Cultura, Lingue, Arte, Musica in Taranto, Puglia und vom 12.02. bis 05.03.2021 im Gemeinschaftsatelier TUSCULUM und im Rathaus der Gemeinde Murnau am Staffelsee.

Gestern saßen wir vor dem Bildschirm, um eine virtuelle Konferenz abzuhalten. Gemeinsam mit Eric Schaftlein und Francesca di Ponzio haben Uta und ich das weitere Vorgehen beraten. Die aktuellen Beschlüsse des Ministerrats zum Ausbremsen des Corona-Infektionsgeschehens verhindern die Durchführung aller für den Monat November angekündigten Veranstaltungen. Museen und ähnliche Einrichtungen werden ab heute für mindestens einen Monat geschlossen. Ich vermute, die deutsche Regierung will mit ihren drastischen Einschränkungen um jeden Preis erreichen, dass die Infektionszahlen um die Weihnachts- und Neujahrszeit so niedrig ausfallen, dass die Menschen sich gegenseitig besuchen und feiern dürfen. Im Tausch gegen die Akzeptanz der Corona-Regeln beansprucht das Volk panem et circenses. Eric berichtet, in Frankreich gelte wegen der rasch steigender Infektionszahlen seit gestern eine nächtliche Ausgangsbeschränkung in Paris und acht weiteren Städten. Die Wohnung darf man nur noch aus triftigen Gründen verlassen. Er mutmaßt, das „confinement" werde für mindestens sechs Monate aufrechterhalten. Francesca stellt die Regelungen in Italien als ähnlich drastisch dar. Eine laufende Ausstellung in der C.L.A.M. Galerie wurde in der vergangenen Woche geschlossen, weil keine Besucher mehr kamen. Die für Januar geplante gemeinsame Ausstellung der ARTISTS IN MASKS-Mitglieder wird nicht zustande kommen. Trotzdem sprüht Francesca vor Tatendrang. Sie schwenkt die Kamera hinaus in ihren Garten, zeigt uns Palmen und Granatapfelbäume. Wir werden die Ausstellung auf einen späteren Zeitpunkt im Jahr 2021 verschieben. Bis das geschehen darf, bauen wir virtuelle Brücken quer durch Europa. Im Fortlaufen der Konferenz generiert sich ein Blumenstrauß aus Ideen, auf welchen Wegen wir bis dahin die Verknüpfungen mit unseren maskierten Verbündeten fortentwickeln können. In der nächsten Etappe auf dieser paneuropäischen Straße wird Francesca alle Inhalte unseres Internetauftrittes ins Italienische übersetzen. Uta erklärt sich dazu bereit, die Präsenz der ARTISTS IN MASKS in den sozialen Medien zu erhöhen. Eric wird Vorschläge für kurze Videosequenzen entwickeln, in denen wir unsere Botschaft während der Wartezeiten auf Live-Auftritte in kleinen Portionen verbreiten können. Und ich werde die Ausstellung vorbereiten, die wir für Februar/März in Murnau am Staffelsee geplant haben.

Ortsverzeichnis

Marza	134, 158, 191
Massafra	104, 107, 108
Matera	291
Marzamemi	166
Messina	145, 146, 217
Mestre	29
Metapont	143
Milazzo	217
Modica	184, 194
Môret-sur-Loing	292
München	125, 199
Murnau	157, 276, 277, 282-284, 288-292, 299, 315
Mussomeli	195
Myra	135
Nafpaktos	257
Napoli	208, 218, 227, 228, 229, 232, 233, 236, 237
Neapolis	232, 233
Neton	181
Nice	240
Nizza	148, 191, 196, 240
Noto	148, 177, 179, 180, 181
Oberhausen	242, 281, 291
Oplontis	218
Ortygia	282
Ostuni	265
Otranto	118
Pachino	149, 152, 160, 181, 190
Pailo Sevaggio	120
Palermo	161, 194-198, 201-205, 208, 213, 216, 314
Pantano Cuba	194

Namensverzeichnis

Verzeichnis der Abbildungen

Umschlag:

CAFFE TOMMASEO, TRIESTE, Fotografie

Seite 28:

KLAUSEN; ANDREASBRÜCKE, 40 x 40 cm, Gouache auf Leinwand

Seite 39:

UOMO DI VERDURE, 70 x 50 cm, Öl auf Spanplatte

Seite 54:

DELTA DEL PO DI LEVANTE, 30 x 30 cm, Buntstifte auf Papier

Seite 85

FIRENZE, PINO BRONZINO, 40 x 40 cm, Acryl auf Leinwand

Seite 141:

TARANTO LES SAINTES MARIES, 138 x 97 cm, Acryl auf Spanplatte

Seite 193:

VOGLIO TROVARE, 66 x 51 cm, Aquarell auf Papier

Seite 215:

TARTARUGA, PALERMO, 40 x 40 cm, Gouache auf Leinwand

Seite 240:

SPIAGGIA, 29 x 29 cm, Aquarell auf Papier

Seite 255:

WARTEZIMMER, 29 x 21 cm, Kugelschreiber auf Papier

Seite 287:

CON LEGGIEREZZA, 80 x 60 cm,

Papiere, Öl, Gouache, Grafit und Acryl auf Leinwand

Alle Rechte für diese Bilder liegen bei Gerd Lepic.

Internet-Adressen

http://www.artistsinmasks.eu

https://assclaminternational.com

https://www.euroart.eu

https://www.gerdlepic.net

https://www.tusculum-murnau.de